# 経営のルネサンス

グローバリズムから
ポストグローバリズムへ

鈴木秀一
細萱伸子
出見世信之
水村典弘 ［編著］

文眞堂

# まえがき

　今日，グローバリゼーションは一つの転換期をむかえつつある。新しいグローバル化あるいは非グローバル化環境において，経営学と企業マネジメントがはたすべき役割は何か。本書は，共同研究を続けてきた4つの大学の研究者がこの問題に答えようとしたささやかな成果である。

　書名の「ルネサンス」は経営学のタイトルとしては珍しい。文化史ではヴァザーリやブルクハルトがその言葉で意味したのは，14世紀イタリアにおける古典古代文化の「復興」であった。文字どおりの意味は「再生」(re‐naissance) である。本書の趣旨は，環境が大きく変わる時代こそ，企業は社会からの期待を果たすという元来の姿を取り戻すべきだということである。そしてイタリア・ルネサンスの基礎を築いたヒューマニスト（ウマニスタ）たちのように，古典文献を探索し，人間性を重視することも織り込んでいる。

　企業の役割や人間性重視といっても，そこにはさまざまな視点がある。まず本書の出発点として，グローバル化と転換について述べておきたい。

　グローバル化の定義は，論点によって多様性に満ちている。多くの論者の共通項をあえてあげると，1990年代初頭から国民国家（領域国家，財政主体としての国家）の領域が経済的・社会的・文化的に急速に崩壊してきたことを指す。その背景にあるのは，冷戦の終焉（政治），インターネットの発展（技術），多国籍化した企業活動（経済）などである。グローバル化の結果，個人および集団としての人間に対する多様な影響（文化）すなわちアイデンティティの問題や，いわゆる近代主義理論が前提としていた近代国家への失望（政治），そして企業に対する多層的な期待がもたらされた。企業に対する社会からの期待には二つのものがある。一つは経済的利益（付加価値）の創出であり，物質的な意味での豊かさをもたらすことである。これは原初的な期待であり，20世紀を通じて企業が社会的に大きな存在に発展していくにつれて，国

民や被雇用者や消費者は企業に対して経済的価値のみならず社会的価値も作り出すことを求めるようになった。これが多層的な期待である。今日，小さな国家の財政を超える規模のグローバルな経済主体となった企業に対して，経済価値と社会価値の収斂が求められるようになった。経営学にとって，グローバル化はとりわけ企業活動の視点から定義される。

　グローバル化以前の「昨日の世界」の企業とはどのようなものであったか，若い読者にとっては説明を要するであろう。これにも多くの研究があり，あえて要約すれば，一つは「昨日の世界」の共通項としては1980年代がキーになった点であろう。たとえばロバート・ライシュ（2002）は，1980年代以前の米国大企業は，大量生産・大量販売のビジネスモデルで世界的な競争力を持っていたという。その組織には忠誠心を持った従業員と，長期雇用でそれに答える企業の（今からみると）旧式の契約があった。グローバル化の発展につれて，米国企業の経営者の関心は株主価値を最大化することに変わったと述べて，その理由を綿密に分析している。

　ピーター・キャペリ（2001）も，同じように1980年代を転換点と捉えていて，その時期に米国社会では，管理者層を中心とする長期雇用関係や内部登用制を脅かす動向が出てきたと述べている。その動向とは，金融工学などの新しいファイナンス技術の発展，ITによる中間管理層の代替，新しい経営戦略の導入によって組織内に市場原理が持ちこまれたことを指す。その結果，組織は市場原理によって再設計（ダウンサイジング）されることになり，従業員スキルの陳腐化が早まったことで長期的雇用関係も維持できなくなったという。

　こうした企業社会の変化の背景には何があるのだろうか。ポール・オスターマン（2003）が言うように，一つは資本市場が決定権を持つようになった時代のコーポレート・ガバナンスの変化があった。さらに言えばレイオフに関する規範が緩まったのは，経済的要因と同様に家族やコミュニティというこれまでのアメリカ的民主主義社会の支柱が揺らいだこと，すなわち社会的要因が大きかったという。ソーシャル・キャピタルの議論は現在の企業モデルを考える上で不可欠の問題である。

　ロングスパンで米国の企業と社会の関係をふり返ると，グローバル化以降に

生まれた世代には想像しにくい企業像が見えてくる。米国における大企業は，20世紀初めの「雇用官僚制」（ジャコービィ 2005）の成立を経て，20世紀半ばに「家族としての企業」（オスターマン 2003）の最盛期を迎えた。GM社長が国務長官に選ばれたとき，「GMにとって良いことはアメリカにとっても良いことだ」と発言したが，経営者がそれだけの自負を持てたのは，国内の消費者のために，国内で生産し，雇用を創造し，国家や地方自治体に税金を納めていたからこそである。

　1980年代以降のグローバル化は，GMのような企業帝国の崩壊に他ならない。それは生産方式やITあるいは金融工学などの技術的要因，従業員や消費者の社会心理的要因，家族や地域コミュニティなどの社会的要因によるものである。とりわけ生産バリュー・チェーンのグローバル化は生産のオフショア化によって，デトロイトなどの「ラストベルト」（錆びた地帯）のブルーカラー雇用に決定的な影響を及ぼした。1990年代以降，企業は最もコストが低い国で生産し，最も法人税率が安い国に本社を登記し，最も材料が安い国から購買している。いわゆる世界最適購買がマクドナルドだけでなくグローバル企業の定石である。マイケル・ピオリとチャールズ・セーブルの『第二の産業分水嶺』（原著1984）が綿密に描いたように，デトロイト型の製造業の衰退はこの時期から着実に始まっていたのである。

　ショートスパンでみれば，2008年秋のリーマン・ショックを分岐点とする構造転換も大きい。それ以降の先進諸国の停滞と低金利政策，および中国を中心とする新興国の台頭も米国の旧式のビジネスモデルに決定的なダメージを与えた。

　日本企業もまたこの大きな時代転換の波に押し流されて「失われた20年」を続けてきた。環境が大きく変わったのだから，日本企業も変わらなければいけなかった。それは経営者も従業員も大学生もわかっていた。だからこそMBAではリーダーシップ論が人気となり，遅ればせながら学部では組織学習論やアクティブラーニングが導入され始めた。2003年の「ソニーショック」，その後のリーマン・ショック，いくつかの企業不祥事などを経験して，ようやく日本は重い腰を上げたのである。まさにそのときであった，今度は世界がグローバル化の方向転換に舵を切ろうとしている。では今，日本企業のガバナン

ス，戦略，人事，ステークホルダー関係はどうあるべきか．本書は，そういう認識のもとで「再生」と「復興」をめざして編集された．

　本書が考える経営学の原点とは，そもそも経営とは何か，企業とは何のためにあるのかという問題意識に立ち返ることである．その意味で，イノベーションが企業の存在意義の一つであることは言うまでもない．第1部「企業組織とイノベーション」は，グローバル化のなかで変化してきた組織，研究開発，イノベーションの問題を論じている．ケースとしては半導体産業のオープン・イノベーション，ものづくりの基盤となる中小企業の再生，そして企業再生に成功したサービス産業のマーケティングを扱っている．

　順不同になるが，第3部「よい会社の探求：コーポレート・ガバナンスとCSRを評価軸として」は企業統治という経営学の根本問題を展開している．金融工学の発展は資本市場に「現代の産業革命」（Jensen 1993）と呼ぶべき大きな環境変化をもたらした．金融市場のパワーによって，実体経済も変化を強いられ，M&A，戦略提携，リストラクチャリングなど，株主価値優先の企業改革が進行した．第3部に書かれているように，新たに企業統治を問う必要が出てきたのである．また1980年代以降の経営環境の転換によって，「家族としての企業」（オスターマン）が崩壊した今，企業はいかにして経済的利益と社会的価値を均衡させるかが大きな問題となっている．第4部「現代のビジネスと価値：新たな視点と現状分析」は「よい仕事」とCSV（共通価値の創造）論を軸にして現代ビジネスの価値創造を考察している．新たな時代のマネジメントにとって，経済的利益と社会的利益のバランスをどう捉えるかは基本的な課題である．社会への貢献はコストにすぎないのか，それとも長期的利益の土台なのか，二つの利益はどのようにして創造されるのか．この問題もまさに経営学の原点に他ならない．

　こうした大きな潮流に対抗して，企業の競争優位の源泉は人間という「隠れた価値」（オライリー＆フェファー 2002）であるとの主張も現れた．企業と人間の問題をどう捉えるのかは，本書第2部「企業をめぐる環境変動と人的資源管理」に展開されている．これも経営学の原点の一つである．特に近年では人的資源管理（HRM）と企業業績の関係がさかんに研究されており，資

源ベース戦略論（Resource-Based View）からの研究も多い。たとえば「風土」（climate）の重要な機能に関心が寄せられている（Bowen and Ostroff 2004）。したがって HRM は，心理学はもちろん社会学や経済学からの多元的アプローチが必要となる分野でもある。

　資源ベース論（RBV）の命名者ワーナーフェルトは，新しい理論が構築される過程を石壁に例えている。彼が地面に石を1つ置いたあと，大勢の人が石を積み上げて高い壁ができたと述べている（Wernerfelt 1995）。本書の試みがどれほどささやかであっても，転換期の経営学にとって小さな石となることを願ってやまない。

編者を代表して<br>鈴木 秀一

【参考文献】

Bowen, D. E. and Ostroff, C. (2004), "Understanding HRM-Firm Performance Linkages: The Role of the "Strength" of the HRM System," *Academy of Management Review*, 29 (2), pp. 203-221.

Jensen, M. C. (1993), "The Modern Industrial Revolution, Exit, and the Failure of Internal Control Systems," *The Journal of Finance*, XL VIII (3), July, pp. 831-880.

Wernerfelt, B. (1995), "The Resource-Based View of the Firm: Ten Years After," *Strategic Management Journal*, 16 (3), pp. 171-174.

オスターマン，P. (2003)『アメリカ・新たなる繁栄へのシナリオ』伊藤健市・佐藤健司・田中和雄・橋場俊展訳，ミネルヴァ書房。

オライリー，C. & フェファー，J. (2002)『隠れた人材価値』廣田里子・有賀裕子訳，翔泳社。

キャペリ，P. (2001)『雇用の未来』若山由美訳，日本経済新聞社。

ジャコービィ，S. M. (2005)『雇用官僚制・増補改訂版』荒又重雄・木下順・平尾武久・森杲訳，北海道大学図書刊行会。

ピオリ，M. J. & セーブル，C. F. (1993)『第二の産業分水嶺』山之内靖・永易浩一・石田あつみ訳，筑摩書房。

ライシュ，R. B. (2002)『勝者の代償』清家篤訳，東洋経済新報社。

# 目　次

はしがき ………………………………………………………………… i

## 第1部　企業組織とイノベーション ……………………………… 1

### 第1章　イノベーション戦略と組織プロセス ………（鈴木秀一）2
1．世界のフラット化 ……………………………………………… 2
2．組織デザインとプロセス ……………………………………… 6
3．イノベーションと組織プロセス ……………………………… 15
4．おわりに ………………………………………………………… 23

### 第2章　オープン・イノベーションのジレンマ ………（林　征治）28
1．はじめに ………………………………………………………… 28
2．オープン・イノベーションの特徴とリスク ………………… 30
3．半導体産業のダイナミクス …………………………………… 32
4．おわりに ………………………………………………………… 38

### 第3章　中小企業のルネサンス ……………………………（筒井　徹）41
1．はじめに ………………………………………………………… 41
2．中小企業の経済的地位と主な役割 …………………………… 41
3．中小企業の特性 ………………………………………………… 43
4．中小企業観と中小企業政策の変化 …………………………… 43
5．老舗企業にみる中小企業経営のあり方 ……………………… 45
6．おわりに ………………………………………………………… 52

## 第4章　サービス・マーケティングと組織的対応
　　　　　―星野リゾートの事例― ………………………（河田浩昭）　54
　　1．旅館・ホテルの市場動向と星野リゾートの事業概要 ……………　54
　　2．サービス・マーケティングとサービス・プロフィット・チェーン ……　58
　　3．星野リゾートの経営戦略 ……………………………………………　61
　　4．星野リゾートのインターナル・マーケティングの取り組み ………　63
　　5．星野リゾートのリレーションシップ・マーケティングの取り組み ……　65
　　6．総括と今後の展望 ……………………………………………………　70

　理論＆用語解説 ……………………………………………………………　72

## 第2部　企業をめぐる環境変動と人的資源管理 …………………… 75

## 第5章　日本企業の人材マネジメントと環境に関する分析視角
　　 …………………………………………………………（細萱伸子）　76
　　1．人的資源管理をめぐる視点：ミクローメゾーマクロ ………………　76
　　2．マクロ：社会の枠組み ………………………………………………　78
　　3．メゾ：組織における人的資源管理制度 ……………………………　79
　　4．ミクロ：従業員の感情と人生方針 …………………………………　80
　　5．小括：レベル間の関連への視点 ……………………………………　80

## 第6章　キャリア形成の場としての企業社会 ………（細萱伸子）　83
　　1．メンバーシップ型管理 ………………………………………………　83
　　2．人的資源管理の実際とキャリア形成 ………………………………　84
　　3．変化への方向性 ………………………………………………………　92
　　4．小括：無限定性を受け入れる覚悟の限界 …………………………　94

## 第7章　労働市場の多様化と働き方
　　　　　―少子高齢化とグローバル化の影響― ………（細萱伸子）　96

1. 労働力の多様化と組織の文化 …………………………………… 96
2. 労働時間と女性の働きやすさ …………………………………… 97
3. 女性活用促進 ………………………………………………………… 101
4. グローバル化という名の多様化 ………………………………… 107
5. 環境変動と多様な働き方 …………………………………………… 110

## 第8章　組織デザインとHRMのポスト・グローバリゼーション
### —UDトラックスの事例— ……………………………… (杉山　章) 114

1. はじめに …………………………………………………………… 114
2. ボルボグループのM&A戦略とUDトラックス㈱の買収経緯 ……… 116
3. 多国籍企業の類型とボルボグループの企業グローバリズム ……… 118
4. ボルボグループの企業理念, ダイバシティ, グローバル人事制度 … 121
5. 企業グローバリズムを日本企業に浸透させる組織デザイン ……… 126

理論＆用語解説 …………………………………………………………… 132

# 第3部　「よい会社」の探求：
## コーポレート・ガバナンスとCSRを評価軸として … 135

## 第9章　経営哲学と「よい会社」 …………………… (出見世信之) 136

1. 経営哲学と企業経営 ……………………………………………… 136
2. 「よい会社」の条件 ……………………………………………… 142
3. CSRとコーポレート・ガバナンス …………………………… 147

## 第10章　コーポレート・ガバナンスの変遷 ………… (出見世信之) 154

1. 1980年代までの状況 ……………………………………………… 154
2. 1990年代の変化 …………………………………………………… 158
3. 2000年代の改革 …………………………………………………… 161
4. 現在の状況 ………………………………………………………… 165

第 11 章　CSR の推進：中外製薬の事例……………………（出見世信之）*170*

　1．取り組みの展開……………………………………………………… *171*
　2．ダイバーシティへの取り組み……………………………………… *173*
　3．社会貢献活動………………………………………………………… *176*

理論＆用語解説…………………………………………………………… *179*

# 第 4 部　現代のビジネスと価値：新たな視点と現状分析 …… *181*

## 第 12 章　行動科学と「よい仕事」…………………………（水村典弘）*182*

　1．はじめに……………………………………………………………… *182*
　2．延びる魔の手………………………………………………………… *183*
　3．行動科学の視点……………………………………………………… *184*
　4．意図せぬ不正………………………………………………………… *187*
　5．「良い仕事」イズム………………………………………………… *190*
　6．おわりに……………………………………………………………… *195*

## 第 13 章　CSV（共通価値創造の戦略）の検証と DWDG 仮説
………………………………………………………………（水村典弘）*198*

　1．はじめに……………………………………………………………… *198*
　2．可視化・定量化……………………………………………………… *199*
　3．好いとこ取りした戦略：CSV……………………………………… *201*
　4．ネスレ CSV：共通価値創造の戦略………………………………… *202*
　5．キリングループ：社会と共有できる価値の創造………………… *207*
　6．CSV 事例の比較検討………………………………………………… *214*
　7．DWDG 仮説…………………………………………………………… *215*
　8．おわりに……………………………………………………………… *221*

## 第 14 章　「よい経営計画」と現状分析……………………（安達幸裕）*225*

1. はじめに ……………………………………………… *225*
2. 経営計画策定と経営意思決定 ………………………… *226*
3. 「よい経営計画」の策定 ……………………………… *229*
4. 現状分析の工夫事例 …………………………………… *234*
5. おわりに ………………………………………………… *240*

理論＆用語解説 ……………………………………………… *244*

あとがき ……………………………………………………… *245*
事項索引 ……………………………………………………… *247*
人名索引 ……………………………………………………… *253*

## Column

経営者の教育機会　*27*
日本の高学歴女性の活用と就業比率　*104*
企業の評価　*179*
経営者としての良心と算盤勘定　*225*

# 第1部
# 企業組織とイノベーション

# 第1章
# イノベーション戦略と組織プロセス

　経営学においてよい理論とは何か。ハーバード大学のクリステンセンは，健全な理論（sound theory）は2つの点で実務的にも有効であると述べている（Christensen 2003）。すなわち将来の予測ならびに現在の説明である。よい理論が持つこの2つの長所は，経営者に実務的な方向性を提示する。クリステンセンによれば，理論を軽視する経営者も，実際には，無意識のうちに理論を多用しているという。かつてケインズも，実務家は無意識に理論に支配されていると述べたことがある。経営学・経済学において，理論と実務は有機的に結びついている。

　今日，イノベーションは最も注目されている理論的・実務的な経営課題である。自動車産業，電機産業，機械産業などがインターネットと結びついたIOT（Internet of Things）・インダストリー4.0の分野に集中的に研究開発投資をしている。この章では，イノベーションにフォーカスしながら組織と戦略について理論的に考察する。まずフリードマンによる予測（グローバル化による世界のフラット化）をみてから，イノベーション戦略と組織について組織プロセスを考察する。

## 1．世界のフラット化

### 1.1　制度としての市場
　世界中でたくさんの言語が使われているように，ビジネスの制度（市場，組織，慣習や文化）も地域や時代によって異なっている。ビジネスの制度としての市場（market）は，マクミラン（2007）によれば理論的に3つの構成要素

から定義される。

（A）自律性：売り手と買い手の出会う場所である市場における取引は，参加者の自由な意思によって行われる。すなわち市場における意思決定は，権力関係に支配されず，参加者が競争的に行うという自律性がある。

（B）価格による自然調整：市場取引には全体を管理する責任者がいない。各人が自己利益のために取引するが，「神の見えざる手」（アダム・スミス）によって自然に資源配分が調整されるメカニズムがある。市場原理の効率性は価格という調整機構がうまく働くかどうかによって決まる。

（C）取引コスト（transaction cost）：市場の失敗（market failure）が示すように，市場は万能でも完全なシステムでもない。市場における取引にはさまざまな費用がかかる。それは取引相手を探すためのコスト（費用と時間，機会費用）であり，契約を結ぶ前に財の品質をチェックするためのコストでもある。市場取引は「契約書を書くためのコスト」（Hart 1988：121）でもある。ハート（2010）によれば，市場の取引コストをもたらす要因は3つある。

まず市場では当事者同士が，自由意志と利己主義に基づいて取引をするから，取引の時点ではお互いに利益になるはずである。たとえば今後5年間，日本の商社が新興国から資源をある価格で一定量買い付けるという契約が成立するのは，双方にとって好都合な取引だからであろう。しかし契約直後，資源価格が「百年に一度の暴落」をしたとする。人間の能力では，将来のことを予見し，それに備えることは不可能であることが第一のコスト要因である。

たとえ何か予感したとしても，資源ビジネスの当事者たちが「原油先物価格が7割下がったらどうするか」などと，その時点では確率的にあり得ない事態について時間を割いて交渉することはあり得ない。これが第二の要因である。

また，仮に将来が予見できて，当事者が冷静に交渉できたとしても，はたしてその取引に無知であろう第三者（裁判所）に対して，取引の内容を包括的に知らしめて，客観的な判断に供するような契約書を作成することは不可能に近い。これが第三の要因である。

このハート（Hart 1988）の不完備契約の理論は，コースやウィリアムソンなどの取引コスト理論と同じく，新古典派経済学が「ブラックボックス」として扱っている企業組織の中身を問うものである。取引する人々が機会主義的

で，状況が不確実的であればあるほど，取引コストは高くなる。機会主義とは「自己の利益を悪賢いやり方で追求する」（ウィリアムソン 1980：44）ことである。取引に情報の非対称性が大きければ大きいほど，また将来の見通しが不確実であればあるほど，市場の取引コストは高くなる。

## 1.2 世界のフラット化とグローバル化

かつて市場の大企業が情報を独占していたころ，企業間でも企業と顧客の間でも，情報の非対称性は大きかった。1990年代後半から，インターネットが急速に発達し，市場の取引コストは激減した。また，インターネットという新しいプラットフォームにともなうグローバル化は，市場取引を世界の隅々にまで浸透させた。ジャーナリストのトーマス・フリードマンは，こうした変化を「旧型のC&Cから新型のC&Cへ」のシフト，あるいは「世界のフラット化」と表現した。それは「世界が，付加価値を生みだすための垂直な――指揮・統制（command & control）――システムから，バリューが自然と生まれる水平な――接続・共同作業（connect & collaborate）――システムのモデルに移行」（フリードマン 2006 上：328）することを意味する。

フリードマンによれば，世界のフラット化は，ベルリンの壁の崩壊に象徴されるような計画経済の解体と規制の撤廃（すなわち市場化）と，インターネットによる市場取引コストの低減などによってもたらされた。冷戦時代，1980年代の世界市場は，北米，西ヨーロッパ，日本と東アジアからなるメインプレーヤー約25億人で構成されていた。冷戦が終わり，インターネット化が進んで，そこにインド，中国，ロシア，東ヨーロッパ，ラテンアメリカなどの人々約30億人が新規参入した。インターネットで形成された「新たな競技場に，新たな人々が集束し，水平の共同作業のためのプロセスと慣わしを開発する」（フリードマン 2006 上：299）という「3つの収束（The triple convergence）」によってフラットな市場が形成された。

世界の「フラット化」は市場取引における情報の非対称性を減らした。さらに世界の「フラット化」が進めば，将来は垂直統合されたヒエラルキー型の組織は古代の恐竜のように絶滅して，水平分業のネットワークの時代が来るだろう，とフリードマンは予測する。フリードマンの予測を3つの論点に単純化し

て，われわれの言葉で整理しておこう。
- A）インターネットでつながれた世界が広がるにつれて，市場取引における情報の非対称性は減少していき，取引コストも減少する。
- B）情報の非対称性や人間の限定合理性（H. A. サイモン）に対処するための制度である組織は消滅して，階層的な縦の取引から市場的な横の取引に移行する。
- C）世界はグローバル・スタンダード（de facto standard；法による標準化ではなく事実上の標準化）の製品・サービスによって満たされる。それにつれて，各国の歴史的・文化的に形成された（path dependent；経路依存的）取引方法は消滅していき，たとえば米国および国際会計基準などによって結ばれるため，取引の透明性が増す。

このフリードマン予測は，まさにインターネットによる世界のグローバル化命題である。この命題はフリードマンの前著『レクサスとオリーブの木』の論考と重なる。前著では，ITによるグローバル化は世界にとってよい面も悪い面もあると彼は書いた。その上で，グローバル化（自動車のレクサスに例えられる）は世界各地のローカルな文化や価値観（オリーブの木に例えられる）をブルドーザーのように踏みつぶして，平らにしていくだろうと予測した。「フラット化」した世界とは「レクサス」によって「オリーブの木」がなぎ倒される世界のことである。

極端な言い方をすれば，フリードマンが予測する「フラット化」された世界は，1990年代からのグローバル化の延長線上に，ITやインターネットというプラットフォーム革命を付け加えたものである。各国政府の調整能力は市場の力に対して相対的に弱体化し，デファクト・スタンダード製品が世界共通で普及する。「勝者の総取り（Winner takes all.）」が1990年代グローバル化のビジネスモデルにおける象徴的命題となった。

グローバル化は製品市場だけでなく，労働市場でも「勝ち組と負け組」の格差を明確にした。世界的なコンサルティング企業によって，グローバルに通用する「タレント」人材の獲得競争が提唱された。フラット化した世界では，もはや市場で（できる限り低価格かつ高性能な）製品や人材を調達するのがベスト戦略であり，これまでのように組織内部で長い年月と労力をかけて部品や人

材を育成するのは競争劣位の源泉となると主張された。世界のフラット化・市場化に乗り遅れたから，日本の半導体や家電産業は競争力を失い，日本経済は20年以上もデフレから抜け出せないのだという通説につながる主張である。この通説は正しいのであろうか。組織の時代は終わったのか。改めて言うまでもなく，日本経済の復活の鍵は，ヒトと組織の優れたイノベーション能力をおいて他にはない。以下では，組織とイノベーションについて考察する。

## 2．組織デザインとプロセス

インターネットとグローバリゼーションは，人材はインターネットという市場を通じて簡単に何でも手に入れることができ，そこには複雑な取引や情報の非対称性は存在しないという世界観をもたらした。取引に携わる「組織」と「人間」は，世界のフラット化によって視野の後方に押しやられた。このような見方の重要な欠点の1つは，ダイナミック・ケイパビリティ戦略論が指摘しているように，イノベーションにおける「市場と企業の共進化」（ヘルファット他 2010）の軽視である。すなわち「薄い市場」における経営者のオーケストレーション能力の問題を見落としていることである。

市場がグローバリゼーションによって「フラット化」されたとしても，そもそも市場で取引される財やサービスはごく一部に過ぎない。多くの取引は市場は存在しないか，存在したとしてもその取引量は圧倒的に少ない「薄い市場」でなされる（ヘルファット他 2010）。したがって「フラット化」される財やサービスは，コモディティ製品やコールセンター業務などの標準的で汎用的なものが主であり，その対極にある知的創造・研究開発などの活動は企業組織の内部にクローズドにしまい込まれている。そして付加価値の高い財は，この組織内に閉ざされた活動から生みだされるのである。「薄い市場」では，フラット化はもとより新古典派経済学が仮定するようなパレート最適配分も不可能であり，市場が薄ければ薄いほど，経営者の裁量が企業業績に関連する。したがって，今日のビジネス環境には，資産の再配置などのオーケストレーションによって経営者の能力が競争優位をもたらす機会がふんだんにある。これは

「ダイナミック・マネジリアル・ケイパビリティ」(Adner and Helfat 2003) と呼ばれる，組織ケイパビリティの1つである。こうして今日の競争優位やイノベーションについて考察するためには，組織プロセスの解明こそ重要な課題であることがわかる。

## 2.1 環境適応とイノベーション

今日，イノベーションを実現するためには，企業は「ターピュラント」や「ハイベロシティ」と形容される環境に対する認知ケイパビリティを獲得し維持する必要がある。また，認知した市場ニーズを，自社の組織プロセスを用いて加工する必要がある。こうして産出した製品やサービスは，市場環境のなかで最終評価を受ける。その評価（売上高，利益率，企業の名声など）は組織プロセスにフィードバックされ，次の活動を方向づける。図1-1はこうした組織と環境とのダイナミックな相互作用を描いており，その相互作用の中から学習や組織進化がもたらされる。

組織プロセス（図1-1）は，図左の「環境」認知から始まる。今日，顧客ニーズ，技術機会，競合他社の環境は絶えず変化し続け，その変化は企業にとってリスクであると同時に，利潤の機会ともなり得る。そのためには経営ダイナミック・ケイパビリティ（Adner and Helfat 2003）が高くなければならない。だからこそ企業は，市場・技術などのスキャニングを行わなければならないのである（ティース 2013）。

図1-1 組織のプロセス

出所：筆者作成。

元来，既存企業の市場スキャニングの組織プロセス，環境認知には問題があった。古典的な例をみておこう。1950年代の米国映画産業（ハリウッド）が，テレビの普及に負けて衰退したのはこの一例である。ハリウッドの衰退の原因は，セオドア・レヴィットの有名な論文「マーケティング近視眼」（Marketing Myopia）が指摘したように，映画会社の経営者が自社のビジネス・ドメインを銀幕と大劇場（物理的ドメイン）とみなしたことによる。実際には，映画館に足を運ぶ顧客は銀幕と大劇場を求めていたのではなく，エンターテイメント（機能的ドメイン）を消費していたにすぎない。だからこそ映画は自宅のテレビによって簡単に代替されたのであった。レヴィットの論文は，大企業であっても，自社のビジネスを環境に合わせて定義しなおすことが重要であり，ドメインの定義に失敗する「マーケティング近視眼」がいかに危険かを知らしめた（Levitt 1960）。

　また，「破壊的イノベーション」（クリステンセン 2000）が既存業界をひっくり返すことも起こる。1969年，日本のクォーツ時計が発売されたとき，スイスの高級機械式腕時計業界は低価格で市場もまだない新技術に警戒すらしなかった。2007年，アップルがiPhoneを発売したときも既存の家電大企業は自社のデジカメが大きなダメージを被るとは予想できなかった。大企業の経営陣やマネージャーは，既存顧客のニーズに応えようとする，そしてさらなる高スペック製品をより高価格で販売しようとする。そうでなければ大企業の中で生き残れないからである。こうして既存大企業は，低スペックで低価格な新規参入者を本気で相手にしない。そしていつの間にか，既存業界の競争優位は「破壊的製品」に文字どおり破壊されるのが常である。

　図1-1における「投入」に際して企業は，どのような資金をどこから集めるべきか，どのような資材，部品をどれだけ購買すべきか，どのような人材を採用すべきか，という選択に直面する。資材や部品を市場から購買すべきか，自社内で統合して内部化すべきか，という「make or buy problem」は競争戦略上，決定的に重要な選択である。また，「破壊的製品」につながるかもしれない小さなイノベーションをどう評価するかも決定的に重要な戦略課題である。

　図1-1の「産出」は企業が，製品を通じて製品市場という環境に直面する場面である。顧客のニーズにフィットしていればいるほど，企業業績は上がる。

単純に「マーケットイン」が欠けていて失敗した例は多い。1970年代から米国市場では小型自動車が流行した。しかし、トップシェア企業のゼネラルモータース（GM）が小型車に対応したのは1980年代だった。それまでは、GMの経営陣（役員室フロアの数字から14階と呼ばれた）は小型車ブームはじきになくなり、すぐに大型車のニーズが戻ると信じて疑わなかったのである。

これは自動車業界のガリバーの失敗だが、飲料業界のガリバーの失敗はもっと複雑なケースである。企業は、「マーケットイン」志向になっても、顧客に裏切られることがある。

1985年4月、コカ・コーラ社は400万ドル以上の調査費、20万人以上のブラインド調査、そして4800万ドル以上の広告宣伝費をかけて新製品「ニュー・コーク」を発売した（Schindler 1992）。経営者ゴイズエタ（Roberto Goizueta）が伝統的なコークの味を変える決断をした背景には、健康志向で高カロリー飲料が市場とミスマッチを起こすようになったことや競合のペプシに追いつめられていたことがあった。コカ・コーラとペプシコーラの米国におけるシェアは、1971年では25.0％対15.0％だったが、1984年では22.0％対19.0％まで接近していた（河野・村山 1997）。「ペプシ・チャレンジ」というキャンペーンが功を奏したのである。1984年にコカ・コーラ社が行ったブラインドテストでは、ニュー・コークを好む人の割合は旧コークに対して55％対45％というデータを得た。またペプシよりもニュー・コークを好む割合が高かった。

市場調査を重ねて、経営者は自信を持った新製品であったが、実際に発売してみると、製造中止した製品「オールド・コーク」を返せという消費者の反発は大きく、社会現象となった。ゴイズエタは同年6月に新製品の発売を中止し、元の配分に戻した「コカ・コーラ・クラシック」を発売した。このように顧客ニーズの調査をしっかり行ったとしても、顧客ニーズはつかみどころがないのが実情である。企業が「マーケットイン」で成功することもまた、容易ではない。

そこで「プロダクトアウト」を理念とする企業をみると、ヘンリー・フォードのT型フォード（Model T）の成功がある。1908年から1927年まで、T型フォードは1500万台という大量販売（大量生産）に成功した。フォードは、

より優れた自動車をより安価に提供することに専念した。顧客ニーズの多様化への無関心が，1920年代半ば，競合のGMにシェアを奪われる一因となったものの，新規産業が立ち上がる時期にはフォードのような「プロダクトアウト」戦略は有効である。二輪車では，20世紀半ば，ホンダの「スーパーカブ」という奇跡的な製品の例がある。アップルの「iPhone」は21世紀のT型フォードであろう。スティーブ・ジョブズは顧客調査を信じなかった。まだ存在もしない新製品について，顧客調査をしても無意味であると考えたのである。

後で述べるように，新製品を開発する「製品イノベーション（product innovation）」と既存の製品を改良してコストを下げる「工程イノベーション（process innovation）」は，それを担う組織構造と規模が異なる。プロダクトアウト志向の企業は製品イノベーションの段階にあり，マーケットインによって利益を得る企業は工程イノベーションの段階にある大企業である（Abernathy and Utterback 1978）。企業が環境に適応するためには，組織デザインとイノベーションの種類の相関を知る必要がある。

## 2.2 組織の構造と変革

### (1) 階層制度

組織の構造的な原理は分業と権限である。ノーベル経済学を受賞したサイモン（Herbert A. Simon）は，組織は階層制度を軸とする合理的な意思決定機構であると述べた（図1-2 階層制）。組織が遂行する仕事は2種類ある。1つは日常的な定型的業務（プログラム化された意思決定）であり，これは従業員がその階層に与えられた知識と権限だけで遂行できるルーティンである。他の1つは，各階層に与えられた知識と権限を越えた判断に直面した場合に行うもので，これを非日常的な業務（非プログラム化された意思決定）と呼ぶ。この場合は，従業員はルーティン内で対処できないので，上位階層

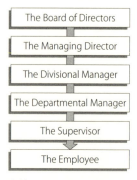

図1-2 階層制

出所：Sutherland, J. and Canwell, D. (1997), *Organisation Structures and Processes*, London: Pitman Publishing: 21.

に判断を委ねる。もし，その上司も権限内で決められない場合は，同じように上位階層に委ねる。

　なぜ階層制は合理的なのだろうか。ピラミッド型の最下位の階層には単純な業務を割り当て，上位にいくにつれて高度な業務を割り当てることで，従業員の労力と能力を節約して効率的に組織目標を達成することができるからである。高賃金の専門職員と低賃金の一般職員は，それぞれが知識・権限にふさわしい組織内の適材適所に割り当てられる。こうして個人の限られた能力を階層制度が補うことで，全体としての組織は効率的な業務処理機構となり得る。サイモンは，個人の能力に限界があることを「限定合理性」（bounded rationality）と呼び，組織は個人の能力を補填する機構であるとした（マーチ＆サイモン 2014；サイモン 2009；鈴木 2016）。

　サイモンによれば，「よい事業」とは正確に計算された利益追求をめざす合理的な経済行動である。それと同じ意味で，「よい経営」とは資源を効率的に使用して，関係者すべてに満足をもたらす合理的行動である（サイモン，2009）。こうした合理性を達成するための手段として，組織（階層制）があり，組織目的は階層制に目的と手段の階層として組み込まれる。つまり「各階層は，下の階層からみれば目的と考えられ，上の階層からみれば手段として考えられる」（サイモン 2009：113）というメカニズムを通じて，組織は全体として統合され，合理的になり得る。この合理性を，組織研究の古典であるマックス・ウェーバーは官僚制の技術的卓越性と呼んでいる。ウェーバーによれば，官僚制化された組織は機械化された工場のようなもので，それ以前の組織は前近代的な工場と同様に，効率性において駆逐される宿命にあるという。

(2)　企業の官僚制化・計画化

　20世紀の階層化された企業組織は，ハーバード大学のチャンドラーによって精緻に分析された。チャンドラーの近代企業モデルは2つの機能的特徴を持つ。1つは，複数の職能を統合し，内部化した組織であることである。たとえば前近代的な企業（個人商店）が，食品や服飾品などの商品を卸業者から仕入れて，それを店頭に並べて販売するのは，流通という単一職能のビジネスである。これに対してユニクロ（ファーストリテイリング）のような近代企業の場合は，商品の研究開発を東レなどと提携しながら行い，自社でデザインし，製

品を製造し，自社店舗で販売している。つまり，ユニクロは R&D，製造，流通，販売という複数の職能を統合（内部化＝組織内の取引）した企業なのである。

　複数の職能を内部化した近代企業にとって重要なのは，職能部門間の調整（coordination）能力である。もし企業に製造部門と販売部門を調整する能力が不足していれば，欠品ないし在庫の山が築かれる。もし研究開発部門と販売部門がうまく調整できなければ，研究所は次世代製品に求められているスペックを理解できなくなるであろう。こうした調整機能を果たす人々が管理階層を構成し，組織のトップとして専門経営者となるのが近代企業である。専門経営者は，企業のオーナー（所有者）ではなく，管理機能の専門家であり，俸給によって勤務する経営者である。あたかも公務員と同じように，組織官僚が企業のトップに就く。この俸給による専門経営者の存在がチャンドラーの近代企業モデルの第二の特徴である。

　20世紀は官僚制企業がビッグビジネスを築き上げた時代である。その理由は，1つには大量生産方式が確立したことである。画一的な標準製品を大量生産することによって，製品の製造単価を低下させる規模の経済（economy of scale）は，固定資本型ビジネスによって確立し，米国に大量消費社会をもたらした。大量に製造された製品は，大量に販売されなければ大量在庫になって経営を圧迫する。計画的に製品を捌くこと，つまり計画化が大量生産方式における重要課題となった。大量生産企業は膨大な設備投資を行うから，固定費の回収，損益分岐点に関する計画化がマネジメントの課題になる。こうして20世紀の大企業の経営は計画（プランニング）を基盤とするようになったのである。

　近代企業の中枢機能はプランニングであり，そのための機構が階層制（hierarchy）を備えた官僚制組織である。巨大な官僚制をマネジメントできるのは，もはや企業のオーナー家族ではないかもしれない。そこでマネジメントを専門とする俸給による専門経営者がその組織を調整した。

　「規模の経済をともなう活動をコーディネートするうえで，（中略）事業の範囲と複雑性の増大は，所有者自身による管理能力を圧倒した。そのため，所有者は，事業の各部署に監督や中間管理職を置くようになって，企業の活動範

囲，ならびに，監視と動機づけの対象となる人数が拡大していった」（ミルグロム＆ロバーツ 1997：602）。

また，市場はもはや無数の生産者が無数の消費者と自律的に取引をするアダム・スミス的な市場ではなくなった。20世紀の市場はビッグビジネスと化した大企業が，自らの経営計画を実行するための場所となった。これをチャンドラーは，市場の「神の見えざる手」(the invisible hand) から経営者という「見える手」(the visible hand) への転換と表現した。近代企業は，調整，計画，そしてフィードバックとしての評価のための階層制を備えた，研究開発から製造，販売までの複数職能を統合した官僚制組織である。

官僚制組織による計画化はやがて官僚主義や大企業病をもたらした。行きすぎた形式合理主義は実質や現実から乖離するようになった。20世紀後半，経営戦略論のミンツバーグはプランニング学派を批判し，官僚制的な企業を「機械的官僚制」(the machine bureaucracy) と呼んだ (Mintzberg 1979)。ミンツバーグが主張した創発戦略論の本質は，米国型大企業における官僚主義的な計画論の批判である。オスターマン（2004）やピオリ＆セーブル（1993）の分析によれば，デトロイト型の大量生産企業モデルの最盛期は1950年代から60年代である。1970年代から80年代にかけて，石油危機などの環境変化は，米国型の大量生産方式における硬直性という弱点を曝した。それはミンツバーグが批判した計画経営論の弱点でもあった。米国のビッグスリー（GM，フォード，クライスラー）の自国内シェアをみると，1960年には95.9％を占めていたが，1985年には75.6％に下落している。民生電子機器は，同じ時期，94.4％から34.0％に凋落した。これは組織と戦略だけが要因ではないにせよ，危機的な変化であることはまちがいない。

(3) 組織変革

20世紀の覇者，米国企業は，1980年代になると曲がり角に直面した。当時，マサチューセッツ工科大学（MIT）は，米国産業の問題点を洗い出し，それを打開するための政策報告書『Made in America』(1989) を作成した。この報告書は，多くの米国企業は組織構造に欠陥があると指摘した。ツリー状の構造と多すぎる階層が，社員や部門間のコミュニケーションを阻害しているというのである。当時，ライバルだった日本企業では，組織は層状であり階層

も少ない，また部門の境界は低く，部門間の意思疎通は容易であると指摘した（ダートウゾス他 1990）。米国企業における「硬直化し細分化された職場組織では，協調が妨げられている」（ダートウゾス他 1990：200）と述べて，米国企業の組織改革の必要性を説いている。

実際，当時の米国では先進的な企業は組織改革に着手していた。改革の眼目の1つは機能と階層の統合であった。たとえばフォード社の「トーラス」開発における製品設計と生産プロセス設計の複合機能チームの成功はよく知られている。他にもボーイング社の「設計／組み立てチーム」やゼロックス社の製品設計と生産プロセスの同時進行プロジェクトは，複写機の開発時間をほぼ半減した。複数機能のチーム制，強力なプロジェクト・マネージャーの設置，そしてこのチームによる問題解決力，チームワーク力，交渉力などがすでに当時のアメリカでも一部企業では試みられていた（ダートウゾス他 1990）。

組織は分業から成り立っている。チーム制あるいは委員会制は，縦と横の分業をコーディネートするためのものである。1990年代後半になると，米国企業の上級管理職の80パーセント以上は，何らかの委員会に属しており，同様に中間管理職の70パーセント以上と下級管理職の50パーセント以上も何らかの委員会に属している（Sutherland and Canwell 1997：9）。委員会には恒常的に設けられているものもあれば，特殊な機能を果たすために臨時に作られるものもある。いずれにせよその機能は職能間のコーディネーションである。組織が官僚制化すればするほど，調整機能の重要性は増す。コーディネーション・コストがゼロの組織を理想モデルとすれば，計画戦略によってマネジメントされる官僚制モデルはその対極にある。

もちろん，組織の官僚制化は相対的な問題である。一般に，日常業務において規則が支配的である程度，また階層化の高さなどの尺度で官僚制化の度合いを測る。「大量生産はなぜ敗れたか」という象徴的な章から始まるMITのウォマックらによる調査『リーン生産方式が，世界の自動車産業をこう変える』（1990）は，官僚制化された企業の特徴を次のように定義した。

・階層制（ヒエラルキー）によってマネジメントが行われる
・労働者を生産システムにおける交換可能な部品の1つとみなす組織観がある

ここからわかるように大量生産方式の影響は，たんに生産技術と製造部門だけにとどまらない。大量生産方式は「企業とは何か」という組織観を規定する「大量生産のエートス」（ハウンシェル 1998）を米国産業界に広めた。この「大量生産のエートス」は，現在もなお企業が危機に直面するたびに米国型組織マネジメントの DNA として表面に現れてくる。雇用の不安定さ，経営者と一般労働者の社会的地位の格差およびそれにともなう所得格差などはそのエートスの一面である。

　イノベーションの視点からみると，大量生産型の組織マネジメントにおける最大の欠陥は従業員のナレッジを引き出せないことと同時に，組織外の知識を活用できないことである。NIH（Not Invented Here）シンドロームとは，自社の独自技術を志向するあまり，開発を妨げる内向きの思考法である。従業員の創意工夫，知識，暗黙知が組織内・外にオープンに流通しなければ，組織はイノベーションを妨げるメカニズムとして作動する。組織はルーティン（プログラム化された意思決定）を優先するからである。米国の「大量生産のエートス」の最大の欠陥もまたこうした硬直性にあった。経営戦略論のティースは，意思決定プロセスの官僚制化はいろいろな面で有効であると述べるものの，その組織プロセスがイノベーションを妨げることに警鐘を鳴らしている（ティース 2013）。次に，イノベーションとは何か，組織プロセスとどう関わるのかについてみていこう。

## 3．イノベーションと組織プロセス

### 3.1　アバナシー＆アッターバック・モデルと組織プロセス

　米国産業が厳しい環境にあった時代，当時の経営者たちはリストラ，コストカット，短期的志向の合理化に走った。MIT のアッターバックは，その時代に，むしろダイナミックなイノベーション戦略の重要性を説いた。当時，経営者にとってのイノベーションとは，企業が保有している技術に投資し，それを特許使用料などで回収するというリニアな関係を意味した。アッターバックの理論は，製品（product）と工程（process）という異なったイノベーションが

ダイナミズムを構成することで，技術は変化し，競争関係も変化することを説明した。

　アバナシー＆アッターバックのイノベーション論は，新製品の開発のような製品イノベーションと大量生産によって規模の経済を活かして競争するための工程イノベーションを区別した。そして製品イノベーションには，新規参入企業の小規模な組織が有利であると述べた。なぜなら小規模組織は，柔軟な技術的アプローチが採用できるし，外部との情報交換にも優れた適応性を発揮できるからである。

　市場に新しいニーズが生まれたり，新しい技術が発明されたときに，単位当たりの利益率が高い製品イノベーションに挑むのは，組織上のメリットを活かせる小企業である。一方，大企業は，大量生産によって単位当たり利益率は低くても競争力は高い（規模の経済が参入障壁になっている）から，工程イノベーションに注力する。イノベーションは，急進的なものから進化的なものにダイナミックに移行する（Abernathy and Utterback 1978）。また彼らは，イノベーションのタイプは組織に関連することを指摘したのである。

　以下，自動車のフォードT型モデルを例に，アバナシー＆アッターバック・モデルに従ってイノベーションと組織プロセスについて説明しよう（図1-3を参照のこと）。

図1-3　アバナシー＆アッターバックのイノベーション・モデル

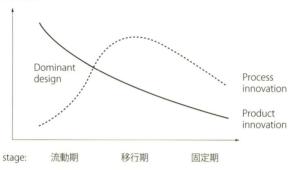

出所：Abernathy, W. and Utterback, J. M. (1978)；J. M. アッターバック（1998）『イノベーション・ダイナミクス』有斐閣。

(1) 流動期

1900年のアメリカ自動車市場をみると，全体の生産台数は約4000台。そのうち電気自動車が市場占有率約40％で販売台数1位，次が蒸気自動車，そして3位がガソリン自動車の順だった。まだ製品コンセプトは定まっていない流動的な時期で，部品を購入してきて自動車を組み立てるだけの原初的な製造法の段階にあった。熟練したエンジニアが汎用機械を用いて生産する段階である。この時期は製品イノベーションが主となり，開発者が経営をリードするカリスマ的経営者の時代でもある。組織は小規模で，組織構造は柔軟かつ非公式的で，起業家的である。

(2) 移行期

製品コンセプトが固まり，ドミナント・デザイン（技術的基準となる製品コンセプトのこと，コア・コンセプトとも言う）が固まる時期である。自動車産業では1908年のT型フォードがその役を担った。ここから主となるイノベーションは工程イノベーションに移行し，技術は需要の増大に対応するために量産技術が主役となる。

生産は汎用機械と熟練工の組み合わせから，専用機械と単能工の組み合わせの時代に移る。労働力の主体は高賃金の熟練工から低賃金の未熟練工に移って，生産工程を支配するのは管理者（マネージャー）になる。フォードは1913年から14年にかけてベルトコンベアによる大量生産方式（いわゆるフォード生産方式）を確立していき，競合他社に対する生産面での圧倒的な競争優位を獲得した。

アバナシー＆アッターバック・モデルによると，この時期，組織は官僚制化（ただしアッターバックはこの表現を用いていない）する。すなわち，
 (a) 業務の非公式的コントロールから規則，組織構造（序列），組織目標の明確化へのシフト
 (b) 組織構造の階層化かつ固定化および業務の公式化
 (c) 前段階では企業成長の活力であったイノベーションが衰退し，漸進的改善が日課となる（アバナシー＆アッターバック 1998：110）。

以上のように，企業における官僚制化の進行がこの時期の重要な組織プロセスの変容である。とりわけ，組織が「有機的」（アバナシー＆アッターバック

1998：110）なプロセスを失っていくことが，この時期に組織が製品イノベーションを減らすことにつながる。有機的な組織とは，組織構造が柔軟で，調整が非公式的で，階層は低く，水平的なコミュニケーションによってすばやい意思決定ができるような，不確実な環境に適した組織のことを指す。移行期の組織は，プロジェクトを通じて管理され，半硬直的であるという特徴がある。

(3) 固定期

競争優位の源泉はここではもっぱらコスト削減にある。製品ラインは標準品であり差別化されていない。製造プロセスは効率的で資本集約的であり，移行期よりもさらに硬直的になっている。製造装置は特定用途型の専業機械であり，高度に資本集約的に機械化されている。T型フォードは1908年から1927年まで1500万台販売されたが，自動車産業が1920年代半ばに固定期に入ったとき，1926年，フォードの売上高はついにGMに抜かれた。GMは多角化戦略と事業部制という組織のイノベーションも実施して，T型フォードを時代遅れの自動車にした。この段階での組織は，規則が重視される公式的な官僚制組織であり，高度に硬直的である。これはまさにミンツバーグのいう「機械的官僚制」（Mintzberg 1979）そのものである。

## 3.2　クリステンセン・モデルと組織プロセス

ハーバード大学のクリステンセンは，ブランド力と既存顧客を有している既存大企業が得意なイノベーションを持続的イノベーション（sustaining innovation）と呼んでいる（クリステンセン 2000）。これは，既存技術を用いた，利益率の高いハイスペックな製品・サービスを，既存ハイエンド・ユーザーに対して提供するためのイノベーションである。こうしたイノベーションは，主要市場における主顧客が，既存製品を既存の指標で評価すると高スペック志向になる，という持続的技術をその特徴とする。

これに対して，クリステンセンの言う破壊的技術は，今までにはなかった指標・価値基準を市場にもたらす製品を作るものである。たとえば真空管に対するトランジスター，大型乗用車に対する小型乗用車，高級ステレオに対するMP3音源によるiPodなどである。

こうした破壊的イノベーション（disruptive innovation）は，主顧客から

ではなく市場の片隅の「非消費者」（クリステンセンの用語。無消費者とも言う。今は購買力が不足している顧客）からもたらされる。破壊的イノベーションの担い手は，既存市場を支配している大企業ではなく新規参入者の起業家企業である。そして大企業の持続的イノベーション活動は，高品質を追求するあまり顧客の求めるスペックを超えてゆく（過剰品質，オーバースペック）一方で，起業家企業が，安価な破壊的製品のスペックを顧客を満足させるレベルまで高めたとき，大企業が支配していた既存市場は破壊的製品に文字どおり破壊される（クリステンセン 2000, 2003）。

　クリステンセンの理論は単なる生産技術論ではない。なぜ豊富な資金力と優秀な人材と製品をもった既存大企業が，新規参入者の破壊的製品に敗れていくのかを組織論的に説明した戦略論を展開しているのである。組織戦略論として破壊的イノベーション論を考えるとき，クリステンセン（2000, 2008）があげたアップルの例がわかりやすい。1990年代初め，ジョブズを追放した後のアップルのCEOだったジョン・スカリーはPDA「ニュートン」の開発に社運を賭けた。ペプシコ出身のスカリーは，ゴイズエタのニュー・コークのときのように，徹底した市場調査をし，ニュートンの機能を決め，膨大な開発費と同じく膨大な広告宣伝費を投入した。そして1993年，世に出されたニュートンは最初の2年間で，アップル社の売上高全体の約1％程度，14万台しか売れなかった。アナリスト，市場，株主，取締役会，アップルの従業員はニュートンプロジェクトを大失敗とみなし，スカリーはアップルを解任された。

　クリステンセンは，このニュートンの事例こそ，大企業の組織プロセスがもたらす破壊的製品への弱さをあらわしていると述べている。ニュートンを失敗と結論づけた理由が問題だと言うのである。彼は，本当にこの製品が悪かったのかと問うている。1979年にアップルが大成功を収めた「アップルⅡ」は最初の2年間で4万3000台を売り，起業家企業のアップルにしっかりした財政基盤をもたらした。一方で，ニュートンは14万台も販売して大失敗とみなされた。なぜか。すでに大企業となっていたアップルにとって，その販売台数や売上高では物足りないから，失敗とみなされたのである。すなわち大企業になったアップルは，大企業としての価値観を持ち，大企業としての評価尺度でプロジェクトを評価したのである（クリステンセン 2000：187）。

そもそも画期的な製品を世に送り出す企業は、顧客が使い方を学ぶ時間を耐えなければならない。年金基金などの有力な株主から、四半期ごとに発表される短期的財務データを厳しく評価される宿命にある既存大企業は、顧客が学習し、慣れる時間を待つことが難しい。小さな売上高と小さな利益額が、時間をかけて成長して新しい市場を創造するまでの時間は長いので、大企業の評価尺度は破壊的イノベーションに適合的ではない。図1-4の「価値基準（values）」という要因がこれに当たる。原論文では複数形になっているように、たとえば社内の基準として、プロジェクトの粗利益率や営業利益率をどのレベルにするか、あるいはどのレベル以上の売上高（市場規模）が求められるかなど、複数要因が「価値基準」の意味である。

図1-4の「経営資源（resources）」は、ここでは資源ベース戦略論やダイナミック・ケイパビリティ戦略論でいう「資源」より狭義なものとして理解されている（バーニー 2003；ヘルファット他 2010；ティース 2013）。資源には有形資産もあれば無形資産もあり、設備や技術あるいは人材やブランド力、さらにはネットワークの社会資本もこれに含まれる。資源ベース戦略論の「資源」と「能力」をクリステンセンは図の三要素に分解したのである。

クリステンセン・モデルでより重視されているのが「プロセス（processes）」である。これは公式的・非公式的なレベルでの「従業員がつねに一貫したやりかたで業務（tasks）を果たすために」設定された「相互作用、コーディネーション、コミュニケーション、意思決定のパターン」（Christensen &

図1-4

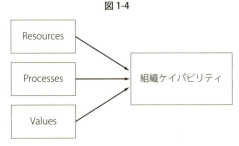

出所：Christensen, C. M. and Overdorf, M. "Meeting the Challenge of Disruptive Change," *Harvard Business Review*, March-April, 2000, 16-20 より作成。

Overdorf 2000：68）を意味する。図 1-1 を思い出せば，組織に投入された資源は組織プロセスを経て，製品に変容されて市場に産出される。いわば，何をどう使って，どのような製品をつくるのかを決めるのが，この組織プロセスであり，このプロセスは各社ごとに多様である。

　プロセスを説明するために，日本の半導体産業の事例をみよう。かつて世界のシェア半分ほどを占めた日本の半導体産業は，韓国，台湾の新興勢力を前にその競争優位を失っていった。そのとき，日本の半導体メーカーは，撤退か合併かの道を選ばざるを得なかった。1999 年末，日立と NEC が合弁して，エルピーダメモリ社が日の丸半導体の期待を背に設立された。しかし，同社には 2009 年，産業再生法第 1 号が適用され，2012 年 2 月，ついに経営破綻し米国のマイクロンテクノロジーに買収された。

　なぜこの合弁事業は失敗したのか，その組織プロセスについて外部からは知るよしもないが，企業内部でマネージャーをしていた半導体技術者による文献（鈴木・湯之上 2008）を頼りに以下，組織プロセスを考察する。

　半導体集積回路の製造技術は三段階のステップがある。第一段階は「要素技術」と呼ばれる，成膜技術，リソグラフィ技術，エッチング技術，洗浄技術，検査技術などから成る技術がある。第二段階は「インテグレーション技術」と呼ばれる，「要素技術を組み合わせて，半導体集積回路をシリコンウエハ上に形成するための工程フローを構築する技術」（鈴木・湯之上 2008：63）がある。第三段階は「量産技術」であり，工程フローを量産工場に移管し，大量生産する技術のことである。

　鈴木・湯之上（2008）を読むと，モジュール製品の典型と言われる DRAM の開発・製造が，実際には，いかに「すりあわせ」によってクローズドにつくられるのかに驚嘆させられる。たとえば，第三段階では，開発センターと量産工場では「機差」という装置ごとの微妙な性能差が原因となって同じプロセス結果が得られない。「すりあわせ」プロセスが最も顕著なのは「インテグレーション」段階である。この論文ではチャイコフスキーの管弦楽に例えているが，半導体産業の場合，作曲者はインテルであり，DRMA の基本原理を決めた。この原理はクラシックの楽譜のようなものだという。それを指揮者が自分なりに解釈してすばらしい音楽にする。半導体ではメーカー設計部が DRAM

の設計を書き，その設計をもとにインテグレーション技術者が工程フローを構築し，第一段階の要素技術エンジニアたちを指揮し，きちんと動くDRAMをつくりあげる。この複雑な「すりあわせ」の製造プロセスから想像できるように，最初につくった工程フローできちんと動くDRAMがゼロというのも珍しくないそうである。

　製造工程は，メーカーによって作り方も異なる。エルピーダに合弁されたNECは「均一性の文化」があり，ウエハの均一性を最優先した。それに対して日立は「新技術オタク」文化を持ち，どこかに新しい技術を導入しなければ気がすまなかった。エルピーダの組織構造は，あらゆる職位は二重になり，正課長と副課長，正部長と副部長はNECと日立で「タスキ掛け」の人事構成となり，二重の命令系統がつくられた。日本流にお互いの「顔を立てる」組織にしたのであろう。しかし半導体製造の微妙な「すりあわせ」プロセスを考えると，このような組織合併が失敗したのは当然であった。DRAM半導体の製造という，一見するとモジュール生産の典型に思える工程にも，以上のような会社ごとの組織プロセスと価値基準の違いがあり，それを統合せずに合併してもシナジー効果は生まれないことをこのケースは示している。

　以上，「経営資源」「プロセス」「価値基準」の説明をした。クリステンセンの組織モデルでは，この3つの要因から組織のケイパビリティが規定される。彼の組織成長モデルでは，3つの要因の重要性は組織の成長段階に応じて変わる。初期の起業段階にある組織では，「経営資源」が競争優位の源泉として重要である。ここでは起業家ないし人材という経営資源がコア・コンピタンスになる。組織の成長とともに人材の重要性は相対的に低下し，プロセスと価値基準が重みを増す。組織が大きくなると，くり返し行う日常業務（ルーティン）の割合が増すのは当然であり，組織のプロセスが固まると同時に，業務の優先順位や価値基準も形成される。それは暗黙知的であり得る。こうして，その企業固有の組織文化が完成されていくのである。既存市場で主要顧客を押さえているような既存大企業は，このような固定されたプロセスと価値基準によって，効率的に運営される組織である。だからこそクリステンセンのイノベーション理論では，大企業は破壊的製品に対して弱いのである。

　大企業の幹部人材は，組織内の競争を勝ち抜いてきた人材か，それ以上の実

績を持って外部から入ってきたシニアマネージャーである。彼らが100億円規模の事業と1億円の事業のどちらに優先順位を置くかは明白である。100億円の事業が高品質・高価格製品のセグメント（主要顧客）向けであり，持続的技術を活かすビジネスモデルとなる。1億円の事業は（少なくとも現時点では）低品質・安価な製品の非消費者セグメント向けであり，破壊的技術を活かすビジネスモデルである。大企業の幹部人材の意思決定，企画会議の運営，役員会議などの「プロセス」と「価値基準」は，破壊的製品を容易に淘汰する。だからこそクリステンセンは，プロセスと価値基準を別にする新たな組織を大企業内部に設けるか，破壊的製品のための組織をスピンアウトさせて独立させることを推奨して，大企業が破壊的イノベーションに立ち向かうよう説いている。大企業の垂直統合型のイノベーションが行き詰って，近年，イノベーションの仕組みは変わろうとしている。オープン・イノベーションの問題は次章を参照していただきたい。

## 4．おわりに

フリードマンの予測したとおり「世界のフラット化」はこれからも続いていくにせよ，組織には組織にしかできない機能があり，組織のケイパビリティは今後もますます必要とされるであろう。組織の最も重要な機能はイノベーションである。イノベーションとマーケティングが企業の二大機能であると定義したのは，半世紀前のドラッカーであった。アバナシー，アッターバック，バーゲルマンなどの研究を経て，今日，クリステンセンらの研究者によってイノベーション研究は最盛期を迎えている。半世紀の時間を経て，イノベーション研究の重点は技術面から組織面へシフトしてきた。計画的な管理志向から認識論的な組織論へのシフトも重要である。ナレッジ・マネジメント研究がイノベーション戦略論のなかに浸透し，成果を上げている。そしてダイナミック・ケイパビリティ戦略論とクリステンセンに共通する点は，資源依存理論や技術論とは対照的に，経営者の裁量（オーケストレーション）が組織の資源配分とイノベーションにいかに影響を与えるかという認識である。

組織の長所も短所も，ネルソン＆ウィンターの言う「組織ルーティン」につきる。組織ルーティンとは，たとえば企業が所有する設備や装置を操作する従業員のスキルの集合体であり，コンピューターを組み立てる従業員チームなどが所有する能力である（ネルソン＆ウィンター 2007）。そうした能力・スキルは，個人ベースではなく組織の集団に埋め込まれた暗黙知であり，集団の記憶として定義される。業務に関して何をどう処理すればよいかについての情報は，まず組織のメンバー（個人）に記憶され，暗黙知または形式知として組織（集団）に貯蔵される。組織の記憶は他の組織メンバーと共有されることで活かされる。個人がある情報を発信したときに，その意味を理解する他のメンバーの存在が重要なのである。組織の進化とは組織ルーティンの学習，進化に他ならない。今日では，イノベーションは組織を前提に理解される。

この章の論点からみると，日本企業の事例は重要であり，ぜひ本書のケースの章を読んでいただきたい。半導体産業は今や通信や電機だけでなく自動車産業にとってもコア部品となっていて，日本経済にとって最重要である。また，日本企業の99％以上を占める中小企業が日本経済の土台を担っていることも言うまでもない。サービス産業の再生プロセスももちろん重要である。私たちは，抽象的な理論をベースに実際の日本企業を考察しなければならないのである。

【参考文献】
Abernathy, W. and Utterback, J. M. (1978), "Patterns of industrial innovation," *Technology Review*, 80 (7), pp. 40-47.（岡真由美他訳「産業イノベーションのパターン」『技術とイノベーションの戦略的マネジメント（上）』翔泳社, 2007 年, 220-226 頁。）
Adner, R. and Helfat, C. (2003), "Corporate Effects and Dynamic Managerial Capabilities," *Strategic Management Journal*, 24, pp. 1011-1025.
Christensen, C. M. and Bower, J. L. (1996), "Customer Power, Strategic Investment, and the Failure of Leading Firms," *Strategic Management Journal*, 17, pp. 197-218.
Christensen, C. M. and Overdorf, M. (2000), "Meeting the Challenge of Disruptive Change," *Harvard Business Review*, 78 (2), pp. 16-20.
Christensen, C. M. and Raynor, M. E. (2003), "Why Hard-Nosed Executives Should Care About Management Theory," *Harvard Business Review*, 81 (9), pp. 66-74.
Greiner, L. (1972), "Evolution and Revolution as Organizations Grow," *Harvard Business review*, 50 (4), pp. 37-46.
Hart, O. D. (1988), "Incomplete Contracts and the Theory of the Firm," *Journal of Law, Economics, and Organization*, 4 (1), pp. 119-139.

Levitt, T. (1960), Marketing Myopia, *Harvard Business Review*, 38 (4), pp. 45-56.
Limerick, D. and Cunnington, B. (1993), *Managing The New Organization: A Blue Print for Networks and Strategic Alliances*, San Francisco: Jossey-Bass Publishers.
McLaughlin, J., Rosen, P., Skinner, D. and Webster, A. (1999), *Valuing Technology: Organisations, Culture and Change*, London: Routledge.
Mintzberg, H. (1979), *The Structuring of Organizations*, Englewood Cliffs: Prentice-Hall, Inc.
Quinn, R. E. and Cameron, K. (1983), "Organizational Life Cycle and Shifting Criteria of Effectiveness," *Management Science*, 29, pp. 33-51.
Schindler, R. M. (1992), "The Real Lesson of New Coke," *Marketing Research*, 4 (4), pp. 22-27.
Sutherland, J. and Canwell, D. (1997), *Organisation Structures and Processes*, London: Pitman Publishing.
アッターバック, J. A. (1998)『イノベーション・ダイナミクス』大津正和・小川進訳, 有斐閣。
石坂巌 (1975)『経営社会学の系譜』木鐸社。
ウィリアムソン, O. E. (1980)『市場と企業組織』浅沼萬里・岩崎晃訳, 日本評論社。
ウォマック, J. P., ルース, D. & ジョーンズ, D. T. (1990)『リーン生産方式が, 世界の自動車産業をこう変える。』沢田博訳, 経済界。
オスターマン, P., コーキャン, T. A., ロック, R. M. & ピオリ, M. J. (2004)『ワーキング・イン・アメリカ:新しい労働市場と次世代型組合』伊藤健市・中川誠士訳, ミネルヴァ書房。
グラント, R. M. (2008)『現代戦略分析』加瀬公夫訳, 中央経済社。
クリステンセン, C. M. (2000)『イノベーションのジレンマ』伊豆原弓訳, 翔泳社。
クリステンセン, C. M. (2003)『イノベーションへの解』櫻井祐子訳, 翔泳社。
クリステンセン, C. M. 他 (2008)『イノベーションへの解・実践編』栗原潔訳, 翔泳社。
河野昭三・村山貴俊 (1997)『神話のマネジメント:コカ・コーラの経営史』まほろば書房。
サイモン, H. A. (2009)『新版・経営行動』二村敏子・桑田耕太郎・高尾義明・西脇暢子・高柳美香訳, ダイヤモンド社。
鈴木秀一・斎藤洋編 (2006)『情報社会の秩序と信頼』税務経理協会。
鈴木秀一編 (2006)『企業組織とグローバル化』世界思想社。
鈴木秀一 (2010)『入門経営組織 (第4版)』新世社。
鈴木秀一 (2016)「日本の企業組織と戦略」立教大学経営学部編『善き経営』丸善雄松堂, 所収。
鈴木良始・湯野上隆 (2008)「半導体製造プロセス開発と工程アーキテクチャ論」『同志社商学』第60巻, 第3・4号。
ダートウゾス, M. L., レスター, R. K. & ソロー, R. M. (1990)『Made in America:アメリカ再生のための米日欧産業比較』依田直也訳, 草思社。
ダフト, R. L. (2002)『組織の経営学』高木晴夫訳, ダイヤモンド社。
チャンドラー, A. D. (2004)『組織は戦略に従う』有賀裕子訳, ダイヤモンド社。
ティース, D. (2013)『ダイナミック・ケイパビリティ戦略』谷口和弘・蜂巣旭・川西章弘・ステラ S. チェン訳, ダイヤモンド社。
ネルソン, R. R. & ウィンター, S. G. (2007)『経済変動の進化理論』後藤晃・角南篤・田中辰雄訳, 慶應義塾大学出版会。
ハウンシェル, D. A. (1993)『アメリカン・システムから大量生産へ1800-1932』和田一夫・金井光太朗・藤原道夫訳, 名古屋大学出版会。
ハート, O. (2010)『企業, 契約, 金融構造』鳥居昭夫訳, 慶應義塾大学出版会。
バーニー, J. B. (2003)『企業戦略論 (上・中・下)』岡田正大訳, ダイヤモンド社。
ハマー, J. & チャンピー, M. (1993)『リエンジニアリング革命』野中郁次郎監訳, 日本経済新聞社。

ピオリ，M. J. & セーブル，C. F.（1993）『第二の産業分水嶺』山之内靖・永易浩一・石田あつみ訳，筑摩書房．
フリードマン，T.（2000）『レクサスとオリーブの木（上・下）』東江一紀訳，草思社．
フリードマン，T.（2006）『フラット化する世界（上・下）』伏見威蕃訳，日本経済新聞社．
ヘルファット，C. 他（2010）『ダイナミック・ケイパビリティ：組織の戦略変化』谷口和弘・蜂巣旭・川西章弘訳，勁草書房．
マクミラン，J.（2007）『市場を創る：バザールからネット取引まで』瀧澤弘和・木村友二訳，NTT出版．
マーチ，J. G. & サイモン，H. A.（2014）『オーガニゼーションズ 第2版』高橋伸夫訳，ダイヤモンド社．
ミルグロム，P. & ロバーツ，J.（1997）『組織の経済学』奥野正寛・伊藤秀史・今井晴雄・西村里・八木甫訳，NTT出版．

【さらに学びたい人のために】

Grandori, A. edited (2013), *Handbook of Economic Organization: Integrating Economic and Organization Theory*, Cheltenham: Edward Elgar.
Teece, D. and Pisano, G. (1994), *The Dynamic Capabilities of Firms: An Introduction, Industrial and Corporate Change*, 3, pp. 537-556.
コリス，D. J. & モンゴメリー，C. A.（1998）『資源ベースの経営戦略論』根来龍之・蛭田啓・久保亮一訳，東洋経済新報社．
ジャコービィ，S. M.（2005）『雇用官僚制：アメリカの内部労働市場と"良い仕事"の生成史（増補改訂版）』荒又重雄・木下順・平尾武久・森杲訳，北海道大学図書刊行会．
シュムペーター，J.（1977）『経済発展の理論』塩野谷祐一・中山伊知郎・東畑精一訳，岩波文庫．
スローン，A.（2003）『GMとともに』有賀裕子訳，ダイヤモンド社．
バーゲルマン，R. A.（2006）『インテルの戦略：企業変貌を実現した戦略形成プロセス』石橋善一郎・宇田理監訳，ダイヤモンド社．
バーゲルマン，R. A., クリステンセン，C. M. & ウィールライト，S. C.（2007）『技術とイノベーションの戦略的マネジメント（上・下）』岡真由美・斉藤裕一・櫻井祐子・中川泉・山本章子訳，翔泳社．
ベサンコ，D., ドラノブ，D. & シャンリー，M. T.（2002）『戦略の経済学』奥村昭博・大林厚臣監訳，ダイヤモンド社．

*Column*

### 経営者の教育機会

　日本では，企業の競争力はきわめて現場的（生産管理，人材）な視点から議論される習慣がある。「現場」に日本的経営の強さがあることの反映だが，その一方で組織トップの経営者教育には関心薄である。高度成長期，日本の大企業の経営者はその多くが後継者の育成について「育成はできない」とか「自然に生まれる，適材発見，素質養成」といった見方をしていた（「日本のトップの意識調査」『日経ビジネス』1970年6月号）。さすがに帝王学的な経営者教育が現在も続いているとは思えないが，現在も日本企業の経営者教育には固有の特徴がある。

　日米の経営者を比較すると，制度として学習機会の差が大きい。たとえば，第1章で触れた1985年の米国コカコーラ社の歴史的失敗の際には，マーケティングや統計学あるいは戦略論などのさまざまな視点から多数の論文やビジネスケースが刊行された。経営大学院がこうした文献を利用して，次世代経営者の教育に当たるのである。米国社会では，ロースクールで法律家が，メディカルスクールで医者が教育されるように，ビジネススクールでは経営者が厳しく教育・選抜される。これが米国社会における大学と企業の「産学連携」のベースなのであり，いわば氷山の水面下の部分である。技術や創薬などの部分的「連携」は氷山の海面上に出ている部分であって水面下に隠れている部分なしには機能しない。社会は相互補完性のあるシステムである。1つの制度を別の社会に接ぎ木しても同じ効果をもたらさないことは，トヨタ生産システムを真に模倣することができた米国企業はほぼ皆無だったことからもわかる。

　日本社会では，企業の経営者は，その多くが内部昇進者であり，20年以上も自社組織のOJTというクローズドな環境で育った人材である。日本の経営者と幹部候補者には，外部の第三者との学習機会が極めて限られている。日本の経営者の制度的問題点は，トップに選抜された時点で最高の能力を持っていたにちがいない人材が，学習機会が圧倒的に不足しているために激変する環境に適合できないことである。経営者能力の陳腐化を防ぐには，クローズドではなくオープンな学習機会をどう日本社会に制度化するかにある。

　　　　　　　　　　　　　　　　　　　　　　　　　　　　（鈴木秀一）

## 第 2 章
# オープン・イノベーションのジレンマ

## 1. はじめに

　人類の歴史は，標準化の歴史である。産業革命後の営利企業の繁栄は，標準化をかつてないほどに推進した。情報技術革命を経た現在は，まさしく標準化全盛の時代である。標準化は，標準の普及，陳腐化，新たな標準の誕生，といった循環的プロセスであり，主として効率性の向上を目的とする。効率は，内外環境に応じて時に低下する。イノベーションが求められる所以である。

　情報が瞬時に国境を越える今日，イノベーションの陳腐化に至る時間は，大幅に短縮される反面，革新的な製品・サービスを生み出す難易度は，上昇しつつある。この傾向は，イノベーションに要する人数と費用の増大に表面化する。標準が厳格に遵守され，同質化する社会は，希少となる多様な人材と能力にイノベーションの源泉を見出す。従って，現在の経済秩序は，標準化の下で多様性の維持を図り，効率と革新という相補的かつ対立的な仕事を組織と個人に要求する。

　2016年1月に閣議決定された我が国の第5期科学技術基本計画（2016～2020年）は，政府，学会，産業界，国民といった幅広い関係者が共に実行する計画であり「世界で最もイノベーションに適した国」を目指す。本計画は，官民合わせた研究開発投資を対 GDP 4％以上とはじめて数値目標を定め，前期から引き続き「オープン・イノベーション」を重視する。Chesbrough (2003) が提唱して以来，研究開発を単独の自社で閉じる自前主義に対抗する「オープン・イノベーション」の概念は，効率的に革新を生み出す方法として注目を集め，組織の大規模化・集権化に反省を促した。今日の政策は，産学官

連携，及び企業間のネットワーク化，ベンチャー企業の育成等，研究開発活動の分権化を志向する。

他方，世界の巨大企業の動きに目を向けると，昨今は市場の拡大や新しい技術の獲得を狙った統合計画が相次ぎ，従来の「オープン・イノベーション」とは異なる潮流が観察される。2015 年は，1 兆円を超える巨額の Merger & Acquisitions（以降 M&A と略記）が顕著であった。エレクトロニクス，食品，製薬，化学，石油等々，広範な産業にわたる世界規模の M&A が加速する。2016 年も大型の M&A は継続し，ソフトバンク・グループが英国の半導体ファブレス企業の ARM Holdings を約 3 兆 3000 億円で買収した。さらに，米国 Qualcomm がオランダの NXP Semiconductors を 470 億米ドルで買収するという半導体業界では過去最大となる計画を発表した。各国の低金利政策，並びに巨大企業の豊富な手元資金を背景としながら，M&A を伴う市場拡大と研究開発競争は，過熱の様相を呈している。

本章は，従来の「オープン・イノベーション」の理論的枠組みを改めて問うものである。Chesbrough (2003) は，21 世紀初頭の米国のコンピュータ・エレクトロニクス産業を事例に挙げ，研究開発のパラダイム・シフトを強調する。新しいパラダイムは，企業内部の研究開発を重視する旧来の「クローズド・イノベーション」に対抗する。とりわけ，ビジネスを成長させる方法において「M&A は本書の範囲外」[1] との言明に注意を払いたい。後の著書『オープンビジネスモデル』は，イノベーション活動の分割の一例に半導体産業を挙げ，生産機能と設計機能が分離される Specialization（専業化）の進展に言及する[2]。

具体的には，台湾 TSMC 等の受託製造専業のファウンドリー企業と工場を持たず設計専業で知的財産権を握る米国 Qualcomm を代表とするファブレス企業の台頭である。ファブレス企業は，生産機能をファウンドリー企業にアウトソーシングする。設計から製造，販売までを一貫して行う従来の垂直統合型の巨大企業とは異なり，生産と設計の各々を専業とする新興企業の登場は，新しいビジネスモデルの印象を与える。

分権化（decentralization）の一形態である専業化は，「オープン・イノベーション」並びに「オープンビジネスモデル」の好例ではあるが，その背景には

標準化の進展がある。半導体製品の急速な進歩は，集積回路の最小寸法を指数関数的に縮小する各種技術の結晶によって実現される。集積化の進展を示すトレンドが「ムーアの法則」[3]である。1998 年来，この法則を遵守するための仕組みを米国の半導体工業会が主導し，国際半導体技術ロードマップ（ITRS：International Technology Roadmap for Semiconductors）が定期的に改訂された。ITRS の全般的な目的は，長期的な産業界の研究開発のニーズに関して，産業界のコンセンサスを提示することにあり，技術的課題を明らかにするとともに，これまで技術的ペースメーカーの役割も果たしてきた。

新興企業が一定速度の技術進歩の中で台頭したことは示唆に富む。本章は，その過程においてファブレス企業が数多くの企業買収によって規模を拡大した事実を重視する。半世紀にわたり遵守された「ムーアの法則」は，技術的かつ経済的な限界の接近と連動して形骸化し，ITRS の改訂は 2016 年で終了をむかえる。現在，半導体産業では大規模な業界再編が加速している。2015 年に実施・発表された半導体企業の買収総額は，平年の 10 倍以上に及ぶ。次節に Chesbrough（2003）のエッセンスを抽出した後，ファブレス企業に着眼して半導体産業のダイナミクスを素描する。

## 2. オープン・イノベーションの特徴とリスク

Chesbrough（2003）はオープン・イノベーションを「企業内部と外部のアイデアを有機的に結合させ，価値を創造すること」[4]と定義する。ここで提唱された新しいパラダイムは，研究開発活動を企業内部で閉じる旧来の「クローズド・イノベーション」に対抗して，巨大企業の「中央研究所」を主とした自前主義，規模の拡大に反省を促す。彼に従えば，巨大企業は次の 2 つの病を抱えている。

(1) NIH (not invented here) virus [5]

新製品を開発するためには，自ら発明しなければならない。自ら発明していないものは不安，不信感がある。

(2) NSH (not sold here) virus [6]

製品は,自社の販売網を経由して売らねばならない。自社のテクノロジーは自社が独占し,販売も独占的に行う。

彼は,従業員数を尺度とする規模階級別の研究開発費の占有率を例に,偏りが解消される傾向を示した。表2-1から従業員2万5000人以上の最大規模階級の占有率の低下と対照的に1000人未満の最小規模階級の上昇が読み取れる。本表では,National Science Foundation(全米科学財団)の *Business Research and Development and Innovation Survey*(以降BRDISと略記)が参照される。ここでの研究開発費は,国内かつ社内で使用されたものに限定されるが,企業の自己負担分に限らず,公的資金が含まれるため,1980年代は最大規模階級の割合が高い点に注意しよう。

同じく,BRDISをもとにして,米国の最新動向を表2-2に示す。2013年度分は,2016年8月に公開された。海外の研究開発費を含めたWorldwideの結果(社内使用分)は,2009年度以降の調査で明らかとなり,最大規模階級の占有率が上昇し,最小規模階級では伸び悩む傾向に注意を払いたい。

Chesbrough(2003)は「オープン・イノベーション」の事例にXerox,

表 2-1 Percentage of U.S. Industrial R & D by Size of Enterprise(Domestic)

| Company Size | 1981 | 1989 | 1999 |
|---|---|---|---|
| < 1,000 employees | 4.4 | 9.2 | 22.5 |
| 1,000-4,999 | 6.1 | 7.6 | 13.6 |
| 5,000-9,999 | 5.8 | 5.5 | 9 |
| 10,000-24,999 | 13.1 | 10 | 13.6 |
| 25,000+ | 70.7 | 67.7 | 41.3 |

出所:Chesbrough(2003), p. 48.

表 2-2 Percentage of U.S. Industrial R & D by Size of Enterprise(Worldwide)

|  | 2009 | 2010 | 2011 | 2012 | 2013 |
|---|---|---|---|---|---|
| Billion $ | 337 | 338 | 359 | 375 | 396 |
| < 1,000 employees | 22.1% | 19.9% | 19.2% | 17.8% | 18.0% |
| 1,000-9,999 | 24.4% | 28.2% | 26.8% | 27.6% | 28.2% |
| 10,000-24,999 | 18.3% | 15.0% | 17.1% | 16.1% | 15.4% |
| 25,000+ | 35.2% | 37.0% | 36.9% | 38.4% | 38.5% |

出所:BRDISをもとに作成。

IBM，Lucent，intel 等，米国のコンピュータ・エレクトロニクス産業を挙げ，新しい社内研究開発の方法を，以下の通り提案して，社外の積極的活用を要求する[7]。

――社外の知識を見つけ，理解・選別・接触する
――社外で開発されない知識を社内で開発する
――社内外の知識を統合して新しいシステムと組織を創造する
――研究成果を他社に利用させて，利益を得る

彼が以下のように断じた「オープン・イノベーション」のリスクは，教訓的である。過去，幾度となく「ムーアの法則」の終焉説が唱えられてきた。その度に産業界は一丸となってブレイクスルーを遂げたが，学術誌の *Nature* [8] が終焉説を掲載した2016年は，新たな時代の幕開けであるかもしれない。21世紀の半導体産業のダイナミクスを以降で詳述する。「社外の知識を利用することは強みでもあり，リスクでもある。… 半導体業界における基礎研究は，かつては軍やIBMやAT&Tによって行われてきたが，基礎研究に対する投資は減少しつつある。…Mooreの法則が成り立たず半導体業界の発展がスローダウンするようになると，インテルは他の企業からの競争に晒されるであろう。… インテル社内でも長期間の本格的な研究を行う必要がある。… インテルはこうしたチャレンジを自覚している」[9]。

## 3．半導体産業のダイナミクス

### 3.1 半導体市場について

　半導体とは文字通り，電気を通す導体と電気を通さない絶縁体に対して，その中間的な性質を示す物質である。温度が上昇すると電導性が高まるという特異な性質と電気信号を一方向に流す整流の機能をもつシリコン（ケイ素）が主に用いられる。
　その特性を利用した半導体製品[10]は，エレクトロニクス製品，自動車，産

業機械，医療機器等の幅広い製品に使われており，現代社会に密接に関連すると言えよう。1947年に米国のベル研究所でトランジスタが誕生して以来，今日では30兆円を超える市場規模に成長した半導体産業は，各国の基幹産業に位置づけられる。

半導体市場は，WSTS（World Semiconductor Trade Statistics）のデータが一般に使用される。WSTSの市場の定義は，半導体メーカーの国籍や生産工場の場所とは関係なく「半導体製品が半導体メーカーから第三者に販売された地域」を意味し，半導体の需要側を説明する。第三者には半導体ユーザーである電子機器メーカー，電子機器を受託製造するEMS（Electronics Manufacturing Service），半導体を扱う商社などが含まれる。

半導体市場の規模は，便宜上，半導体を製造する半導体メーカーの売上高総計とされ，売上高ランクを掲載する電子ジャーナル社が発行する『半導体データブック』もその慣行に倣う。半導体市場と上位企業の集中度の推移を図2-1に示す。

集中度（左軸％）は，『半導体データブック』をもとに，世界ランク上位企業の売上高シェア（各社の売上高／市場規模）の累積から算出する。近年の集中度は，徐々に高まる傾向にある。次いで図2-2に主要企業の推移を示す。

図2-1 半導体市場（10億米ドル）と集中度の推移

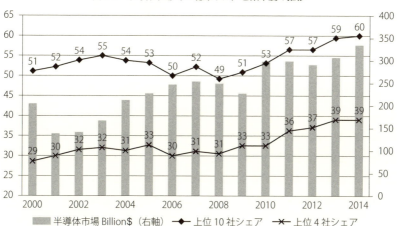

出所：『半導体データブック』をもとに作成。

図 2-2　主要企業の市場占有率の推移

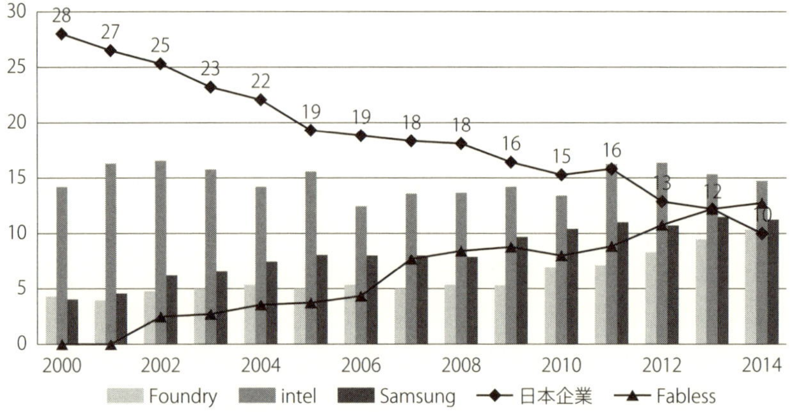

凡例：Foundry／intel／Samsung／日本企業／Fabless

出所：『半導体データブック』をもとに作成。

首位の intel は 15％前後と安定しているが，ファブレス企業群の急成長と日本企業群（上位 30 社にランクインした合計）の凋落が著しい。ファウンドリー企業（台湾 TSMC と UMC，米国 GLOBALFOUNDRIES の三社合計）と韓国 Samsung は堅調に伸びている。

## 3.2　ファブレス企業の急成長

図 2-2 で示したファブレス企業群の成長の軌跡を各社毎に表 2-3 にまとめる。上段が売上高ランクで下段がシェア（％）を意味する。新興企業が僅か十数年の間に売上高シェアを 2.5％から 12.7％と 5 倍に伸ばすことを可能とした要因は何であろうか。

ここで，欧州連合が公開する Industrial R&D Investment Scoreboard（以降 IRI と略記）を参照して，5 社の企業情報を確認する。IRI は，2003 年度以降，民間企業の研究開発費の世界ランク上位 2000 社（2013 年から 2500 社）を掲載し，企業名，国名，産業種別，研究開発費，売上高，利益率，従業員数等を更新するため，企業動向の概観には有効であろう。

各項目の推移（5 社の合計値）を図 2-3 に整理する。2005 年度を基準の 100 として，Sales は売上高，R&D は研究開発費，Profit は営業利益，Employee は従業員数を指す。IRI の財務数値はユーロで表記されるが，本図は 12 月末

表 2-3　ファブレス企業 5 社の成長（1）

| | 創業年 | 本社所在地 | | 2002 | 2003 | 2004 | 2005 | 2006 | 2007 | 2008 | 2009 | 2010 | 2011 | 2012 | 2013 | 2014 |
|---|---|---|---|---|---|---|---|---|---|---|---|---|---|---|---|---|
| Qualcomm, Inc. | 1985 | 米国 | rank | 26 | 21 | 21 | 19 | 18 | 8 | 8 | 7 | 10 | 9 | 5 | 4 | 4 |
| | | | share | 1.2 | 1.5 | 1.5 | 1.4 | 1.7 | 3.5 | 2.7 | 2.9 | 2.3 | 2.9 | 4.2 | 5.6 | 5.7 |
| Broadcom Corporation | 1991 | 米国 | rank | | | 25 | 23 | 22 | 21 | 17 | 15 | 11 | 11 | 11 | 9 | 9 |
| | | | share | | | 1.1 | 1.2 | 1.5 | 1.5 | 1.9 | 2.0 | 2.3 | 2.5 | 2.7 | 2.7 | 2.5 |
| NVIDIA Corporation | 1993 | 米国 | rank | 25 | 26 | 29 | 25 | 26 | 19 | 21 | 20 | 23 | 19 | 17 | 21 | 21 |
| | | | share | 1.3 | 1.1 | 0.9 | 1.0 | 1.2 | 1.6 | 1.5 | 1.4 | 1.2 | 1.3 | 1.5 | 1.3 | 1.3 |
| Marvell Technology Group | 1995 | 米国 | rank | | | | | | 27 | 23 | 26 | 21 | 23 | 24 | 22 | 24 |
| | | | share | | | | | | 1.1 | 1.2 | 1.0 | 1.2 | 1.1 | 1.1 | 1.1 | 1.2 |
| MediaTek Inc. | 1997 | 台湾 | rank | | | | | | 26 | 18 | 22 | 28 | 22 | 17 | 12 |
| | | | share | | | | | | | 1.1 | 1.5 | 1.2 | 1.0 | 1.2 | 1.5 | 2.1 |
| Fabless 5 社シェア合計 | | | share | 2.5 | 2.6 | 3.5 | 3.6 | 4.4 | 7.7 | 8.4 | 8.8 | 8.2 | 8.8 | 10.7 | 12.2 | 12.7 |

出所：『半導体データブック』をもとに作成。

のレートで米ドルに変換した数値を扱う。直観される通り，売上高と従業員数の変化は，相関する。研究開発費がこれらの変化率を上回ることも特徴的である。イノベーション活動の分割の好例とされたファブレス企業が従業員数と研究開発費を大幅な増大させた事実は，従来の「オープン・イノベーション」の理念と整合的であろうか。

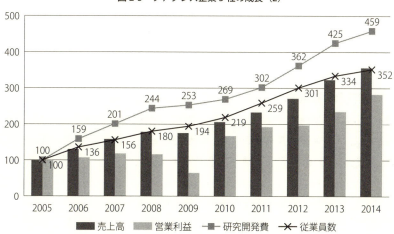

図 2-3　ファブレス企業 5 社の成長（2）

出所：IRI（2006-2015）をもとに作成。

表 2-4　日本の主要半導体メーカー 10 社の変化

|  |  | 研究開発費 (10 億円) | | 売上高 (10 億円) | | 従業員数 (千人) | |
|---|---|---|---|---|---|---|---|
|  |  | 2005年度 | 2014年度 | 2005年度 | 2014年度 | 2005年度 | 2014年度 |
| ソニー | T6758 | 532 | 464 | 7,511 | 8,216 | 159 | 132 |
| パナソニック | T6752 | 565 | 457 | 8,894 | 7,715 | 334 | 254 |
| 日立製作所 | T6501 | 405 | 335 | 9,465 | 9,775 | 327 | 337 |
| 東芝 | T6502 | 372 | 310 | 6,344 | 6,115 | 172 | 199 |
| 富士通 | T6702 | 242 | 203 | 4,791 | 4,753 | 158 | 159 |
| 三菱電機 | T6503 | 131 | 195 | 3,604 | 4,323 | 99 | 129 |
| シャープ | T6753 | 154 | 141 | 2,797 | 2,786 | 47 | 49 |
| NEC | T6701 | 341 | 134 | 4,825 | 2,936 | 154 | 99 |
| ルネサスエレクトロニクス | T6723 | 121 | 91 | 646 | 791 | 24 | 21 |
| ローム | T6963 | 34 | 40 | 388 | 363 | 20 | 21 |
| 10 社合計 |  | 2,897 | 2,370 | 49,265 | 47,772 | 1,495 | 1,399 |

出所：NEEDS-FinancialQUEST2.0 をもとに作成。

　然るに，新興企業の大半は，小規模からスタートする。Broadcom は僅か 2 名で創業した。ホームページの「Facts at a GLANCE」[11] を確認すると，過去 20 年を超える同社の歴史の中で 50 社を超える買収が実施された。企業買収を伴う大規模化は，最大手の Qualcomm を筆頭に，他のファブレス企業も同様である。単純な比較を目的に，図 2-2 に示した日本企業群から主要 10 社を対象に，2005 年度と 2014 年度の研究開発費，売上高，従業員数を表 2-4 に整理する。各社の数値は，半導体事業に限定されない全体を示すことに留意するとして，2014 年度の 10 社合計値は，いずれも 2005 年度を下回り，従業員数は約 10 万人減少した。

### 3.3　企業統合の新展開

　Chesbrough（2006）と同じく特化の進展を指摘する Langlois（2003）[12] が事例としたパソコン大手の Dell は，情報技術業界で過去最大の M&A を実現する。同社は，2016 年 9 月，約 670 億米ドルを投じて EMC の買収を完了し，Dell Technologies を設立した。コンピュータ・エレクトロニクス産業が激動の時代を迎える中，半導体産業も素早く動き始めていた。

　情報誌の EE Times Japan は，「M&A の嵐が吹き荒れた 1 年」と称して，2015 年の半導体業界再編を振り返る特集を組んだ。「数えきれないといって

過言ではないほどの合併・買収劇が繰り返された…米国の市場調査会社 IC Insights によると，2010年から2014年の間は年平均で100億米ドルの買収総額に対して，2015年に実施もしくは発表された総額は1,000億米ドルと平年の10倍，過去5年間を上回る規模だ」[13]。

100億米ドルを超える半導体メーカーのM&A案件を表2-5に示そう。中国の紫光集団の報道は非公式のため，実現性は疑われるが，中国の海外企業の買収では最大規模となり，米中間の摩擦が懸念される。また，日本経済新聞社は，台湾の半導体業界の再編に関連して，ファブレス企業MediaTekが異例のペースでM&Aを加速していることを報じ，「市場シェア拡大にはM&Aが必然だ」[14]と述べた蔡明介董事長の言葉を載せる。台湾MediaTekは，大手ファブレス企業5社の内，唯一の非米国籍企業である。

表2-5　100億米ドル超の買収計画（2015年，2016年）

| 公式発表 | 買収側 | 買収先 | 買収額<br>(億米ドル) | 完了 |
|---|---|---|---|---|
| 2015年3月 | NXP Semiconductors | Freescale Semiconductors | 118 | 2015年12月 |
| 2015年5月 | Avago Technologies | Broadcom | 370 | 2016年2月 |
| 2015年6月 | intel | Altera | 167 | 2015年12月 |
| 2015年7月<br>非公式 | 紫光集団 | Micron Technology | 230 | 未定 |
| 2015年10月 | Western Digital | SanDisk | 190 | 2016年5月 |
| 2016年7月 | SoftBank Group | ARM Holdings | 240億<br>ポンド | 2016年9月 |
| 2016年7月 | Analog Devices | Linear Technology | 148 | 2017年<br>（予定） |
| 2016年10月 | Qualcomm | NXP Semiconductors | 470 | 2017年<br>（予定） |

出所：各種報道をもとに作成（2016）。

## 4．おわりに

　外部の知識を獲得せよ，とは Chesbrough（2003）の慧眼である。多様性は，イノベーションの源泉であろう。但し，その方法は M&A をする場合としない場合の2通りある。前者が選好されるのであれば，旧来の「クローズド・イノベーション」に回帰することになり，新しいパラダイムは，潜在的に旧パラダイムに繋がる問題を内包する。

　概観したように，半導体産業のダイナミクスは，「クローズド・イノベーション」と「オープン・イノベーション」が同時に進行する。私見では，日本の半導体メーカーは，多様性の獲得を意図した M&A も専業化もいずれも積極果敢に選択してこなかった。このことが相対的な地位低下に繋がったと考えられるのではないか。

　以上の観点から本章のタイトルを「オープン・イノベーション」のジレンマと称した。「di-lemma」とは，ギリシャ語やラテン語において2つの仮定，前提という意味の表現であり，2つの選択肢のどちらにも進めない状態を指す。

　しかし，ここに来てようやく新たな動きが出始める。2016年9月，表2-3に挙がるルネサスエレクトロニクス株式会社は，車載用半導体事業を強化する狙いで同業の米国 Intersil Corporation を約32億米ドルで買収する契約を締結した。ルネサスが文字通りの「Renaissance Semiconductor for Advanced Solutions」として成長軌道を取り戻せるか今後の動向に注目が集まる。

【注】
1　Chesbrough（2003），p. 185.（邦訳193頁）
2　Chesbrough（2006），pp. 56-57.（邦訳72-73頁）
3　intel 創業者の一人である Moore（1965）は，部品当たりのコストを最小限に抑えるには，複雑さが毎年倍増すると予測した。この傾向は10年継続するだろうが，その先は"a bit more uncertain"と論じた。元々複雑さに関するムーアの論文は，敷衍されて，一つのシリコンチップに集積できるトランジスタの数（または性能）が1.5年もしくは2年毎に倍増することを差し，「ムーアの法則」と呼ばれる。
4　Chesbrough（2003），p. xxiv.（邦訳8頁）
5　*Ibid.*, p. 30, 182.（邦訳46, 191頁）

6 *Ibid*., p. 186.（邦訳 195 頁）
7 *Ibid*., p. 53.（邦訳 65 頁）
8 http://www.nature.com/news/the-chips-are-down-for-moore-s-law-1.19338
9 Chesbrough（2003），pp. 132-133.（邦訳 138 頁）
 Chesbrough=Vanhaverbeke=West（2006），p. 305（邦訳 393 頁）研究課題も合わせて参照されたい。「オープン・イノベーションの価値も時間とともに変わる可能性がある。すると，かつて成功していたオープン・イノベーションのモデルが時代遅れになる場合もあり得るだろう」。
10 半導体製品は，メモリー，マイクロ，ロジック，アナログ，ディスクリートなどに分類されるが，本稿では便宜上，一括して「半導体」と表現する。
11 http://www.broadcom.com/docs/company/BroadcomQuickFacts.pdf
12 Chesbrough=Vanhaverbeke=West（2006），p. 305（邦訳 392-393 頁）
 Langlois（2003）に対する言及に留意されたい。「パラダイムの限界は企業規模の両端で見られる。…Samsung や Exxon などの垂直統合企業は中断することなく 21 世紀も続いているが，私たちはこれらの反例を一般化して，垂直統合の限界に対する批判と矛盾なく結びつけることができないでいる。Chesbrough（2003），Langlois（2003），本書のいずれもそうだ」。
13 EE Times Japan（2015.12.24）．
14 日本経済新聞 2015 年 9 月 12 日朝刊。

【参考文献】

Chesbrough, H. W.（2003），*Open innovation: The new imperative for creating and profiting from technology*, Boston: Harvard Business School Press.（大前恵一郎訳『OPEN INNOVATION』産業能率大学出版部，2004 年。）

Chesbrough, H. W.（2006），*Open Business Models: How To Thrive In The New Innovation Landscape*, Boston: Harvard Business School Press.（栗原潔訳『オープンビジネスモデル―知財競争時代のイノベーション』翔泳社，2007 年。）

Chesbrough, H. W., Vanhaverbeke, W. and West, J.（2006），*OPEN INNOVATION: Researching a New Paradigm*, Oxford University Press.（長尾高弘訳『オープンイノベーション―組織を超えたネットワークが成長を加速する』英治出版，2008 年。）

Langlois, R. N.（2003），"The vanishing hand: the changing dynamics of industrial capitalism," *Industrial and corporate change*, 12（2），pp. 351-385.

Langlois, R. N.（2007），*The Dynamics of Industrial Capitalism: Schumpeter, Chandler, and the New Economy*, London and New York: Routledge.（谷口和弘訳『消えゆく手―株式会社と資本主義のダイナミクス』慶應義塾大学出版会，2011 年。）

Moore, G. E.（1965），"Cramming more components onto integrated circuits," *Electronics*, 38（8），pp. 114-117.

電子ジャーナル（2001-2015）『半導体データブック』電子ジャーナル社。

【インターネット資料】

Broadcom：http://www.broadcom.com/docs/company/BroadcomQuickFacts.pdf（accessed on Aug. 10, 2015）．

EE Times Japan：http://eetims.jp/ee/articles/1512/24/news030.html（accessed on Feb. 16, 2016）．

European Commission, Industrial R&D Investment Scoreboard（IRI）：iri.jrc.ec.europa.eu/scoreboard.html（accessed on Jan. 19, 2016）．

National Science Foundation, National Center for Science and Engineering Statistics, Business

Research and Development and Innovation Survey (BRDIS)：http://www.nsf.gov/statistics/srvyindustry/#tabs-2 (Accessed on Aug. 2, 2016).
Nature：http://www.nature.com/news/the-chips-are-down-for-moore-s-law-1.19338 (accessed on Feb. 16, 2016).
WORLD SEMICONDUCTOR TRADE STATISTICS, WSTS：http://wsts.org/Teaser-Left/Historical-Billings-Report (accessed on Feb. 13, 2016).

## 【さらに学びたい人のために】

Dosso, M., Gkotsis, P., Hervás, F. and Moncada-Paternò-Castello, P. (2015), CONCORDi 2015, *Industrial Research and Innovation: Evidence for Policy*, European Commission JRC98288.

Moncada-Paternò-Castello, P. (2010), "Introduction to a special issue: new insights on EU-US comparison of corporate R&D," *Science and Public Policy*, 37 (6): pp. 391-400.

Moncada-Paternò-Castello, P. (2016), "EU corporate R&D intensity gap: what has changed over the last decade?," *JRC-IPTS Working Papers on Corporate R&D and Innovation series* No. 05/2016, European Commission JRC 102148, Seville (Spain).

# 第 3 章
# 中小企業のルネサンス

## 1. はじめに

　中小企業はわが国経済を支える重要な役割を果たしている。ただ，その経済的地位はこのところ徐々に低下してきている。わが国経済が抱える様々な課題を解決していくための切り込み隊長として中小企業の復権が期待される状況にある。

　ここでは，まずその中小企業の経済的地位や主な役割を確認し，次に中小企業の特性について考えてみたい。また，戦後わが国経済の構造的な変化が加速していくなかで，中小企業観や中小企業政策がどのように変化してきたかについて説明を加え，これにより今後期待される中小企業像を浮き彫りにしてみたい。そして最後に老舗中小企業の取り組み事例を分析し，中小企業経営のあり方についてあらためて考えてみることとする。

## 2. 中小企業の経済的地位と主な役割

　まず統計に基づき定量的な面から中小企業の地位を確認すると，中小企業の企業数は約 381 万を数え，わが国の民営企業の 99.7％を占めている。また，中小企業に勤務する従業者数（事業所ベース）は約 4316 万人となっており，全従業者数の 75.6％を占めている（表3-1）。そして富の源泉となる付加価値の創造という面から，粗付加価値額についてみると，中小企業は全体の 50％のシェアを占めている[1]。

表3-1 中小企業の企業数，従業者数（民営）の推移

| 年 | 企業数（万人） | シェア（％） | 従業者数（万人） | シェア（％） |
|---|---|---|---|---|
| 1999 | 483.7 | 99.7 | 4328.8 | 80.8 |
| 2006 | 419.8 | 99.7 | 4198.4 | 77.8 |
| 2009 | 420.1 | 99.7 | 4424.4 | 76.2 |
| 2014 | 380.9 | 99.7 | 4316 | 75.6 |
| 増減 1999–2006 | ▲63.9 | 0.00 | ▲130.3 | ▲3.0 |
| 増減 2009–2014 | ▲39.2 | ▲0.01 | ▲108.4 | ▲0.6 |

注：1　企業数＝会社＋個人事業所とし，会社以外の法人及び農林漁業は含まない。
　　2　従業者数は事業所ベースで，農林漁業は含まない。
　　3　企業の区分，事業所の区分は中小企業基本法に準ずる。
　　4　「経済センサス―基礎調査」では，(1)商業・法人登記等の行政記録を活用して，事業所・企業の捕捉範囲を拡大しており，(2)本社等の事業主が支所等の情報も一括して報告する本社等一括調査を導入しているため，過去の中小企業白書の附属統計資料の「事業所・企業統計調査」による結果と単純に比較することは適切ではない（このため，2006年の数値と2009年の数値の間に破線を引いている）。
資料：総務省「事業所・企業統計調査」，2009年は同「平成21年経済センサス―基礎調査」，2014年は同「平成26年経済センサス―基礎調査」再編加工。
出所：中小企業庁「中小企業白書」。

　このようにわが国の企業数のほとんどは中小企業であり，雇用面，付加価値創造面からみたシェアも高い。ただ，このところ廃業率が開業率を上回る状況が続いており，企業数は減少傾向にある。また，従業者数についても減少が続いており1999年には8割を超えていたシェアも徐々に低下してきている。そして粗付加価値額についても1990年度半ば以降伸び悩んでおり，かつては50％台半ばを占めていた中小企業のシェアは低下傾向にある。
　次に定性的な面から中小企業の主な役割についてみると，①新たな産業の創出及び産業構造転換の担い手，②サプライチェーンの担い手，③地域経済の担い手，などとしてわが国経済を支える重要な役割を果たしている。
　補足すると，①については，今日の大企業も創業当時は中小企業であり，周知の通りトヨタ，ホンダ，ソニーなどもかつては町工場からスタートし業容を拡大してきた。②については，大企業の製品も，その大半が下請け中小企業の部品で構成されており，メード・イン・ジャパンに対する信頼は中小企業の技術力がなくては成り立たない。③については，地域の経済活動及び雇用は，サービス業，小売業，建設業を中心とした地元の中小企業によって支えられて

いる。

## 3．中小企業の特性

　中小企業の憲法ともいえる「中小企業基本法」第2条第1項に，中小企業者の範囲及び定義が業種別に示されている。ただこれは，中小企業政策における基本的な政策対象の範囲を定めた「原則」であり，法律や制度によって「中小企業」として扱われている範囲は異なる。つまり，中小企業の定義は相対的なもので，絶対的な定義はない。また，先に述べたように企業数が多いことから，規模やビジネスモデルは様々であり，なかには大企業よりも収益性の高い企業もある。このように中小企業は多様性に富んでおり，「ザ・中小企業」と言われるようなステレオタイプの中小企業像を抽出することは簡単ではない。ここでは規模と所有形態の2つの観点から中小企業の特性について確認するに止める。

　まず，規模の面からみると小規模なるが故に，必然的に市場支配力は弱く[2]，企業活動のエリアは限定されている場合が多い（地域性が強い）。

　次に所有形態の面からみると，同族会社がほとんどで[3]，同族外の第三者による出資がない場合も多い。それ故独立性を維持しており，所有と経営が一体化している。

　ちなみに2011年版の中小企業白書によれば[4]，中小企業であることのメリットとデメリットについて，"総じて中小企業は，自らの規模が小さいことを，意志決定が迅速，小回りが利くとメリットを感じている一方，大規模な事業に対応困難，大規模な販売や営業が困難とデメリットに感じている"と分析しているが，これは小規模かつ同族であるという属性に起因するものとみられる。

## 4．中小企業観と中小企業政策の変化

　戦後の中小企業政策の推移についてみると，1947年に「中小企業振興対策

要綱」,「中小企業対策要綱」が閣議決定され,1948年に中小企業庁が設置され,中小企業政策の企画立案と実施の体制が整備された。その当時は高度成長期以前で好不況の波が激しかったこともあり,大企業と中小企業の格差が大きな問題として認識されるようになり,1957年の経済白書では,"一国のうちに先進国と後進国の二重構造が存在するに等しい"という分析がなされた(二重構造論[5])。つまり中小企業はわが国のなかの後進国と指摘されたのである。そして1963年に制定された中小企業基本法では,こうした二重構造問題の解決を図ることが政策の基本に位置づけられ,「社会的弱者」である中小企業の経済的社会的制約による不利を是正することが具体的な政策目標とされた。

その後わが国経済の高度成長に伴い,労働生産性及びそれを反映する賃金の規模間格差は縮小を続けたこともあり,二重構造論の妥当性に疑問の声が上がるようになり,1970年の経済白書では,「二重構造の変質」として,"中小企業の多くは機動力をいかした経営や,管理コストの安さといった大規模経営に対する中小規模経営の有利さを主たる存立基盤とする中小企業へと変化してきたということができよう。(中略)これらのことは中小企業が,かつてのような産業構造の変化にとり残されることが危惧された存在から,今後の産業発展を担っていく重要な経営主体として期待されうる存在へと成長しつつあることを意味するものと考えられる"という認識を示した。そして,高度経済成長が終了し,グローバル化,市場の成熟化,情報化の進展,社会のニーズの多様化など経済・社会環境構造が大きく変化していくなか,時代の変化に迅速かつ柔軟に対応し,新たな技術,製品,サービスを開発し,市場の活性化を図っていくことがわが国経済の喫緊の課題となってきた。

こうしたなか1999年に中小企業基本法は全面的に改正され,中小企業政策に関する基本理念が,大企業と中小企業の「格差是正」から「多様で活力ある中小企業の育成・発展」へと転換されることとなった。その背景には中小企業観が大きく変化したことがある。すなわちかつては二重構造の底辺に位置する「社会的弱者」とみられていた中小企業は,「わが国経済のダイナミズム[6]の源泉」として捉えられることとなり,その機動性,柔軟性,創造性を発揮し,わが国経済を牽引していくことが期待されているのである。

## 5．老舗企業にみる中小企業経営のあり方

　先にみてきたように経済活動における中小企業の地位は高いもののこのところ低下傾向にある。こうしたなかチャレンジ精神を発揮し，新規開業や新事業に取り組む中小企業は当然注目を集めるだろう。これに対して伝統を守り続ける老舗中小企業は一見地味で目立たないかもしれない。しかしながら企業の寿命が30年と言われるなかで，長期にわたって事業を継続させ，有形，無形の経営資源を蓄積している老舗中小企業は，経済活動の基盤維持と活性化，雇用確保の面からも極めて重要な役割を果たしている。そして，その経営手法は示唆に富んでおり，中小企業が今後の経営について考える際のヒントとなる知見も数多く含まれていると思われる。

　ここでは老舗中小企業をして創業から長期にわたって事業継続を可能ならしめている要因を探り，持続的な競争優位を確立していくために求められる経営のあり方について検討してみたい[7]。

### 5.1　ファミリービジネスとは何か

　近年，欧米では創業者一族によって所有や経営が行われている「ファミリービジネス」の経営手法への関心が急速に高まっている。わが国においては「ファミリービジネス」の定義は未だに明確にはなされていないが，一般的には出資比率が低くても，創業者ファミリーが経営に参画しているか，個人株主として相応の株式を有していればファミリービジネスとして扱われている[8]。例えばトヨタ，サントリー，キッコーマン等もファミリービジネスとされており，わが国の企業数の約95％，雇用の70％以上はファミリービジネスが占めているといわれている[9]。そのなかには老舗企業，長寿企業も多い。

　ちなみにわが国の業歴100年以上のファミリー企業数は3万社と推測されており，欧州（6000社），米国（800社）を大きく上回っているといわれる[10]。

## 5.2 評価されるファミリービジネス

　ファミリービジネスはその業績面においても一般企業より優れているという調査結果が出ている。「日経ベンチャー」2007年4月号によれば，米国企業を対象にした調査では，利益率，成長性，資本効率のいずれの指標をみてもファミリー企業が非ファミリー企業に比べて高い値を示している。また，同じ調査で2000年から2002年の不況期についてみると，ファミリー企業の利益伸長率は非ファミリー企業に比べて大きなマイナスの値を示している一方，雇用伸長率については非ファミリー企業（▲0.22％）とは対照的に3.43％のプラスとなっており，ファミリー企業は不況期には利益を犠牲にしても雇用を守るという傾向が示されている。

　わが国においても上場企業を対象とした同様の調査結果では，利益率，資本効率ともにファミリー企業の方が高くなっている（表3-2）。

表3-2　日本におけるファミリー企業と非ファミリー企業の業績比較（％）

| 項目 | 経常利益率 | ROE | ROA |
|---|---|---|---|
| ファミリー企業 | 5.7 | 1.9 | 1.6 |
| 非ファミリー企業 | 4.5 | 0.2 | 1.0 |

　資料：『日経ベンチャー』2007年4月号。
　注：1　東証1部，2部上場企業における直近5期の経常利益率の平均。
　　　2　ROE（株主資本利益率）＝当期利益／株主資本×100
　　　　ROA（総資産利益率）＝当期利益／総資産×100

　次に中小企業も含めたより広い範囲の企業についてみると，経済産業省「企業活動基本調査」と中小企業庁「企業経営基本調査」のデータを用いてサンプル企業約5000社を対象に行った実証分析では，オーナー経営企業（ファミリー企業）は非オーナー経営企業に比べて，生産性（労働生産性，全要素生産性[11]）上昇率は年率2％程度低くなっているが，6年後の企業存続確率に関しては10％程度高いという結果が得られている[12]。ファミリー企業は非ファミリー企業に比べて生産性ではやや劣るものの，存続性は高くなっており，生産性よりも事業継続を重視するという企業経営の傾向がうかがわれる。

## 5.3 ファミリービジネスの経営課題

ファミリービジネスでは「所有」と「経営」という2つの要因に「創業者一族（ファミリー）」という第三の要因が加わっており，所有，経営とファミリーという3者のバランスを取りながら経営することが求められる。如何にしてファミリーという要因をビジネスと均衡させていくかがファミリービジネスに特有の大きな課題である。

ファミリー企業では経営と所有が一致していることから，経営者と株主の利益相反は起きにくい。また，市場や株主の短期的な要請に左右されないため，迅速な意思決定や長期的な視点に立った経営が可能となるといった長所が指摘されている。

一方，ファミリービジネスはファミリーメンバー間の利益相反，オーナー経営者の独走，事業承継の失敗といったリスク要因も内包している。ファミリーの関与が円滑かつ有効に機能すれば，ファミリービジネスは優れたパフォーマンスを示すが，逆にファミリーの関与がうまく機能せず，事業との調整に失敗した場合には，企業業績の悪化，不祥事の発生等も避けがたいものとなる。独自の経営哲学，リーダーシップ，固有の企業文化といった創業者ファミリーの支配下にあるがゆえの特徴はファミリービジネスの大きな弱点，失敗の要因ともなり得る。

表3-3　成功しているファミリービジネスにおける「4つのC」

| | |
|---|---|
| Continuity（継続性）<br>夢（ミッション）の追求 | 永続的かつ本質的なミッションを追求し，それを実現するための健全で息の長い会社づくりを図る（コアコンピタンスのあくなき追求と組織の健全な存続） |
| Community（コミュニティ）<br>「社族」を束ねる<br>（従業員コミュニティの構築） | 強いコミットメントとモチベーションを持つ人員によって，結束といたわりの組織文化を育む（明確な価値観と目的意識を示し，組織全体に浸透させる） |
| Connection（コネクション）<br>良き隣人，良きパートナーであること | 会社を長期的に支える永続的な「ウィン＝ウィン」関係を外部の関係先と結ぶ（従業員のみならず，ビジネスのパートナー，顧客，一般社会とも永続的な互換関係を結ぶ） |
| Command（コマンド＝指揮権）<br>自由な行動と適応 | 状況に即して勇気ある決断を下す自由と，俊敏な組織を保つための自由を維持すること（独立性に基づく自由で迅速な意思決定とたゆまぬ刷新） |

資料：ダニー・ミラー，イザベル・ル・ブレトン＝ミラー／斉藤裕一訳（2005）『同族経営はなぜ強いのか？』ランダムハウス講談社，55-89頁に基づき作成。

このようなファミリーとビジネスの相克というジレンマを解決し，その強みを発揮して事業を継続していくためには，ファミリーが持つべき使命感，価値観，行動規範等が明確に示され，そのメンバー，従業員等によって使命感，価値観等が共有されていることが必要である。ミラーは長期に成功しているファミリービジネスにはその原動力となる特徴的な「4つのC」が存在しているとしている[13]（表3-3）。

後でみるように，老舗企業においては家訓，社是，経営理念の形でこれらの項目が掲げられ，社内で共有され，継承されている場合が多い。

## 5.4 ファミリービジネスの特性と老舗企業

ファミリービジネスでは創業の精神を大切にし，次の世代へ事業を継承していくことが重視され，短期の業績にとらわれず，中長期的なスパンでみた業績の拡大，持続的な成長が追求される。長期的な視点から企業の利益を追求する上では，顧客，取引先，従業員，地域住民といったステークホルダーと長期的，永続的な信頼関係を築くことも重要である。そして，後述の通り老舗企業の実態を分析してみると，その特徴，長寿の要因の多くはファミリービジネスの持つ長所に由来していることがみて取れる。つまり老舗企業は成功しているファミリー企業という側面を強く持っている。長い業歴を持つ老舗企業はファミリービジネスゆえの課題やリスクを克服し，ファミリービジネスのプラス面を採り入れることで事業環境の変化，経営の危機を乗り越えて長期にわたって事業を継続させ，有形，無形の経営資源を蓄積しているといえよう。

## 5.5 老舗企業にみる経営の特徴

わが国には創業から100年以上を経過して事業を継続している老舗企業が2万社以上存在しており，諸外国と比べても高い水準となっているが，こうした老舗企業の9割以上は中小企業で占められている。以下では事例調査に基づいて，事例先が老舗企業となり得た要因を探り，中小企業が経営環境の変化に対応して生き残りを図り，長期にわたって事業を継続していくために求められる経営のあり方について検討する。なお事例先の概要は以下の通りである（表3-4）。

表 3-4　事例先の概要

| 事例 | 創業<br>(西暦) | 資本金<br>(百万円) | 従業員数<br>(人) | 主な事業内容 |
|---|---|---|---|---|
| A | 1832 | 40 | 20 | 天然ロウ精製，ロウ製品販売 |
| B | 1582 | 40 | 89 | 甲州印傳革製品製造販売 |
| C | 1560 | 98 | 160 | 機械部品製造（鋳物関連） |
| D | 1805 | 38 | 30 | ワイヤロープ・繊維ロープ・安全保安用品の販売，獣害防止ネットシステムの開発等 |
| E | 1752 | 20 | 45 | 清酒製造 |

資料：一般財団法人商工総合研究所（2016）『中小企業　絶えざる革新』180-216 頁に基づき作成。

(1) 事業の継続と伝統の重視

　事例企業はいずれも本業にこだわり，事業を継続している。また，事業内容，分野だけでなく，伝統の製法を守り続けている事例もある。例えばB社は江戸時代からの伝統的製法を守って甲州印傳製品の製造販売を行っており，E社は伝統的な酒造りにこだわり，現在では希少となった正統的な醸造法である「生酛（きもと）造り」によって全製品を生産している。

(2) 長期的視点に立った経営

　事例企業はいずれも，次世代へより良い形で事業を継承していくため，長期的視点に立って，健全経営，人材の育成，新製品開発，新市場の開拓等に努めている。

　長期的視点に立った事業経営は競争優位の源泉ともなっている。例えばA社は工業用原料としての天然ロウに要求される供給量と品質の安定を実現するため，原料となる植物，昆虫の開発から取り組んでいるが，こうした取り組みには長期的な視点に立った事業の計画と運営が要求されるため，大企業等の参入は困難である。

　また，短期的な利益，売上の拡大に捉われることなく，量より質を重視し，ブランドを大切に育てていく方針の企業もある。例えばB社は，伝統の技法を受け継ぐ人材の育成，技能の承継に力を入れるとともに，ブランドを大切にし，安売り，値引き販売を行わず，価格競争を避けている。E社も生酛造りに

こだわることで付加価値を高め，量より質の経営を行っている。
　なお事業の拡大よりも継続を重視する経営方針は堅実経営に結びつく。例えばＣ社やＥ社は堅実経営を説く家訓が引き継がれている。

(3)　明確な経営理念とその伝承
　事例企業はいずれも堅実経営，社会貢献，顧客や社員との信頼重視といった経営理念を持っており，その共有と継承に力を入れている。経営理念は必ずしも家訓，社是として文書の形で残されてはいないが，親から子への口伝，後継者教育等で伝えられている。また，日々の生活，行動を通じて着実に理念の継承が行われている事例が多い。
　Ａ社社長は祖父や父の働く姿を見て育つ中で，目先の利益を追い求めず，事業を通じて社会に貢献するという「利他の精神」を自然に受け継いでいる。Ｂ社社長は本店，工場に接した家で親の働き，職人の仕事を見て育つ中で，自然に事業に対する考え方を学び，後継者としての意識も持つようになったという。Ｃ社では「本業以外の遊興の事業に手を出してはならない」，「政治に関わってはならない」，「番頭を大切にせよ」の３つの家訓が代々口伝の形で伝えられている。
　こうした経営理念は各企業の社内でも共有されているが，Ｂ社のように，代々伝えられてきた経営理念を明確にして，改めて社是として定め，徹底を図っている事例もみられる。

(4)　信頼の重視
　老舗企業には顧客，取引先，従業員などのステークホルダーとの長期的関係，信頼関係を重視している企業が多い。
　Ｂ社は「人間尊重の事業経営」という経営理念を定め，社員，仕入先，販売先を大切にしており，なかでも社員との信頼関係を重視している。Ｄ社でもお客様第一，取引先との絆を大切にするという経営理念が継承されてきた。また，獣害防止ネットシステムの開発・販売という従来の卸売とは全く異なる分野への展開に際しては，社長がベテラン社員と腹を割って話し合い，社員の幸せを第一に考え，暖簾を捨てる覚悟で新製品の開発と市場開拓に取り組む決

意を伝えることで社員との信頼関係を確立し，社内の風土を大きく変えることで，第二の創業を達成している。

(5) 人材の重視，育成

事例企業は長期的な視点から，人材の育成に力を入れている。

B社は伝統の技法を受け継ぐ職人を大切にし，時間をかけて職人の養成と技能承継を行っている。「番頭を大切にせよ」という家訓を継承しているC社では，グループ各社に番頭格の役員を置いて権限を移譲し，同族経営が陥りがちな人事上の不公平，ファミリーによるポストの独占を防いでいる。E社では伝統の醸造技術を着実に承継していくため，酒造りに従事する蔵人を季節労働から地元採用常勤社員への転換を進めている。

後継者の育成に関しては，親からは明確に後を継げとは言われなかったというケースもあるが，祖父，祖母等からの教えや先代経営者（親）の事業に対する姿勢に触れて育つ中で自然に後継者としての意識を持ったという事例が多い。また，親子間の愛情，信頼関係の存在，良好な親子関係が円滑な事業継承の要因となっているという指摘もなされている。

(6) コア・コンピタンス[14]の追求と絶えざる革新

事業を長期にわたって継続していくには，絶えざる環境変化への対応と改革，革新の取り組みが必要である。老舗企業は本業にこだわり，伝統の技術を守る一方で，先見性を持ち，変化する市場，顧客ニーズへの積極的な適応と革新を行うことで事業の存続と拡大を図っている。

A社は情報記録材という天然ロウの新しい用途を開拓している。B社では，一子相伝とされた秘伝の製法を職人（社員）にも公開することで技術の向上と量産への対応を可能にした他，製品販路の拡充，直営店の出店，新製品の開発，POSシステムの導入等の改革に取り組み，事業の着実な発展に結びつけている。C社では「堅実経営」，「時流適応」の経営理念の下，鋳物を中心とした事業を継続する一方，時代の変化に応じて製品と業態を変化させてきた。「他社と同じものを作らない」という方針に基づいて顧客ニーズに対応した独自の製品を持っており，製造技術に関しても，テクノロジー（ハイテク技術，

デジタルエンジニアリングの活用) とクラフトマンシップ (技能の伝承と向上) を融合させた総合技術力「テクノクラフト」を掲げて，最新の技術を採り入れたモノづくりを推進している。D社は，バブル崩壊後の公共事業の減少，ホームセンターの出現，輸入商品との競合，大手商社による直販等，長年構築してきた卸販売のシステムが機能しなくなるという環境変化に直面し，大きな経営危機を迎えたが，獣害防止ネットシステムの開発・販売という新たな事業を展開することによって経営危機を脱している。E社でも，伝統の生酛造りにこだわる一方で超扁平精米技術の独自開発，日本で初の無酸素充填システムの導入，海外市場の開拓等の革新にも積極的に取り組んでいる。

このように老舗企業はファミリービジネスゆえの課題やリスクを克服してその長所を十分に発揮し，長期にわたる事業の継続と良好な経営パフォーマンスを実現している。

## 6．おわりに

わが国経済のダイナミズムの源泉として，中小企業が活力を取り戻していくことを期待したい。ただ，残念ながらそのための特効薬はなく，長期的視点に立って，地道に企業体力をつけて免疫力を強化していくこと以外に道はないであろう。そのためには，今一度経営の原点に立ち返り，顧客，取引金融機関，従業員などのステークホルダーとの信頼関係を構築し，関係者間の連携 (絆) の強化に取り組むこと，そうした努力を継続していくことの重要性を再確認する必要があるのではないだろうか。

【注】
1　財務省財政総合政策研究所「法人企業統計年報」に基づき2014年度末の中小企業のシェアを算出。なお中小企業は金融・保険業を除く資本金1億円未満の営利法人とし，粗付加価値額＝人件費＋動産・不動産賃貸料＋支払利息・割引料＋租税公課＋営業純益＋減価償却費計
2　中小企業中心の産業では市場の集中度が相対的に低い (商工中金編 (2016)，15-16頁)。
3　商工中金編 (2016)，9-10頁。なお，同族会社とは，上位3株主グループの持ち株比率合計が50％超の会社をいう。
4　中小企業庁 (2011)『中小企業白書2011年版』68-69頁。
5　同白書では，"わが国の雇用構造は，一方に近代的大企業，他方に前近代的な労使関係に立つ小

企業及び家族経営による零細企業と農業が両極に対立し，中間の比重が著しく少ない"と分析している。
6 ダイナミズム（dynamism）とは，内に秘めたエネルギー，力強さ，活力などを意味する。
7 以下については，望月（2014），30-53頁，一般財団法人商工総合研究所（2016），172-216頁参照。
8 倉科（2008），6-7頁。
9 後藤（2009），12頁。
10 プライス・ウォーターハウス・クーパース社調査による。
11 用語解説参照。
12 森川（2008）。
13 ダニー・ミラー，イザベル・ル・ブレトン＝ミラー（2005），55-89頁。
14 用語解説参照。

**【参考文献・資料等】**
アーリー・デ・グース「リビング・カンパニー」（2010）『ハーバードビジネスレビュー』2010年9月号。
倉科敏材編著（2008）『オーナー企業の経営』中央経済社。
経済産業省「企業活動基本調査」。
後藤俊夫（2009）『三代，100年潰れない会社のルール』プレジデント社。
財務省　財政総合政策研究所「法人企業統計年報」。
一般財団法人商工総合研究所（2016）『中小企業　絶えざる革新』。
商工中金編・岡室博之監修（2016）『中小企業の経済学』千倉書房。
総務省「事業所・企業統計調査」，「経済センサス―基礎調査」。
高田亮爾（2008）「中小企業の地位・役割と政策の意義」『流通経済大学論集―流通・経済編―第21巻第1号』。
ダニー・ミラー，イザベル・ル・ブレトン＝ミラー著／斉藤裕一訳（2005）『同族経営はなぜ強いのか？』ランダムハウス講談社。
中小企業庁『中小企業白書』各年版。
中小企業庁『企業経営基本調査』。
中小企業庁（2011）「日本の中小企業政策」。
帝国データバンク史料館・産業調査部編著（2009）『百年続く企業の条件』朝日新聞出版。
日経ベンチャー編集部（2007）「データが証明！ファミリー企業は強い」『日経ベンチャー』2007年4月号。
望月和明（2014）「老舗企業の研究」一般財団法人商工総合研究所『商工金融』2014年8月号。
森川正之（2008）「同族企業の生産性―日本企業のマイクロデータによる実証分析」独立行政法人経済産業研究所『RIETI　Discussion Paper Series 08-J-029』。
山田宏（2013）「中小企業政策は何を目的とするのか」『経済のプリズム No.109』。
横澤利昌編著（2012）『老舗企業の研究』生産性出版。

**【さらに学びたい人のために】**
後藤康雄（2014）『中小企業のマクロ・パフォーマンス』日本経済新聞出版社。
一般財団法人商工総合研究所編（2016）『図説　日本の中小企業2016』。
渡辺幸男・小川正博・黒瀬直宏・向山雅夫（2013）『21世紀中小企業論（第3版）』有斐閣アルマ。

# 第4章
# サービス・マーケティングと組織的対応
―― 星野リゾートの事例 ――

## 1．旅館・ホテルの市場動向と星野リゾートの事業概要

　現在，日本において，訪日外国人旅行者の急激な増加や，2020年に予定されている東京オリンピック開催などによって観光分野は成長が期待されており，国内の観光地や主要都市における旅館・ホテル等の宿泊施設の稼働状況は好調である。一方で，日本の旅館・ホテルの中には施設面での老朽化や旧来からの非効率な運営形態が残るなど市場の変化に十分対応できていないケースも見受けられ，長期的な成長を見据えた対応が必要である。

　本章では国内の旅館・ホテルの運営において，旅館の再生事業や海外展開等の様々な取り組みを行い注目されている株式会社星野リゾートを事例として取り上げ，サービス・マーケティングの観点から分析し，その特徴を明らかにする。

### 1.1　旅館・ホテルの市場動向

　経済発展およびグローバル化の進展に従って観光分野は年々拡大の一途をたどっている。国連世界観光機関（UNWTO）の統計によると各国からの海外旅行者数の合計は1990年の4億3500万人から2015年には11億8600万人と大きく増加しており，2030年には18億人程度まで増加すると予測されている。

　こうした中，旅館・ホテル等の宿泊施設は環境変化への対応を進め，宿泊需要が個人需要にシフトしていき，多様なニーズへの対応が求められてきたことや，グローバル展開を行うホテルチェーンの台頭により，販売や施設運営にお

第4章　サービス・マーケティングと組織的対応　55

図4-1　世界の国際観光者数

出所：UNWTO Tourism Highlights, 2016 Edition をもとに作成。

ける標準化・効率化が進み，多様な業態が生まれていった。

　リーマンショック以降，外出型レジャー志向の高まりから，日本人の旅館・ホテルへの宿泊需要は増加傾向にある。また，2013年以降，訪日外国人旅行者数の伸びが著しく，その宿泊需要が高まっている。

　供給側に目を向けると，宿泊施設数についてはホテルが増加する一方で，旅館が減少し，客室数ではホテルが旅館を上回った。長期的な景気の低迷等から旅館の倒産が増加し，中小事業者が淘汰されている。

　このように外出型レジャー志向の高いシニア層を中心とした旅行需要の増

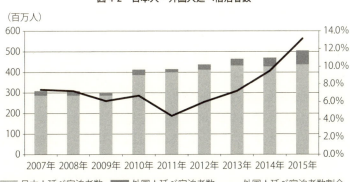

図4-2　日本人・外国人延べ宿泊者数

出所：観光庁「宿泊旅行統計調査報告」をもとに作成。

**図 4-3　ホテル・旅館の施設数**

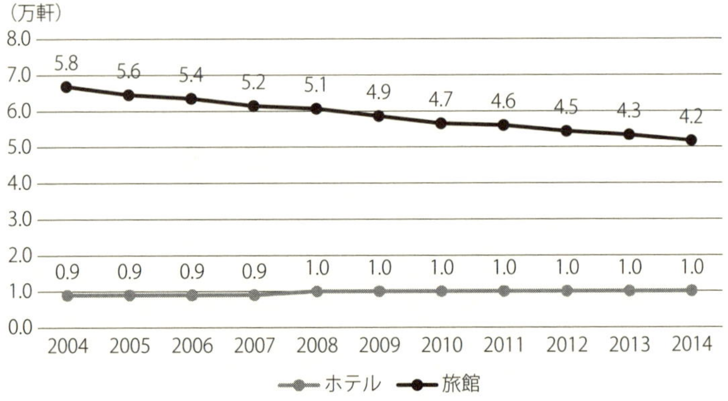

(万軒)

| 年 | 2004 | 2005 | 2006 | 2007 | 2008 | 2009 | 2010 | 2011 | 2012 | 2013 | 2014 |
|---|---|---|---|---|---|---|---|---|---|---|---|
| 旅館 | 5.8 | 5.6 | 5.4 | 5.2 | 5.1 | 4.9 | 4.7 | 4.6 | 4.5 | 4.3 | 4.2 |
| ホテル | 0.9 | 0.9 | 0.9 | 0.9 | 1.0 | 1.0 | 1.0 | 1.0 | 1.0 | 1.0 | 1.0 |

出所：厚生労働省「衛生行政報告例」をもとに作成。

加，アジア圏の成長や東京オリンピック開催を背景とした訪日外国人旅行者の増加といった市場機会がある。一方，利用者の宿泊ニーズの高度化・多様化や旅館・ホテル間の競争の激化など事業環境は大きく変化しており，各事業者が有効な事業戦略を策定し実行していく重要性は一層高まっている。

### 1.2　星野リゾートの事業沿革と再建

　星野リゾートは 1914 年，軽井沢に開業した星野温泉旅館（1951 年に株式会社星野温泉に改組）が，1995 年に社名変更した会社である。

　現在の星野佳路社長は，米国コーネル大学ホテル経営大学院にてホテル経営を学んだ後，米国でホテル開発に関わり，帰国後星野温泉の副社長として迎え入れられ，変革を推し進めようとしたものの，父親である社長や社内からの反対にあい，一度退社し金融ビジネスに携わった。当時の星野温泉は，家族経営で公私の区別が曖昧な点や施設が老朽化している点，サービスレベルが低い点など，他の日本の多くの温泉ホテル経営と同様に古い経営体質を残していたが，軽井沢という伝統ある立地とバブル経済によるリゾート需要に業績は支えられていた。しかし，全国各地でリゾート開発が進むにつれ他のリゾートと競争が激しくなり，その上バブル経済の崩壊が始まったことで社内の危機感が高まっていった。そうした流れで星野佳路社長は改革の担い手として再度迎えら

れ，経営戦略の立て直しを図ることとなった。

そこで同社はまず，ビジョンを「ありたい姿」，ミッションを「ありたい姿が実現した時に他者に与えるインパクト」と定義した上で，ビジョンを「リゾート運営の達人となる」，ミッションを「日本の観光をヤバくする」と定め，会社として進んでいく方向性を明確にした。

その後，2001年には莫大な負債を抱えるリゾナーレ八ヶ岳のリゾート再生事業を，2005年には小牧温泉グランドホテル（青森県三沢市）の旅館再生事業を開始するなどリゾート再生事業，旅館再生事業を次々と手掛けていった。

また，自社ブランド「星のや」の展開に着手するとともに，2011年にはブランドの統一を図り，最上位の「星のや」ブランドの他，温泉旅館ブランド「界」，リゾートホテルの「リゾナーレ」の3ブランドの全国展開を開始した。

それからも，2013年の日本初の観光に特化した不動産投資信託である星野リゾート・リート投資法人の設立（東京証券取引所に上場）や，日本政策投資銀行との旅館・ホテル再生支援のファンド設立，都市観光や海外リゾート運営

表4-1 星野リゾートの沿革

|  | 出来事 | 特記事項 |
| --- | --- | --- |
| 1914年 | 星野温泉旅館開業 |  |
| 1951年 | 株式会社星野温泉と改組 |  |
| 1991年 | 星野佳路氏社長就任 | 星野佳路氏による経営改革の開始 |
| 1992年 | 野鳥研究室（現在のピッキオ）設立 |  |
| 1995年 | 株式会社星野リゾートに社名変更<br>ホテルブレストンコート開業 | マーケティング調査・分析を導入 |
| 1999年 | エコリゾートへの再開発プラン発表 |  |
| 2001年 | リゾナーレ八ヶ岳の運営開始 | リゾート再生事業の開始 |
| 2005年 | 旅館再生事業着手　星のや軽井沢　開業 | 受託運営事業の開始 |
| 2011年 | 界ブランド・リゾナーレブランド発表<br>軽井沢事業所　ゼロエミッション達成 | マスターブランド戦略展開開始 |
| 2014年 | 初の海外運営案件 KiaOraRangiroa（タヒチ）運営開始 |  |
| 2016年 | 星のや東京開業 | 都市型リゾート・海外事業本格化 |
| 2017年 | 星のやバリ開業予定 |  |

出所：星野リゾート公式サイトより作成。

への進出等の積極的な展開を進めている。

## 2. サービス・マーケティングとサービス・プロフィット・チェーン

サービスには一般的な製品とは異なる特徴があるため，通常のマーケティングの考え方をサービス特有の考え方として応用したサービス・マーケティングという領域が形成されている。サービス・マーケティングでは，永続的に顧客からサービスが支持・購買され続けるメカニズムを明らかにするためのフレームワークが提唱されているが，代表的なフレームワークとしてヘスケット（1994）のサービス・プロフィット・チェーンがあげられる。これは，従業員のパフォーマンスを向上するような業務戦略とサービス提供システムを整備することによって顧客サービス品質に影響を与え，顧客満足・顧客ロイヤリティの向上につなげていき，結果として利益の拡大につながるという考え方で，以下の7つの因果関係を含んでいる。

図4-4 サービス・プロフィット・チェーン

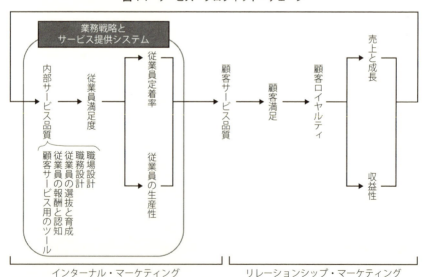

出所：ヘスケット（1994）を一部改変。

① 内部サービス品質が従業員満足度の原動力となる
② 従業員満足度が会社に対する社員のロイヤリティの原動力となる
③ 会社に対する従業員のロイヤリティが従業員の生産性を高める
④ 従業員の生産性を高めることでサービスの価値が創造される
⑤ サービスの価値が顧客満足の原動力となる
⑥ 顧客満足は顧客ロイヤリティの原動力となる
⑦ 顧客ロイヤリティは企業の収益性と成長性の原動力となる

さらに，ヘスケット（1994）ではこのサービス・プロフィット・チェーンが有効に機能するために経営者等のリーダーシップによって顧客や従業員に提供するサービスを中心とする企業文化を創造し，維持することの必要性が示されている。

## 2.1 従業員に対するインターナル・マーケティング

従業員のパフォーマンスの向上については，従業員に対する内部サービス品質が従業員満足度に影響し，従業員の定着率と生産性が高まることによって顧客サービス品質を高めていくというメカニズムである。サービスの同時性を踏まえると，顧客との接点において従業員の接客・オペレーションの態度や生産性は，顧客サービス品質に直結する。顧客への従業員の接客・オペレーションの態度や生産性を高い状態にしていくためには，従業員が職場や会社に対して満足して働けていることが必要であり，スムーズに働けるような職場環境が整備されていることや，従業員のニーズにあった職務設計，モチベーションを高めるような人事制度設計，人材育成の支援といった社内のサービスの充実を図る必要がある。このような，顧客サービスの品質の向上のために利用者へのサービスの提供プロセスで介在する従業員を顧客のようにみなし，その満足度の向上をはかる考え方は内部組織へのマーケティングという意味合いで「インターナル・マーケティング」と呼ばれる。

インターナル・マーケティングの考え方に沿った施策を行うことで，顧客に対してのマーケティングコンセプトを実現していけるよう顧客接点の従業員全てに対し組織全体のマーケティング指向性を浸透し，統合を図ることができる。木村（2007）では，サービスにおけるインターナル・マーケティングにつ

表4-2 サービスにおけるインターナル・マーケティング

| 採用と教育 | ・優秀な人材を獲得するための競争力を持つ |
| --- | --- |
| | ・それらの人材にビジョンを植え付ける |
| 支援とプロセス管理 | ・社員が能力を発揮できるようにする |
| | ・チームによる仕事の進め方を強調する |
| | ・自由裁量度を有効活用する |
| 評価と顧客対応 | ・成果を測定し正当に報いる |
| | ・顧客を認知する |

出所：木村達也（2007）「インターナル・マーケティング」より作成。

いて，「採用と教育」「支援とプロセス管理」「評価と顧客対応」の3つの取り組みが重要であるとしている。

### 2.2 顧客に対するリレーションシップ・マーケティング

　サービス・プロフィット・チェーンのうち，顧客サービス品質を高めることにより，顧客満足度と顧客ロイヤリティを向上させることで当該サービスのリピート利用を促進し，売上と収益性の向上を図る活動は「リレーションシップ・マーケティング」に相当する。

　これは短期的な利益を得るのではなく長期的な視点で継続的に利益を得ようとする考え方で，企業にとって収益性の高い顧客をターゲットとして継続的な関係性を持ち続けるものである（ラブロック 2002）。そのためには，自社顧客をセグメンテーションに分けてそれぞれのニーズや要望，収益性等を深く分析・理解し，ターゲットとなる顧客セグメントを決定した上で，顧客サービスに反映していくことが不可欠である。こうして顧客に提供したサービスに対しては顧客満足度や顧客ロイヤリティの観点から評価を行い，改善を繰り返していくことでサービスのリピート利用につなげていくことが重要になる。

　このようにして，得られた利益については，さらに従業員のための内部サービス品質や従業員満足度の向上のために再投資し，サービス・プロフィット・チェーンの好循環を形成することで，従業員，顧客，サービス提供企業のそれぞれにとって良好な関係性を築いていくことが可能となる。

## 3. 星野リゾートの経営戦略

### 3.1 星野リゾートの経営戦略の社内浸透と組織活性化

　星野リゾートの経営戦略は星野佳路社長を中心として体系的に計画・策定されている点が特徴である。まず，星野リゾートでは戦略の定義を「現状とビジョンのギャップを埋めるための道筋を示すもの」と明確に定義し，戦術の組み合わせ，優先順位づけ，実行の順番などを含むものとしている。あわせて，実際にミッション，ビジョン，戦略の内容および定義について従業員全体に教育，伝達することを重視しており，多くの従業員に共感をもって理解されていることが星野リゾートの強みの1つとなっている。

　星野リゾートでは前述のとおり，ミッションを「日本の観光をヤバくする」，ビジョンを「リゾート運営の達人となる」と明確に設定し，施設の所有ではなく運営に特化する方向性を示した。このミッション・ビジョンを具現化し実行していくために，星野佳路社長は経営戦略の社内浸透と組織の活性化に力を入れている。

　その取り組みの1つに星野佳路社長による「全国行脚」があげられる。これは毎年11月末から3月末にかけて星野佳路社長自らが各施設を訪れ，社員に向けて直接プレゼンテーションを行う場を設定しているものであり，全社員に戦略の理解と競争意識を定着することを重視している。

　また，同社では組織の活性化のための組織構造として各組織では「フラットな組織」を導入している。これは，各施設の総支配人のもとに機能ごとの「ユニット」を設置しその長であるユニットディレクター，プレイヤーの3階層で構成されているものである。また，組織構造のみではなく，従業員の行動として組織内での自由なコミュニケーションが重んじられ，立場や年次で意見が発言しづらいということのないように，できるだけすべての従業員に発言の場や権限をもたせられるように工夫されており，組織文化として根付かせている。

　戦略の実行段階では，自社の提供するホテルの「コモディティ化」を最大の脅威と認識し，施設およびサービス品質の提供価値を高めるべく他社との差

**図 4-5　星野リゾートのフラット型組織図**

出所：小金井 (2016) をもとに作成。

別化を図る「脱コモディティ化」を掲げている。同時に「生産性のフロンティア」を追及するべく運営の効率化を徹底し内部資源を強化することで，生産性を大きく高めていく方向性を軸としている。

### 3.2　3つの指標による数値目標設定

同社ではビジョンである「リゾートの達人」がどのくらい達成できたかがすぐに把握できるよう「売上高経常利益率」「顧客満足度」「エコロジカルポイント」の3つの指標に数値目標を設定している。

「売上高経常利益率」は施設運営に特化しているオペレーターとしての立場として，所有者であるオーナーに対する利益を生み出していく責任を負っていることから設定されている。また，直接の顧客である施設の利用者に対する成果である「顧客満足度」を7段階の満足度評価のアンケートから集計している。そして，環境への配慮を示すエコロジカルポイント（NPO法人グリーン購入ネットワークによる評価）についても数値目標として設定している。

このように，経営ビジョンにむけて具体的に行動し，その成果を定量的に評価し振り返ることで，自分たちの組織がどのくらいビジョンに近づいているかを客観的に認識し，次の行動に活かしていくように取り組みがなされている。

## 4. 星野リゾートのインターナル・マーケティングの取り組み

サービス業のインターナル・マーケティングにおいては，従業員を内部顧客と捉え，従業員に対する社内サービス品質を向上することで，従業員満足度および従業員の生産性，ロイヤルティを向上させることが不可欠である。

ヘスケット（1994）のサービス・プロフィット・チェーンでは，内部サービス品質の構成要素として「職場設計」「職務設計」「従業員の選抜と育成」「従業員の報酬と表彰」「顧客サービス用のツール」があげられている。以下では星野リゾートにおける従業員に対する内部サービス品質の向上策について述べることとする。

### 4.1 従業員のニーズにあった職場環境の整備

職場環境の整備については，従業員のニーズ把握を徹底している。同社では毎年一回，異動希望に関する従業員調査によって，やりたい仕事ができているかなどキャリアに対するニーズを徹底的に調べ，対応している。

こうしたニーズへの対応のうち，従業員の自主性を尊重した職場環境を提供するためのユニークな仕組みとして「ホリデイ社員」と「ヌー」がある。ホリデイ社員とは週末のみ2日の勤務など柔軟な勤務日数で働ける制度である。ヌーとはアフリカに生息し大移動をするウシ科の動物になぞらえた制度で，春夏は避暑地で，秋冬はスキーリゾートでなど季節ごとに違う場所で働くことができる制度である。

このように人事制度として可能な限り社員のニーズに合わせ，可能な限り従業員自らがやりたい仕事につくことや一人一人の多様な働き方を認めるなど働く上での環境を整備することで，従業員のモチベーションの向上を目指している。

### 4.2 マルチタスク等効率的な職務設計

各施設の職務設計については多能工化（マルチタスク）という旅館・リゾー

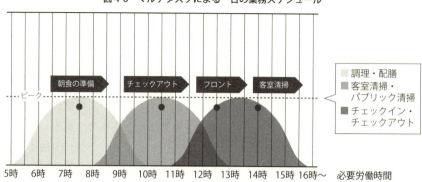

図4-6　マルチタスクによる一日の業務スケジュール

出所：星野リゾート公式サイト。

トホテル業界でも珍しい方式を採っている。これまでの旅館やホテルは各業務が縦割りであり，それぞれのピーク時間に合わせた要員の配置が必要なスケジューリングであったため生産性が低かった。星野リゾートでは運営において分業化を廃し，一人のスタッフがフロント，客室，レストランサービス，調理（補助業務）の4つを担当する従業員の多能工化を進めることで手待ち時間を極小化している。これにより手待ち時間の極小化に加え，顧客接点の増加，情報伝達の精度アップといった顧客の視点からみた効果も高まっている。

あわせて，この多能工化がどの程度できているかを図る指標として「サービスチーム化指標」を導入し，各スキルの習熟度，実践度を数値化している。

また，本部の職務としてSUCAI（Specialty Unit to Consult and Assist and Implement）という専門性の高い分野の社内コンサルタント集団を擁している。SUCAIは広報，市場調査，温泉評価，調理，メニュー開発，法務，情報システムといった分野において，社内コンサルタントに徹することで，高度なノウハウを各施設の現場に提供しながら横展開を可能としている。

### 4.3　自律性を重視した従業員の選抜・育成

同社の従業員の選抜については，従業員の自発性に基づいたユニークな制度としてUD（ユニットディレクター）・総支配人立候補制度がある。

これは，UDや総支配人を選ぶ際に，自発的な意志で立候補した候補者によ

る運営戦略や目標に関するプレゼンテーションを全国規模で行い，関係者で評価して選ぶという仕組みである。これによって，昇進に関する透明性が高まるため，選出された候補者の欠点を他の社員がカバーしていくという意識が高まる効果がある。同時に不満を持った社員は自ら立候補する機会が提供されることで前向きに解消することができるという効果も見込んでいる。

選ばれたUDや総支配人は，立候補時に提案した戦略がどう展開されているかを毎月報告し，うまくいっているユニット，そうでないユニットを社内に公開することが義務付けられている。それにより，課題がスピーディーに明らかになり，必要なタイミングで人事異動を行えるようになっている。

従業員全体に対する社内教育については，社内ビジネススクール「麓村塾」がある。これはビジネススキルを高める「ビジネス講座」，自らのサービススキルの幅を広げるための「文化講座」，地域の魅力に対する知見を深める「地域文化講座」など100以上の講座が用意されており，学んだことを従業員がすぐに実務に役立てながら，自らのキャリアを実現するために必要なスキルを身につけられるよう支援している。

また，エデュケーショナル・リーブという教育訓練休暇制度があり，社員が自己の成長のために最長で一年間会社を休職することができる。

## 5．星野リゾートのリレーションシップ・マーケティングの取り組み

星野リゾートではこれまでにみてきたインターナル・マーケティングによって，提供される顧客サービス品質を最大限高め，顧客との長期的関係性を構築すべく，リレーションシップ・マーケティングに取り組んでいる。

### 5.1　顧客ニーズ対応の姿勢

1995年，星野温泉旅館（現星のや軽井沢）の改革のための資金調達の方法としてブライダル事業に着目し，徹底したマーケティング調査の実施など初めて顧客ニーズの把握に取り組んだ。エリアや年代ごとの結婚式に対するニーズの違いの追求を行い，結婚式の本質を認識し，コンセプトへの反映を行った。

その結果，きらびやかなイベントではなく本物志向の挙式が行える形式に転換し，ホテルブレストンコートのリニューアルを成功させた。

このように星野リゾートではマーケティング理論を実践に移すため，現状に対するマーケティング調査を行い，スタッフと共にコンセプト立案を行っている。同社ではコンセプトの立案は「コンセプト委員会」を立ち上げることから始まり，時間をかけて行われる。コンセプト委員会のメンバーは現場のスタッフを含め，希望者を募って組織し，納得感のあるコンセプトを作成する。

例えば，2001年から運営を開始したリゾナーレ八ヶ岳の再生の過程では，マーケティング調査からターゲットを従来のカップル層から未就学児のいるファミリーへ大きく転換し，コンセプトの検討を開始した。コンセプト委員会ではマーケティング調査の結果と分析がメンバーに提供された上で自由な討議が行われ，温泉に対する高いニーズがある一方で，温泉にこだわらず子供に思い出を残したいと考える層がいることが見えてきた。その結果，本当の意味での家族旅行に対するニーズへ対応するための，ファミリー層に向けた新コンセプトの検討が進められ，「大人のためのファミリーリゾート」と決定した。このコンセプトに基づき，滞在中に子供を預かり遊びやゲームを提供するキッズクラブ「GAO」が立ち上がった。これは子供の宿泊体験の満足度を高めると同時に，その間に子供の親は他のサービスや施設を楽しむことができるようになった。こうした取り組みにより新たな家族旅行のスタイルを形成した結果，リゾナーレ八ヶ岳は開業後3年で黒字化の成果を上げるに至った。

このように星野リゾートでは，ターゲットとなるセグメンテーションについて見直しを図った上で，顧客ニーズをベースに各施設のコンセプトをスタッフ間で徹底的に議論しながら明確化し，マーケティング施策へ反映させるといった業務プロセスが定着している。

## 5.2 顧客満足度の定量化と組織的活用

星野リゾートでは「リピーターの確保」と「マーケティングコストの削減」を目的としたマーケティングを行っている。「リピーターの確保」に向け，同社では顧客満足度調査に力を入れて顧客の評価を運営に反映している。顧客満足度は前述のとおり戦略の目標数値管理指標として利用している。チェック

アウト時にインターネットで回答する形式のアンケートを手渡し，7段階の質問項目（非常に満足－満足－まあ満足－どちらでもない－やや不満－不満－非常に不満）と100点満点の滞在評価の約40問程度の質問によって顧客満足度を測定している。結果については施設単位ではなく職場単位で数値化することで共通尺度としており，社内の会議等で用いられることで現場や社員は強く意識するようになっている。リピーターの確保に向けては，顧客ニーズに対して「ベタースペックの提案」を行うよう従業員へ奨励している。これは，リピーターに対して前回の体験を踏まえて＋αの体験をしてもらうことでリピーターの満足度をさらに上げ，再来訪を促し続けることを意図している。顧客満足度調査のデータを来訪回数2回目以上の顧客に絞って集計し，1回目の来訪時の回答も含めてリピーターの要望を分析することで，満足度を少しでも上げるための解決策を記載したシート「ベタースペックシート」を作成し，改善提案に活用している。

　こうしたデータは自由回答も含めて従業員全体で検索・閲覧できるようCRMキッチンという顧客情報管理システムが構築されており，従業員による顧客のサービスに対するニーズ把握に役立てている。

## 5.3　マスターブランド戦略の活用

　同一企業が提供する製品・サービスのブランドの種類が多すぎると，消費者が選択する際に判別がし難くなる。自社のブランド間の一貫性と連携を高め，明解にすることでブランドを消費者に浸透させるための方法の1つに「マスターブランド戦略」がある。マスターブランド戦略とは自社が提供する製品・サービス全体の傘となる最上位のブランド（マスターブランド）のもとに各製品・サービスのブランドを位置づけるものである（アーカー 2014）。

　星野リゾートの各施設はそれぞれ別の名称で運営していたが，各施設が更に成長するためには認知率の向上が課題であった。そのため，2010年にすべての施設に「星野リゾート」の名称を付加するところからマスターブランド戦略を開始し，全国の施設の名称変更を含むブランドの刷新を行った。2011年には大型リゾート施設の名称を「リゾナーレ」に統一，2012年には小型温泉旅館の名称を「界」に統一した。

表 4-3 マスターブランド戦略

| マスターブランド化以前 | マスターブランド化以降 | | |
|---|---|---|---|
| 施設名 | ブランド名 | ブランドコンセプトと提供価値 | 施設名 |
| 星のや軽井沢<br>星のや京都 | 星のや | 「現代を休む日」<br>圧倒的な非日常感を演出する<br>日本発のラグジュアリーな和の滞在体験 | 星のや軽井沢<br>星のや京都 |
| いづみ荘<br>有楽<br>白銀屋 | 界 | 「和心地」<br>日本文化のテーマパーク「温泉旅館」を現代にアレンジ | 界伊東<br>界出雲<br>界津軽 |
| リゾナーレ<br>アルファリゾート・トマム<br>ニラカナイ小浜島 | リゾナーレ | 「大人のためのファミリーリゾート」<br>洗練されたデザインと豊富なアクティビティを提供するリゾートホテル | リゾナーレ八ヶ岳<br>リゾナーレトマム<br>リゾナーレ小浜島 |

注：施設名に記載の各施設は一部を抜粋。
出所：星野リゾート公式サイトより作成。

　これにより，消費者にとって各施設が星野リゾートの運営によることが識別しやすくなり，マスターブランドである「星野リゾート」そのものの知名度が各施設の認知率の向上につながり，宣伝広告費等のマーケティングコストの効率化が図られた。同時に，「星野リゾート」から想起される「丁寧な接客サービス」等の良好なブランドイメージにより利用意向度の向上が期待され，認識の利便性向上が図られた。これは，星野リゾートの集客の2つの考え方である「リピーター重視」と「マーケティングコストの効率化」にとってそれぞれ効果的であると考えられる。リピーターにとっては宿泊した施設で受けたサービス品質がどのようなブランドコンセプトによるものなのか認識しやすくなることで，体験後の満足度や納得感を高めるように作用する。また，星野リゾートの他施設を利用したことはあるが，別の施設は利用したことがないような新規顧客にとっても宿泊先の選択肢に入りやすくなると同時に，当該施設のサービス品質に対する期待水準を事前に明確化することができ，価格等の他条件も勘案した上にはなるが宿泊の意思決定プロセスが円滑化されることから，従来よりも施設側からのプロモーション効率を高めることができる。

## 5.4 販売チャネルにおける効率向上

星野リゾートでは，販売チャネルについても自社販売チャネルおよび代理店販売チャネルの双方について改善を行い，販売効率を高めている。

自社販売チャネルについては，顧客が宿泊予約を行いたいと思ったらすぐに予約できる体制として「統合予約センター」を設けている。従来は各施設で行っていた予約業務を集約し，一括して受注する体制にすることにより，情報システムや対応マニュアルの充実を行うことができ，顧客が電話で予約する際にかかる時間を短縮し利便性を高めるとともに販売力の強化につなげている。また，あわせてインターネットの宿泊予約ページについてもユーザビリティを外部機関により評価し改善することで販売効率を改善している。

さらに，通常の旅館・ホテルでは自社チャネルも含めた各社の販売ルートで別々に販売していることが多いが，星野リゾートでは消費者が空室を効率よく検索し予約できるよう全ての販売ルートを統合した一括管理システムを構築し，同社の販売力の強化につなげている。

## 5.5 顧客の潜在ニーズを捉えたサービス提案

星野リゾートでは「脱コモディティ化」に取り組むため，「ベタースペックの提案」の考え方に基づく改善提案など顕在化している顧客ニーズへの対応を重視している。その一方で，顧客の要望によってはそのまま施設やサービスの開発や改善にそのまま反映させずに対応している。これは各施設で従業員が主体的に，それぞれのブランドコンセプトと整合したかたちで，顧客にとってよりよい宿泊体験を提供できるよう考え，実践することで顧客の潜在ニーズへ対応し，より満足度を高めることができると考えているためである。こうした考え方は「SKKN」というキャッチフレーズに表れている。「SKKN」は「さりげなく気が利いて心に響きニーズにない」の略語であり，従業員に広く浸透し，組織全体で注力している考え方である。例えば，星野リゾートでは客室にテレビを置いていないが，顧客からはテレビを置いてほしいとの要望が常にある。しかし，星野リゾートでは，滞在中には施設内や客室では外部メディアの情報に接触するよりも，施設内の雰囲気や自然を静かに感じ，豊かな体験としてもらいたいという意図があり，こうした要望を受け入れず，より顧客の心に

新たな感動を与えられるように取り組んでいる。

## 6．総括と今後の展望

　星野リゾートは古い経営体質が残っている中でバブル経済の崩壊を迎え，星野佳路社長による変革を断行し，経営戦略の立て直しを図るに至った。その過程ではビジョンとミッションを明確にした経営戦略を従業員に浸透させ，自社の方向性と組織の実行力を結びつけている。また，星野リゾートのブランドを活用した消費者に対するプロモーションによる新規顧客の開拓，サービス品質の向上および顧客満足度のコントロールによるリピーターの獲得，マルチタスキング等の運営効率を高める取り組みを合わせて実行し，継続的な収益の向上に努めている。

　2015年，星野リゾートは新規ビジョンとして「ホスピタリティ・イノベーター」を掲げた。これは海外進出等の今後の事業展開を見越し20年以上続いていた「リゾートの達人」をベースに広くサービス業界にイノベーションを起こしたいという思いが込められたものである。星のや東京の開発やANAクラウンプラザの買収など都市観光への注力やタヒチ・バリでの海外事業展開など新規ビジョンのもとで積極的な事業展開を打ち出し続けている。

　ホテル業界においてはグローバルチェーン，国内チェーンを問わず運営業務ノウハウの標準化や予約販売システムのネットワーク拡大が進み，チェーン間の競争は一層激化していくものと思われる。上述したような事業の基盤となるサービス，特に機能的価値の側面については標準化・効率化によって宿泊者の利便性が高まり，事業者のコスト効率性も高まることから，宿泊者，事業者がともに恩恵が得られるため，こうした動きは継続していくものと思われる。

　その上で，これからも各事業者や施設は星野リゾートのようにコモディティ化を回避し，差別化による競争優位を築くことを強いられる。特に情緒的価値に基づく施設やサービスを開発する上では，模倣困難性の高い「従業員による創意工夫」や「立地地域の文化」といった資源を活用するなどしてイノベーションへの取り組みを進め，多様な宿泊体験を提供していく方向性へ転換して

いくことがより一層必要な状況にあると思われる。

【参考文献】
アーカー，D．(2014)『ブランド論』阿久津聡訳，ダイヤモンド社．
小野譲司 (2010)『顧客 (CS) の知識』日経文庫．
木村達也 (2007)『インターナル・マーケティング内部組織へのマーケティング・アプローチ』中央経済社．
小金井由子 (2016)「事例1 星野リゾート 現場のディレクターは立候補制」『RMS Message』41 号，リクルートマネジメントソリューションズ，7-9 頁．
仲谷秀一・森重喜三雄・杉原淳子 (2006)『ホテル・ビジネス・ブック—MMH（Master of Management for Hospitality）』中央経済社．
中藤保則 (2005)「星野リゾートの経営・運営手法」『信州短期大学紀要』第 17 号，44-52 頁．
ヘスケット，J. L.，ジョーンズ，T. O.，ラブマン，G. W.，サッサー，W. E. & シュレジンガー，L. A. (1994)「サービス・プロフィット・チェーンの実践法」『DIAMOND ハーバード・ビジネス・レビュー』小野譲司訳，ダイヤモンド社，4-15 頁．
ポーター，M. E.（1999）『競争戦略論 1』竹内弘高訳，ダイヤモンド社．
山本昭二 (2007)『サービス・マーケティング入門』日経文庫．
ラブロック，C. H. & ライト，L. K. (2002)『サービス・マーケティング原理』小宮山雅博監訳，白桃書房．

【資料】
UNWTO (2016)『UNWTO Tourism Highlights, 2016 Edition』．
観光庁 (2016)『宿泊旅行統計調査報告』．
厚生労働省 (2015)『衛生行政報告例』．

【インターネット資料】
星野リゾート公式サイト：http://www.hoshinoresort.com/（2016 年 5 月 23 日閲覧）
星野リゾート流意識改革～星野佳路の「組織活性化」講座：http://www.hitachi-solutions.co.jp/column/soshiki/（2016 年 5 月 13 日閲覧）
星野リゾートはなぜ強いのか．社長・星野佳路が語る「成功の条件と世界戦略」：http://newswitch.jp/p/1349（2016 年 5 月 23 日閲覧）
星野リゾートの「言葉」の力と「仕組みづくり」の力：https://www.nri.com/jp/opinion/m_review/2007/pdf/nmr17-5.pdf（2016 年 5 月 23 日閲覧）
武器としてのビジネスモデル思考法：http://diamond.jp/articles/-/62242?page=6（2016 年 5 月 13 日閲覧）

【さらに学びたい人のために】
グレンルース，C.（2013）『北欧型サービス志向のマネジメント—競争を生き抜くマーケティングの新潮流』近藤宏一監訳，蒲生智哉訳，ミネルヴァ書房．
近藤隆雄 (2012)『サービス・イノベーションの理論と方法』生産性出版．

## 理論＆用語解説

**【理論】**
**組織論と経営戦略論（organization theory and strategic management）**
　経営者は組織の重要性を理解していないと言われている（Galbraith 2014）。米国では，四半期ごとに業績がマーケットから精査され，結果次第では解任されるCEOにとって，短期的な成果は期待できない組織問題は優先順位が低い。むしろ財務やマーケティングなどに注力するのも当然であろう。
　別の理由もある。ガルブレイスによれば，現代の経営者世代が育ってきた組織はシンプルだったから，彼らの先入観が，今日の複雑化した組織問題の理解を妨げているという。こういう経営者世代が1980年代のダウンサイジング，リストラの嵐を仕切り，1990年代のIT化に対応したのである。短期志向で，目に見える経営資源（tangible asset）を重視した結果，組織は行き詰まった。シーリー・ブラウンとドゥグッド（2002）が，組織の行き詰まりを分析している。彼らは，モノとしてのITが社会や組織を進化させるのではなく，ITを使って相互作用しながらアイデアや「知識」を生産する人やコミュニティこそ大切なのだと述べた。組織のなかの「社会」という見えざる資産（intangible asset）がイノベーションの本当の源泉であり，いくらITに投資してもそれだけでは機能しないというのである。彼らは，ITによる組織のダウンサイジングは，人やコミュニティに対する著しい無関心をもたらしたと論じている。この主張は今日，ナレッジ・マネジメントや学習組織論，あるいは実践コミュニティ（community of practice）論へと戦略論のなかで広がりをみせている（Wenger 1998）。（参考文献：Galbraith, J. R. (2014), *Designing Organizations: Strategy, Structure, and Process at the Business Unit and Enterprise Levels*, San Francisco: Jossey-Bass；J. シーリー・ブラウン＆ P. ドゥグッド（2002）『なぜITは社会を変えないのか』宮本喜一訳，日本経済新聞社；Wenger, E. (1998), *Community of Practice: Learning, Meaning, and Identity*, New York: Cambridge University Press.）

**【用語】**
**資源ベース論（Resource-Based View：RBV）と組織デザイン**
　1960年代前後，米国の経済力は，デトロイト型の大量生産方式とスーパーマーケット流の大量販売方式によって支えられていた。大量生産・大量販売のどちらにも必要だったのは大量業務を正確かつ効率的に処理できる官僚制の組織デザインであった。米国経済と政治力を支える基盤であった官僚制は，1980年代に米国産業が停滞すると，今度は一転して批判の的となり，非効率の源泉とみなされた。行政では「小さな政府」が奨励され，産業では大企業がM&Aによって解体されていった。官僚制化した大企業組織は「集権化 vs. 分権化」「官僚主義 vs. 権限委譲」「事業多角化 vs. コア・ビジネス」といった二者択一方式によって解体された（Hamel and Prahalad 1990）。「選択と集中」は無関連に多角化した大企業に，将来の市場を見据えて自社のコア・コンピタンスに焦点を絞れという提唱であった。コア・コンピタンス戦略の成功事例として，当時の日本企業が多く使われた。それは，硬直的な米国型の大量生産システムに対して日本型の「柔軟な専門化」（ピオリ＆セーブル1993）が提示した新しいモノ作りの成功の繁栄でもあった。その後，日本企業は官僚制化して柔軟性を失い，バブル崩壊，金融危機などの圧力に押され続けた。米国企業はコア・コンピタンス論を含む資源ベー

ス戦略（RBV）に学びながら復活していった。ただしRBVのいう稀少性があり，占有可能的で，模倣困難性が高い「価値ある資源」とは何かについては議論がある。また，その資源（コア・コンピタンス）をいかにして育てるのかが分からない——それが明示されていれば，すぐに他社に模倣されてしまい，価値ある資源ではなくなる，といった問題点がある。また環境変化にさらされた企業が，どのようにして初期的な資源を発展，革新させたのかに関するダイナミック・ケイパビリティが重要であるとする議論もある（Teece, Pisano and Shuen 1997）。（参考文献：Hamel, G. and Prahalad, C. K. (1990), "The Core Competence of a Corporation," *Harvard Business Review*, 68 (3), pp. 78-90；M. J. ピオリ& C. F. セーブル（1993）『第二の産業分水嶺』山之内靖・永易浩一・石田あつみ訳，筑摩書房；Teece, D., Pisano, G. and Shuen, A. (1997), "Dynamic Capabilities and Strategic Management," *Strategic Management Journal*, 18, pp. 509-33.）

**分権化（decentralization）**

分権化は，集権化・集中化の反意語であり，一般に，地方分権や組織内の下位者に自由裁量を認めるなど，権限委譲を示す言葉として使用される。一方，第2章における分権化は，市場（社外の知識，能力）の利用と組織（自社の知識，能力）の利用を比較して，相対的な費用優位（経済合理性）の観点から，市場が選好されるという意味で取り扱う。但し，不確実性の下で行われる研究開発活動は，多様な知識の融合・統合が要求されるため，分散した市場の利用が効率的な資源配分に適うとは限らない。本来，株式会社制度は，組織の機能と資源を分離する分権化よりも，多くの機能と資源を集約する大規模化を助長して，「規模の経済」と「範囲の経済」を実現する仕組みである。

**イノベーション（innovation）**

技術革新，革新，技術進歩などに訳されるイノベーションは，研究者によってこれまで様々な定義が与えられてきた。古くは，Schumpeter（1912）の『経済発展の理論』で使用された新結合の遂行[i]によってもたらされる非連続的な変化（生産関数の変化）と理解される。ここでの新結合とは，新しい(1)財貨の生産，(2)生産方法の導入，(3)販路の開拓，(4)供給源の獲得，(5)組織の実現を指す。今日のイノベーションは，広義においては，新しい製品・プロセス・サービスといった新たな価値を創造する過程と解釈される。しかし，Chesbrough(2003)は，冒頭で多くのイノベーションは失敗すると述べ，次の通り現代を評している。「21世紀はイノベーションに取り組む企業にとって最悪の時代でもある。多くの一流企業は研究開発投資を維持するのに苦労している」[ii]。

**オープン（open innovation）とクローズド（closed innovation）**

オープン・イノベーションは，Chesbrough（2003）の造語であり，「企業内部と外部のアイデアを有機的に結合させ，価値を創造すること」[iii]と定義された。米国発の印象を受けるが，この概念を広く解釈すれば，1970年代の日本の「超エルエスアイ技術研究組合共同研究所」にその萌芽が見られる。民間企業（富士通，日立，三菱，日電，東芝）が集まり，共同研究を行う日本発の手法は，1980年代の日本の半導体産業の興隆期をもたらした。このモデルは，欧米に模倣されて，米国のSEMATECH（1987年）や欧州のIMEC（1984年）といった半導体コンソーシアムの誕生に繋がり，今日の産学官連携の礎となる。

対する旧来のイノベーションは，企業内の中央研究所を主体とする自己完結的・中央集権的に行われる研究開発から発する。Chesbrough（2003）は，これをクローズド・イノベーションと称して，かつてのベル研究所，GE，DuPont，IBM，RCA，Xeroxなどの研究所を挙げる。彼の言葉を借りれば，それは「垂直統合的プロセスである。…IBMは，自ら基本的な部品を開発し，組み立て，システムを設計し，自社工場で製造し，流通させ，サービスを提供し，購入資金まで提供していた」[iv]。

**全要素生産性（Total Factor Productivity：TFP）**
　経済学においては，生産を行う場合に必要なもの（生産要素）として資本と労働を考えるが，資本と労働の増加によらない生産の増加を表すものは全要素生産性（Total Factor Productivity：TFP）と呼ばれている。具体的には，技術進歩，効率化などの広義の技術進歩を表すと考えられる。

**コア・コンピタンス（core competence）**
　企業の競争力を支える他社には真似のできない技術やノウハウなどの中核となる強みのこと。「自社の強み」を意味する言葉としては，ケイパビリティという言葉も使用されることもあるが，一般にコア・コンピタンスはバリューチェーンの特定の機能の強み，ケイパビリティはバリューチェーンにまたがる組織的な強みを指す場合が多い。

**サービス・プロフィット・チェーン（Service profit chain）**
　サービス業は製造業と異なり生産と消費が同時に行われることから，顧客に直接サービスを提供する従業員のあり方が重要である。サービス・プロフィット・チェーンはHeskett（1994）が提唱したフレームワークであり，従業員満足と顧客満足，企業業績の相関関係を示しているモデルである。従業員満足と顧客満足の関係については，サービスマーケティングの考え方のうち，従業員を企業の内部顧客とみなしてマーケティング活動の対象とする「インターナル・マーケティング」に基づいており，従業員が満足して働ける環境や制度を整備することで従業員満足度が高まることが，結果的に顧客に対する高品質のサービスの提供につながり，顧客満足度を高めるという関係性を示している。そして，顧客の反復購買を促し売上や収益等の業績を押し上げることが可能となるため，さらに従業員満足と顧客満足の向上に資源を投下する好循環が続くことになる。

**【注】**
ⅰ　Schumpeter, J. A.（1912 [1961]），*The Theory of Economic Development*, New York: Oxford University Press.（塩野谷祐一・中山伊知郎・東畑精一訳『経済発展の理論』岩波書店，1977年，182-183頁。）
ⅱ　Chesbrough, H. W.（2003），*Open innovation: The new imperative for creating and profiting from technology*, Boston: Harvard Business School Press.（大前恵一郎訳『OPEN INNOVATION』産業能率大学出版部，2004年，2頁。）
ⅲ　*Ibid*.（邦訳8頁。）
ⅳ　*Ibid*.（邦訳45-46頁。）

# 第2部
# 企業をめぐる環境変動と人的資源管理

# 第5章
# 日本企業の人材マネジメントと環境に関する分析視角

## 1. 人的資源管理をめぐる視点：ミクロ―メゾ―マクロ

　企業の経営資源とはヒト，もの，かね，情報といわれる。以下ではこのうちの人の部分について社会制度や組織制度との関連で検討していこう。特に，人的資源管理あるいは人材マネジメントなどと呼ばれる企業の人のマネジメントが社会にどのように位置付けられるのかについてまとめておこう。

　それぞれの個人は自分の人生を生きている。どんな人でも自分の人生をよりよくいきたいと思い，日々努力を重ねているだろう。もちろん，いろいろな状況から思うように努力が進まないこと，あるいは状況から後押しされて頑張ること，いろいろある。人生の波風に揺られながらそれでも進んでいる。個々人から見れば自分の努力だが，視点を変えて社会全体から見れば，それぞれの努力のありさまはその時々の状況によって影響される。

　その時々の状況とは，その個人が暮らしている社会のありさまである。たとえば日本という国のありさまは，日本をめぐる政治的・経済的な国際状況に強く影響されている。特に働く場としての企業は，特定の国の領域内部での活動をその国にいる様々な人を活用することによって維持している。こうしてみると，私たち一人ひとりの職業経歴や人生は，企業を通じて，そして国を通じて影響され，同時にそれらとの関係で時代の大きな波の中にあることがわかる。

　元来，日本の伝統的企業や優良企業の多くは社員を大切にする，特に社員の成長を支援する企業が多いとされてきた。これは日本企業の多くが，終身雇用あるいは長期安定雇用をめざしていることとも関連する。長期に人材を雇用し

続けようとすると，環境変動に合わせて学習し直していく人材がどうしても必要となるからだ。このようなモデルとされる企業における人的管理資源はどのように形成されているだろうか。

一方で昨今の報道を見ればブラック企業と呼ばれる，長時間労働や残業代未払いを繰り返し，社員の健康などには構わない企業もある。また政府が女性活用を推進すると法律を定めたのが1985年であるのに，30年たった今でも多くの伝統的な優良企業では女性の活用は思うようには進んでおらず，その進展度は他の先進諸国と比較すると恥ずかしいほどに低い。

これはなぜだろうか。さまざまな理由が考えられる。ブラック企業の経営者は悪い奴だからだ，女性は子育ても忙しいし，責任あるポジションを依頼すると断る人も多いからだなど，すぐに思いつく答えはいくらでもある。だが，そのいずれも十分ではないように思える。なぜブラック企業の経営者は悪い奴になる必要があるのか，子育てを終わった女性もたくさんいるのに，なぜ女性は責任あるポジションにつくのは難しいのかなど，次々に疑問がわく。

ここでは，企業の人的資源管理をめぐる社会と企業と個人という3つのレベルにおける規則の仕組みやその仕組みがなぜ定着しているのかなどについて考えながら，よい企業とは何かという難しい問いの答えを探してみよう。こうした社会，企業，個人という分析単位の規模や広がりについて，ものの見方を整理するときにミクロ，マクロというレベルの分け方をする。ミクロとは個々人の活動を明らかにする際に用いる視点，マクロとは国や社会単位で考えるときの視点，そして企業や組織を単位とするときはメゾという。

図5-1　雇用システムの分析レベル

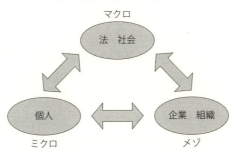

出所：筆者作成。

## 2．マクロ：社会の枠組み

　企業の問題を考える際に，社会まで登場するのはちょっと行きすぎではと思う人もいるかもしれない。この問題は古くは日本的経営論といわれ，最近では雇用システム論として国際比較を含めて検討される領域にある。雇用システム論とは，ある特定の国家の企業における人的資源管理制度やその運用は，国ごとに異なる特徴を持ち，その特徴はその国が歴史的に構築してきた社会制度と密接にかかわるという議論である。代表的な研究者であるマースデン（2007）は，各国の労働者の技能形成に密接にかかわる教育の体系と企業の雇用管理の関係性を説いた。企業は公器といわれるように，様々なステークホルダーとの関係をうまく管理しなければならない存在であることは，他の章を読まれた方は了解しているだろう。ステークホルダーの中には顧客，株主・投資家，消費者，地元コミュニティなどと並んで，従業員がある。

　企業における人事管理の実際や原理を理解する上で，こうした法や政府，上部団体の方針は大切である。企業での労働の管理は，国家の政策，法律や通達などさまざまな規則に関連付けられ，その背景にある社会的な期待などによって条件づけられる部分も大きい。日本では，憲法が規定する国民の権利を侵害しないように，国家が定める産業や社会に関する政策を反映する形で，労働の法律と雇用対策が定められる。さらにその形成プロセスでは，立法機関である国会による議論とともに，経営者の代表団体である日本経済団体連合会（経団連）や労働組合の全国団体である連合などの代表者が政府の任命を受けて様々な諮問機関に参加し意見を表明している。

　経団連や連合はそれぞれの独自の報告書や団体としての活動を通じて，企業の経営や雇用管理に対して指針を表明する。賃金決定に関して大きな影響力を持つ春闘における交渉は，経団連と連合，中立団体である中央労働委員会のそれぞれが算出する指標に基づいて進められる。また経団連が1995年に発表した雇用ポートフォリオ論は，伝統的な長期安定雇用の対象となる人員の絞り込みや正規従業員以外の雇用形態による従業員の積極的な活用を提言し，大きな

影響を与えた。

## 3．メゾ：組織における人的資源管理制度

　人的資源管理，人材マネジメントとは，経営管理の一領域であり，「企業が目標達成のために人材の調達と管理をする」ためのものである。組織が人を雇用し組織メンバーとする際に，どのような目的と方法で管理するかの仕組みを，人的資源管理の制度と呼ぶ。より具体的には，誰をどのように採用しどのような仕事を割り振り，労働時間を決め，賃金を支払うかの制度である。

　これらの制度がうまくいくかどうかについては，「納得性と効率性」が重要である（佐藤 2012）。組織は経営活動を通じてより効率の良い付加価値創造をしたい。そこで人のマネジメントの効率性には，組織が目標達成に向けてより少ない資源の投入からより多くの成果を得るように，必要な手続きやルールを作ることが必要である。個人は，組織にある様々なルールや技能を学習し，その期待にしたがって行動できるようになり，より必要とされる人材になる。さらに，組織の側は必要な人材が定着し，組織として安定させることにより人的資源の良質なプールを作ることができる。個人も納得するから定着し長期にわたって十分な貢献をする。このような良好な関係を維持するには，組織と個人の間に効率的でかつ成員が納得するような仕組みを作ることが不可欠である。また納得性のある人事制度は，組織の強さに影響すると考えられている（Bowen and Ostroff 2004）。

　では，組織はどのように効率的な制度を作るのか，そしてそれに個人はどのようにして納得するのだろうか。組織は，その時々の経営課題に関して最適の人材を採用し，効率の良い管理を行いたい。経営課題は経営戦略上の目標と企業をとり囲む環境の双方から規定される。それに対して，その仕組みや管理に納得のいかないメンバーは，離職でその意思を表明することもあるし，また労働組合やそれ以外の仕組みを通じた発言で意思を表明することもある。企業の現実の制度はこうした経営上の目標の達成と組織の従業員の賛同を勘案して決定される。

## 4. ミクロ：従業員の感情と人生方針

　企業が経営体として成立していくには，必要な量と質の労働者が必要である。さらにその労働者が気持ちよく働き，能力を十分に発揮することが不可欠である。では労働者は自分の働き方をどのようにとらえるのだろうか。組織心理学の側面から労働者の働き方について検討したシャイン（1991）は，企業の従業員にはそれぞれライフステージに応じた人生上の課題とそれを通じた人間としての発達があり，企業の内部におけるマネジメントはその人生上の課題に関連付けられるとしている。個々人は職務上の問題に様々な感情を抱きながらも，そこで獲得する能力を基盤に，職業上の人生を送る。こうした一連の職務の継続について注目するのがキャリア論と呼ばれる領域である。キャリアとは，狭義には職務上の経験の連鎖（Hall 1976, p. 4）といわれ，担当した職業や職務の継続のパターンとされる。より広義には，キャリアは人生の設計と密接にかかわる問題になる。個人は自らの職業人生に見出す譲れない意義（アンカー）（シャイン 1991）を見出し，そのためキャリアの定義は職務の連鎖の側面とそれに伴う価値や感情の側面を含む。さらに長期にわたる人生の中では，新しい職務にチャレンジしたり昇進したりする大きな変動の時期とその間の準備の時期もある。個人は，そうしたキャリア上の節目で，感情的な側面も含めて自分の長期的な価値を検討し，キャリアの達成や充実への道筋をデザインする（金井 2010）。

## 5. 小括：レベル間の関連への視点

　現代はこの社会全体の雇用システムや個々の企業の人的資源管理の効率性と納得性をめぐって大きな変動が起きている時期である。日本企業は，終戦後から1970年代にかけて高度経済成長する中で，主要なステークホルダー間で効率よく納得性の高い制度を構築した後，バブル崩壊から低成長，少子高齢化へ

と向かう中で効率性も納得性も変わってきていると考えられる。また極端な緊急性のある問題については，国家の支援も準備されている。少なくとも国内的な状況としては，企業における雇用の問題は，それくらい重要な意義を持っている。だからこそ企業は将来を見据えてその制度を十分に考えていかなければならない。個人の働きを引き出す，よい企業やよい職場を作ることは，よい社会を作ることと大きく関連する。

　さらに1990年代から現在に至るまで，国内における少子高齢化をはじめとする資源不足の問題と同時に，グローバル化の進展が注目されるようになった。グローバル化とは直接的には人，モノ，カネ，情報といった経営に直結する資源の国家間移動や交流が増大すること，そしてその結果，相互依存が増していくことである。その背景には情報，交通，投資や生産といった交流の基盤となる技術の進展がある。その結果として各国家内で完結していた制度が，諸外国の制度と比較され，場合によっては相互に影響しあい変化していく。

　交流の増大は，国家，企業，個人のそれぞれのレベルに影響する。新しい技術やサービスをもたらすことも多い。今までよりずっと他国の商品や制度，あるいはライフスタイルに関しての情報も入手しやすくなる。その一方，企業単位での比較優位をめぐる競争は，海外からの新しい競争相手を迎えるため激化する。日本企業の海外生産・販売比率が上がるだけでなく，財やサービスの原料，技術，市場を確保するために海外に子会社を作り経営する企業も増加する。企業はより一層の効率性を求めていかざるを得ない。

　このような状況下では，個人の側にある多様な状況と企業の側の一層の効率性，その間をつなぐ組織や人のマネジメントが必要である。そこで以下では，環境変動によって，人材管理の制度にどのような課題が発生しているのか検討しよう。第6章では，組織管理の基礎となる人のマネジメントについて，基本の仕組みを明らかにする。企業内部におけるキャリア形成の基盤となる人的資源管理の仕組みについて，特に個人の側の納得性との関連を焦点に，個々人が望むキャリアの達成に企業における人材の管理がどのように影響していたか，現在どのような変化が見通されているのかを考えてみよう。第7章では，日本の雇用管理システムが長年標準としてきた対象からはずれる人々の問題について，女性や外国人について検討する。最後にグローバル化とともに日本企業に

直接的に海外から与えられる影響の1つとして，外資系企業との関係から問題を検討してみよう。

**【参考文献】**

金井壽宏（2010）「キャリアの学説と学説のキャリア」『日本労働研究雑誌』2010年10月号（No. 603），4-15頁。

佐藤厚（2012）「雇用・処遇システム」佐藤博樹・佐藤厚編『仕事の社会学——変貌する働き方（改訂版）』有斐閣。

シャイン，E. H.（1991）『キャリア・ダイナミクス』二村敏子・三善勝代訳，白桃書房。

マースデン，D.（2007）『雇用システムの理論：社会的多様性の比較制度分析』宮本光晴・久保克行訳，NTT出版。

Bowen, D. E. and Ostroff, C. (2004), "Understanding HRM-Firm Performance Linkages: The Role of the "Strength" of the HRM System," *Academy of Management Review*, Vol. 29, No. 2, pp. 203-221.

Hall, A. (1976), *Careers in organizations*, Pacific Palisade: Goodyear Publishing.

**【さらに学びたい人のために】**

シャイン，E. H.（1991）『キャリア・ダイナミクス』二村敏子・三善勝代訳，白桃書房。

白木三秀（2015）『新版 人的資源管理の基本（第2版）』文眞堂。

濱口桂一郎（2011）『日本の雇用と労働法』日本経済新聞社。

マースデン，D.（2007）『雇用システムの理論：社会的多様性の比較制度分析』宮本光晴・久保克行訳，NTT出版。

# 第6章
# キャリア形成の場としての企業社会

## 1. メンバーシップ型管理

### 1.1 人的資源管理の基本的特徴

　日本で一般的であると考えられ，多くの企業におけるモデルとなっている人の管理の仕組みが「日本型雇用システム」である。その個々の企業内部での管理施策について，人的資源管理と呼ぶ。具体的内容は，大きく「雇用管理」，「報酬管理」，「労使関係管理」の3つに分けられる。「雇用管理」とは，労働者の募集・採用，配置・異動（担当する職務の割り当てや配属部門の決定と変更），教育訓練（配置した担当職務の遂行に必要な訓練），退職といった労働者の雇用に関する一連の管理である。「報酬管理」とは賃金，賃金決定のための査定，福利厚生，労働時間の管理などを含む。「労使関係管理」とは労働組合を対象とする交渉のプロセスや内容を管理する。労働組合とは労働者が結成した自分たちの権利を守り，代表して経営者と交渉するための団体である。これらの3つの内容が企業における雇用管理システムの構成要素である。つまり「日本型雇用システム」は，日本企業で一般的なモデルとして企業社会で影響力を持ち，これら3つの領域からなる人的資源管理の諸施策と，関係の深い社会制度によってなり立っている。

　人的資源管理の体系にこれら3つの領域が存在する点では，どの国の管理も大きく異ならない。実際，欧米をはじめとする諸外国で出版されている雇用管理や人的資源管理の教科書（ブラットン＝ゴールド 2009）を見ても，目次の内容はこれら3つの領域から構成されていることが多い。しかしながら，あえて日本型とつけられるのは，その管理の基礎となる従業員に対する考え方や一

般的な契約の条件が，社会背景によって大きく異なるためである。

### 1.2　日本における雇用管理システムの特徴

　日本型雇用管理の特徴として，濱口（2013）はメンバーシップ型と名付け，欧米で一般的なモデルであるジョブ（職務）型と対比して説明した。その特徴は職務と労働時間の無限定性と長期安定雇用である。メンバーシップ型という呼び名は，労働者が担当する職務を特定せずに雇用契約関係を結ぶ結果，一企業内での雇用の継続，すなわちメンバーシップの獲得と継続が職業人生の大きな関心事となる特徴に起因している。職務を特定しないため，雇用される側は命令されれば幅広い業務を担当する。場合によっては，契約が継続していく中で職務の内容が大きく変わる可能性もある。他方で，職務ごとに契約をしている場合には，労働者の担当する職務の範囲は明確に決められるが，その職務内容に対するニーズが企業の中でなくなれば，その担当者は契約が解消され解雇され，おそらくは他の企業で同じような仕事を探すことになる。職務を特定していない方式では，ほかの職務へ担当を変えることによって解雇を回避することができる。その結果，経営環境がある程度変動しても雇用を継続しやすく，長期安定雇用が成立する。

　つまり，日本の正社員（正規従業員）を主な対象とする雇用管理は，長期安定雇用とメンバーシップ型の職務内容を規定しない契約関係にある労働者を念頭に置いて作られている。本章では日本における正社員を中心とした管理とそれに対応する働き方が，効率性と納得性の上でどのような問題を提示しているのかを中心に考えていく。

## 2．人的資源管理の実際とキャリア形成

### 2.1　長期安定雇用と企業内キャリア

　個人が担当する職務の範囲は，転職をすれば複数の企業をまたいで形成され，転職を経験しなければ，一企業の中に納まる。雇用ポートフォリオ論が公表されてから20年たち，転職者も増え，雇用形態の多様化が進んだとはい

え，一企業の中，あるいはグループ企業内で進展するキャリアのほうが，依然として一般的である。各種の調査は，日本企業は正社員の長期安定雇用を重視すると示す。たとえば，2005年から2009年にかけて継続して行われた調査でも，「原則として終身雇用を維持する」と回答する企業は常に6割程度あり，部分的な修正はやむを得ないとする企業を加えると，8割以上の回答企業が終身雇用と呼ばれる長期安定雇用の枠組みを維持するとしている（労働政策研究・研修機構 2010）。また 2012 年の別の調査によっても，正社員の長期安定雇用は維持するべきと回答する企業が 75% 程度を占める（労働政策研究・研修機構 2012）。また実際に，日本の 35～54 歳男性の平均勤続年数は国際的にみて長く，多数の従業員が転職せず勤務する実態を示す。

　自らのキャリアの方針を決める際には，社内での昇進の見通しや能力形成の方向は重要な関心項目となる。その際に，社内で形成するキャリアに関して自らが能動的にかかわることができなければ，会社が提示するキャリアの内容に自らを納得させる必要がある。かつてはその姿は「会社人間」として示された（田尾 1997）。また自らの将来のキャリアに関して必要な能力形成についても，自ら動いて決めるというより，会社の判断を待って反応することになる。

　このようなスタイルは，一定の合理性を持ち，歴史の中で形作られてきた。どのような合理性があったのだろうか。実際に企業内部での人材の働かせ方はどのようになっていたのだろうか。どのような基準で担当職務が決まり，どのような能力開発をするのだろうか。今の人たちはそれに納得できるだろうか。そこで以下では，伝統的な日本型モデルにしたがって，採用から配置，昇進といったキャリアを作るプロセスに関する仕組みを整理してみよう。

## 2.2　採用のマネジメント

　企業における雇用管理は採用からスタートする。採用は組織が必要とする人材を外部から調達する仕組みである。通常採用については，一括採用か欠員補充か，新卒者か既卒者（中途採用者）かが大切である。既卒者（中途採用者）は主として欠員補充の，新卒者は一括採用の対象となる。そして採用後の職務職位は，新卒が職務を定めず組織の一番下の階層に位置づけられるのに対し，既卒はあらかじめ合意した職務内容で，職位も前歴と採用する企業での役割に

応じて定められる。

　日本企業では，採用の種類として新卒一括採用が重要な役割を果たしている。労働人口全体で見れば一年に企業が採用する人材の人数に対して，新卒として採用されたものの比率はさほど高くない。ただし，新卒一括採用は，「将来のリーダー／幹部候補生の獲得」，「人件費コストの安い若手労働力の大量獲得」，「組織の維持／強化」，「採用活動を通じての将来の顧客／ビジネスパートナーの獲得」（小笹・榊原 2005）などの理由から重視され，「新卒採用は中長期計画にしたがって計画的に行う」慣行が多くの企業でみられる（日本経団連 2010）。

　採用のプロセスは，具体的には要員計画の策定，実際の採用人数の決定，採用活動の実施となる。実際の採用計画は，要員計画（経営計画を達成するために必要な人材数とコスト）を全社レベルで定め，さらに事業部などの組織単位（全社，事業部ごと）の必要人数を事業内容を勘案して割りだし，各部門からの請求による必要人数の計算と合わせて，最終的に調整して決められる。次に，現状からの増減，退職者の補充，不足人数を埋める人材の種類（新卒，中途，あるいは配置転換，昇進昇格）に，年齢，能力構成なども加味して最終的な外部からの採用者の数を決める。こうして採用人数を決めたら，新卒採用は人事部の企画のもと全社協力して行い，中途採用は部門ごとに行う。

## 2.3　配置のマネジメント：縦の移動と横の移動

　入社後に特定の職場や仕事に割り当てることを配属という。新入社員が入社後に初めて配属されることを，初任配属という。初任配属はその後のキャリアの領域を決定する上で重要である。初任配属は本人の希望と会社側が観察した適性を考慮し，各部門の必要人数に合わせて，人事部が調整し決定される。したがって必ずしも本人の希望通りになるとは限らない。

　初任配属後は職場での訓練を中心に，当該職務を遂行する能力を身につける。その職場で必要とされる能力を身に着けたころに，次の配置場所へ異動する。この異動を配置転換と呼び，従業員の職務担当替えのことである。職位の上昇を伴う場合は，昇格という。配置転換とは理論的には，職位の上昇を伴わない，職務の担当や持ち場の変動である（永野 1989）。

## 2.4 配置転換の目的

配置転換には人材育成と雇用調整の役割がある。人材育成の側面とは，配置転換を通じて，新しい職務能力を習得することと関連する。新しい配置場所で今までと異なる職務を担当する際には，新しい能力の習得が必要であるから，短期的には作業効率が下がる。企業としては作業効率を犠牲にしても従業員が複数の職務を担当できるように育成している。雇用調整とは，人員の余剰がある部門から不足の生じている部門へと異動させることによって，人員の過不足を調整することである。実際の調査でもこうした傾向は確認される。配置転換を行った目的をみると，主要な理由は，「組織の改編（部門の拡大・縮小等）に伴う異動」，「能力に見合った職務への異動」，「多様な仕事経験による能力向上（キャリア形成）」である。「多様な仕事経験による能力向上（キャリア形成）」については，大企業，および製造業（その他を除く），金融業，保険業で高くなっており，これらの企業では配置転換を人材育成も含めた積極的な対応としても活用している。また，製造業（特に機械関連），運輸業，郵便業，生活関連サービス業，娯楽業は，「組織の改編（部門の拡大・縮小等）に伴う異動」及び「職務の再編成」が相対的に高く，雇用調整の側面も見られる（厚生労働省 2013）。

## 2.5 配置転換と能力開発

配置転換やジョブローテーションといった異なる業務の経験は，ほかの訓練手法と比較しても，能力開発の手法として重要である。企業における能力開発の内容に関する調査では，具体的な能力開発活動として，「計画的OJT」，「入社年次別の研修」，「役職別研修」，「職種・職務別研修」，「法令順守・企業倫理研修」，中には「資格取得，OA・コンピュータ，語学，キャリアデザイン」などがあげられている。このうち計画的OJTとは，最も採用されている比率が高い重要な能力開発手法であるが，仕事につきながらの訓練（on the Job Training：OJT）を，個々人に合わせて作成された訓練計画にしたがって，職場内での配置を組み合わせて行う。

他方，OJTの難点として，日本労働研究機構（2010）の調査によれば「当面の業績向上を重視するあまり，部下の指導育成に充てる時間的余裕がない」

「教える側のスキルが十分でない」など職場環境の問題が指摘される。また計画的なOJTを補足するものとして,「業務に必要な専門な知識習得を目的とした資格取得に対する支援」「習得すべき知識・技能に関する目標を設定し,各期末に振り返りを行うワークシートの活用」などが指摘され,OJTという職場における上司や同僚の助けを借りた能力開発に加えて,個人が主体的に取り組み,OJTの効果を補足する施策も重視されている。「能力開発の主体を個人にする」,「一定のポジションにつけるために選抜研修を行うことを重視する」などの回答も多くあり,「全社員を一律に教育する」という現在では多くの企業が実施する施策から,個人主体の方式を採用する企業も増加すると思われる。

　ただし,配置転換の決定については,企業に主導権がある。後述するように個人の希望を生かす方法も徐々に導入率が上昇しているのだが,配置転換そのものが持つ雇用調整の側面を考えると,すべての希望に沿うことはできない。初任配属や配置転換の最終的な決定権限が企業にあるため,本人が学生時代に思い描いたものとは異なる職務経験を積んで,キャリアを展開するものも多いだろう。配置転換の決定に関する企業の決定力は判例法によって示されている。1980年代に,家族のやむを得ない都合,特に転居の困難から,転勤命令を拒否して解雇された労働者の解雇無効の申し立てに対して,裁判所は転勤を受け入れるべきとの判決を下した（濱口 2013）判例があり,現在もそのように考えられている。

## 2.6　格付けと評価

　格付けとは個々の社員の企業内におけるランク付けのことである。通常は(社内)資格という。このランク付けは企業における昇進,昇給職務賃金の基本となる。このランクは能力を基準にするものと,職務を基準とするものがある。前者の代表例が職能資格制度,後者の代表例が職務給制度と呼ばれる。日本では個人の職務を明確に特定する形で組織がつくられず,チームでの作業,チームでの成績評価などを重視してきた。また次の配置転換からもわかるように職務の内容が変わることも多い。そのためにも,具体的な職務担当が変わっても能力のレベルに関する評価を変える必要のない,職能資格制度が長い間一

般的であった。

格付けの平均的な実態は，ランク分けの細かさとその中を移動する際の年数などによって決められる。ランク付けの実態として，縦方向では，管理職と非管理職の2段に，あるいは管理，監督，一般の3段階に分かれ，その中がさらに細かく分かれている。2001年の調査によれば，資格等級は平均で10.6等級が設けられ，そのうち管理職が3.8層，監督が2.2層，一般が5.0層であった。入社後新入社員は，格付け基準のもっとも下層に位置づけられるが，それぞれの学歴に応じて大卒，高卒など学歴によってスタートの資格がことなる。横方向については，一般層では一般職・総合職のコースに分かれることが多く，管理職では1つになることが多い（今野ほか 2003）。

個々人が格付け上どの位置に配置されるかを決定するには，評価を行う必要がある。この評価制度のことを人事考課と呼ぶ。評価は，個人の業務上の達成度や成果，能力の伸びなどを図るために毎年，定期的に行われる。また評価の結果は下にのべる昇格や昇給，ボーナスの査定などに用いられる。評価を通じて格付けが決まるとそれに対応して，標準的な賃金，与えられる仕事と受けられる能力開発の機会などが決まってくるため，格付け制度は企業における個人のキャリアにも大きな影響を及ぼす。

## 2.7 昇進昇格と昇格の意味

格付けを上昇することを昇格という。昇格とは基準を満たして資格を上がっていくことであり，企業の側から見るとより早く能力の向上を示したものに，次の難しい仕事の習得チャンスを与えることである。また仕事の難易度に応じて，より難しい仕事を担当できる人材にそれを担当させ，資源配分の効率を確保する仕組みでもあるといえる。このように職位の上昇としての昇格は，難しい仕事，賃金の伸び，ひいては大きな権限の獲得と密接にかかわる。

この昇格基準には年功的な要素も反映されることがある。それは資格に最小滞留年数と最大滞留年数が設置されることによる。調査によれば，一般職など比較的組織階層の低い部分で多く設置され，一般的には最大滞留年数をクリアしていけば，一般職の中での職位の向上は可能である場合が多い（今野ほか 2003）。

## 2.8 昇格と競争

　以上のような昇格の仕組みがある場合の，個人間の競争はどのようになるだろうか。競争はより優秀な人材を判別するためにも必要であるが，2つの方式が実際に用いられている。1つは管理職層への上昇に関するものである。管理職層への上昇については，前後の資格での在留に関する標準年数が設定されず，通常の人事考課に加えて，試験などを課されることが多い。また管理職層への昇格試験は，不合格となった場合には毎年受けられないなど，管理職層への昇格人数を制限する規則もあり，従業員間に処遇やキャリア上の格差がつく大きな契機となる。

　さらに，能力を伸ばすスピードも競争を有利に進めるために重要である。同じ入社年度で比較してみると，ほかのものより早く能力を向上させたものが，より難しい仕事を担当することになり，能力伸長のスピードがその後のキャリアの到達度と職務領域に影響するという報告もある（上原 2007）。これはより早く能力を伸長させることができるものに，資源を重点的に配分する結果となる。このようにスピードが問題となる場合には，後から能力を伸ばすものは不利になるため，与えられたチャンスを逃さずにタイミングよく対応する必要が個人の側に発生する。研究によっては，初期に能力を伸ばすスピードに優れ早く昇格したとしても，途中同期内で同じスピードに調整したのち，管理職層を目指して競争を仕切りなおすという指摘もあり，企業により異なる結果がみられる。いずれにせよ，能力伸長のスピードが重要な要素であることが1つのポイントである。

## 2.9 昇進遅滞

　能力伸長のスピードが重要である一方，管理職層では上昇可能者が制限されることから，能力の伸長スピードで後れを取ったものが管理職層の直前直後で滞留することは想像に難くない。実際には1990年代後半の日本経済の後退期から，組織のスリム化，フラット化，賃金の抑制などが影響して，管理職層への参入も限定されてきた（佐藤・藤村・八代 1999）。その結果起こったのが，昇進遅滞である。昇進遅滞とは，一般職層における能力伸長の結果，管理職層相当まで資格が向上した人員のうち，上の階層へ進めないものが増えることに

よって引き起こされる。実際，年功的運用や高齢化の影響で昇進のスピードが落ちていると考えられてきた。最近では昇進スピードが以前と比べて落ちておらず，さらに抜擢人事など若手であっても評価の良いものを先輩より先に昇進させる企業も増えているなど，遅滞が軽減しているが，個人間のスピードの格差は拡大しているという報告もある（労務行政研究所編集部 2015）。

### 2.10 なぜこのような形態をとるのか

職務内容を限定せず，長期安定的に雇用するスタイルでは，職務の内容そのものよりも能力の伸びるスピードが特に重要となる。職能資格制度という能力評価規格は上層への移動が能力伸長によるため，従業員は能力の伸長に強く動機づけられる。このような場合，外部組織への転職がなければ，企業は能力伸長に投資しても，十分にその投資がいかされ，個人の働きとして帰ってくる。一方で，他の従業員より早く進まなければならないため，働き方の点では，組織での学習機会を見落とさないようにしていなければならない。それが組織におけるモチベーションの高さや，コミットメントの高さに結びつくとされてきた。つまり長期安定雇用や企業内での能力形成は企業の社会的責任として期待されていると同時に，そこには投資するに足るメリットがあった。一方，後述する労働時間の無限定性につながっているとも考えられる。

### 2.11 どのような弊害があるのか

一方で，そうしたメリットの反面デメリットもある。まず1つには配置をめぐる問題がある。能力の進展を強く意識するものであるが，一方で職務内容の限定は強くない。転職を前提としないため，入社後に欠員が出たり，新規事業に参入し新しい仕事が作られた場合，さらに社外から採用するにも中途採用の市場が大きくない場合には，配置転換と職務能力の変更によって補う。日本の場合，転職者の数は以前に比べれば増大しているが，まだ多くないため，この戦略は有効である。一方で，従業員の側からすれば，自分の得意な職務領域を深堀するという形での将来像が描きにくい。調査結果によれば，欧米諸国の企業と比較して，日本企業の従業員が生涯に担当する職務数は極端に多いわけではない。ただし，入社の時点，キャリアの形成時に自らの中心となる職務が従

業員に明確に意識できるかは難しいこともあるだろう。その意味では，自らの希望する職務を追求するという点での，納得いくキャリアが難しい。但しとりあえず雇用は継続されているので，転職市場が発達せず，中途採用をスカウトする優良企業が増えない限り大きな問題とはならない。

もう1つは賃金の決め方がどうしても年功的になる点があげられる。外部との比較を必要としないため，内部での相対評価が重要になる。特定の仕事内容や職務に限定して価値の高い職務についている人に大きな賃金が行くというよりも，相対的な能力の伸びを示したものがより有利になる仕組みである。この場合，外部では担当する職務でもっと稼げるが，能力伸長競争に出遅れたため昇格が遅れている人材などは不遇を経験することになる。

## 3．変化への方向性

### 3.1　効率性の問題

こうした職能資格制度が持っていた欠陥は，高年齢者の給与水準が働きに見合わないという結果をもたらし，賃金コストの上昇を招いた。また同じ等級であれば，職務内容が異なっても同じような賃金になる傾向が強かった。これは合理的で納得性の高い賃金としては問題がある。今まで，一般には高業績者には「仕事の内容で報いる」ということが言われることもあった（高橋 2004）。これは年功的な運営に陥った場合，能力や仕事の難易度と賃金がリンクしないことがあるため，能力の高い社員には難しく，やりがいのあり，そして将来の重要なポジションへと結びつきやすい社内的に重要な仕事が割り振られる。そしてそのことを本人も周囲も理解しているため，賃金は仮に納得がいかなくても，本人は将来の出世の可能性を見越して納得するということを意味している。ただし，これは会社が将来的にも安定しており，成長の見込みがあり，また本人の側には転職の誘惑がないという前提に立っている。だが，日本経済の成熟とともに極端な高度成長は望めず，また国家間の競争も激しくなるにつれ，一層のグローバル化が進んでいる。こうした環境の変化は，時に雇用の不安定化をもたらし，その結果，徐々に従来の雇用管理を変化させている。仕事

の内容で報いる方式は十分でなくなるかもしれない。

この問題に対応するために様々なレベルで工夫がされている。全社的なシステムでは，役割・職務等級制という，職務内容の重要度を反映しやすい仕組みに変更する企業が増えている。職務内容を賃金に反映しやすい仕組みを作り，仕事の重要性に見合う賃金を与えるという方向で改善されている。また高年齢者の賃金上昇を抑える仕組みなども導入されている。こうした傾向が特に大規模企業で強いこともまた，日本型モデルの変動の契機を示しているといえよう。

### 3.2 納得のいくキャリアへ

個人のマネジメントのレベルでは，より明確に成果を測定しそれを賃金や賞与に反映させる仕組みが考えられてきた。成果主義と呼ばれる傾向である。成果主義による賃金制度の導入のきっかけは，経済環境が悪化し賃金負担が明確に意識されたため，賃金抑制へのプレッシャーが高まったことであった。そのため初期の成果主義には急激な賃金抑制や評価基準の締め付けが行き過ぎた結果，組織の生産性が悪化するなど失敗に終わったものもあった。

成果主義をより妥当な制度として導入するためには，いくつかの準備が必要だ。まず成果を上げるべき職務内容が明確で，かつ割り振りも納得いくものであることだ。また成果の評価も正確でなければならない。そのためには，評価する立場にある上司の評価力も問題になる。

これらの課題に対して，現在では多くの場合目標管理制度が用いられる。目標管理制度とは，期初に個人の到達目標を上司と部下の面談によって定め，期中にその達成に関する進捗状況をチェックし，目標設定を修正したうえで，期末にその達成度を評価し，個人の成果として確定する仕組みである。個々の従業員の目標を，部署や部門の目標との関連で定め，その内容を面談によって確認しながら進めることで，双方の理解と納得を確保する仕組みとして運用されている。個別の面談をするために以前の評価に比べて手間と時間がかかること，上司の目標設定や評価能力が，個人の達成に関して重要な役割を占めることなど，困難点も指摘されるが，多く導入されている。

個人の管理が成果主義的になると，個人の責任も明確に意識されるようにな

る。その場合には、会社が一方的に仕事を割り当てる方式の人材マネジメントは、個人の不条理観につながりやすい。したがって個人の成果や責任を問う場合には、個人が自分の望む職務につきキャリアを育てていくための支援も必要になる。その第一は、ジョブポスティングあるいは社内公募制と呼ばれる、自らの希望にしたがって異動を申告する制度の導入である。現状では、すべての企業に導入されている制度ではない。また導入されつつも問題もあるとされている。しかし、望まない仕事での成績評価の強化は困難であり、今後も広がっていくものと思われる。第二は仕事を自ら選びそのための能力開発をするために、希望する仕事に必要な能力が明示される必要がある。この問題については、高業績を上げるために必要な行動や内容を定義するコンピテンシーが用いられる。そしてこうした職務内容や責任を明確化して任命するためには、業務内容やその重要度が社内的に位置づけられ、相対的な報酬の大きさに結びつく仕組みが必要である。現実には、現在大手企業の一定程度がこうした目的で、役割給制度を導入している。

## 4．小括：無限定性を受け入れる覚悟の限界

　日本企業が伝統的に形成してきた職務の無限定性と長期安定雇用は、社内の格付け、能力開発、昇進と昇格、配置転換などの雇用管理制度と関連して導入されてきた。その長期安定雇用の枠組みは依然として重視されているが、様々な経営環境や社内状況の変化にあわせて、具体的な内容は変化している。また、職務内容の無限定性も役割給というような新しい試みとともに、少しずつそのインパクトを変えている。その意味でキャリア形成の問題はより個人の視点を持ち、長期安定雇用とその中での無限定性への対応にも個人の意思に一層依存するようになっているといえよう。
　ただし、次章で見るようにもう1つの無限定性、つまり時間の問題はまだまだ大きな課題である。さらに今までこの無限定性のマネジメントを支えてきた条件が1つ変わりつつある。それは一層のグローバル化と女性の管理職問題である。キャリアを個人が責任を持って作ろうとすれば、能力形成が問題の中心

に来る。自らの時間と体力を投入して形成する能力がどのような形になり、どのような方法で行えば最も効果的なのか考えない人はいないだろう。長期安定雇用の中で、このプロセスは長い時間をかけて、会社とのすり合わせの中で特定の企業を舞台に行われてきた。女性や様々な国籍という背景によって特定の企業での継続就業が困難なとき、どのような問題が起こるのだろうか。

**【参考文献】**

今野浩一郎・畑井治文・大木栄一著, 社会経済生産性本部生産性労働情報センター編 (2003)『能力・仕事基準の人事・賃金改革―職能資格制度の現在と未来』日本生産性本部。

上原克仁 (2007)「大手企業における昇進・昇格と異動の実証分析」『日本労働研究雑誌』No. 561/April 2007, 86-101 頁。

小笹芳央・榊原清孝 (2005)「企業は新卒採用をどのように位置づけているのか」『日本労働研究雑誌』No. 542/September 2005, 51-57 頁。

厚生労働省(2013)「第三章 労働市場における人材確保・育成の変化」『平成 25 年版 労働経済の分析』135-201 頁。

佐藤博樹・藤村博之・八代充史 (1999)『新しい人事労務管理』有斐閣アルマ。

田尾雅夫 (1997)『「会社人間」の研究:組織コミットメントの理論と実際』京都大学学術出版会。

高橋伸夫 (2004)『虚妄の成果主義―日本型年功制復活のススメ』日経 BP 社。

永野仁 (1989)『企業グループ内人材移動の研究:出向を中心とした実証分析』多賀出版。

日本経団連 (2010)「2010 年人事・労務に関するトップ・マネジメント調査」『労政時報』第 3788 号, 108-118 頁。

濱口桂一郎 (2013)『若者と労働』中公新書ラクレ。

ブラットン, J. & ゴールド, J. (2009)『人的資源管理:理論と実践 (第 3 版)』上林憲雄監訳, 文眞堂。

労働政策研究・研修機構 (2010)「今後の雇用ポートフォリオと人事戦略に関する調査」『労政時報』第 3788 号, 94-107 頁。

労働政策研究・研修機構 (2012)「今後の企業経営と雇用のあり方に関する調査」。

労務行政研究所編集部 (2015)「昇進・昇格と降格の最新実態」『労政時報』第 3885 号, 14-43 頁。

**【さらに学びたい人のために】**

金井壽宏・鈴木竜太 (2013)『日本のキャリア研究 組織人のキャリア・ダイナミクス』白桃書房。

濱口桂一郎 (2013)『若者と労働』中公新書ラクレ。

八代充史 (2014)『人的資源管理論:理論と制度 (第 2 版)』中央経済社。

「特集:あの議論はどこへいった」『日本労働研究雑誌』2011 年 4 月号 (No. 609)。

## 第7章

# 労働市場の多様化と働き方
―― 少子高齢化とグローバル化の影響 ――

## 1. 労働力の多様化と組織の文化

### 1.1 組織の文化と規則

　本章では，組織を取り囲む環境の多様化が，組織の制度とそこで働く人の生活に与える影響について考えてみよう。具体例として，少子高齢化をきっかけとした女性活用と経済のグローバル化に伴う外国人材の受け入れを取りあげる。

　前章で見たように，日本国内にある日本企業の人材管理にかかわる規則は，社会の要請と企業の効率性，主要な従業員の要求に対応するように形作られてきた。規則が浸透し従業員に受け入れられるには，その規則の順守に高い価値を置く組織の雰囲気が必要である。一般にはこうした雰囲気や価値意識を組織文化と呼ぶ。組織文化が従業員の一部の都合や価値意識を代表するように作られるとき，それ以外の従業員に対応することは困難になる。

### 1.2 多様な労働力活用の必要

　現在日本では，正規従業員の主な構成者であるフルタイム男性とは異なる働き方をする人々，つまり女性と外国人の活用との関連でこの問題が見られる。経営体にとって適切な量と質の人材の確保は，最も重要な課題の1つである。これは国民経済の経営者ともいえる国家にとっても同様な課題である。ところが，現代の日本は少子高齢化の過程に入っており，労働人口の減少と，国家としての生産能力の低下は，対応の急がれる課題である。平成27年に導入され

た「一億総活躍社会」[1]のスローガンと関連する一連の政策はこの問題の重要さを示している。この方針の下，雇用政策は，伝統的な男性労働に加えて高齢者，女性，外国人，障がい者など，今まで不十分にしか活躍できなかった人々を支援し，活躍の機会を与えようとしている。

メンバーの状況が多様化してそれぞれの望ましい状況が変化するとき，組織における人材のマネジメントをめぐる規則と組織文化の問題はより明確になる。現実的には，本来日本で男性を主な対象として構築されていた職務の無限定性を持つ制度は，女性にとって必ずしも使いやすいものではなく，さらに多国籍企業の多くの母国となる諸外国でも一般的ではない。この問題が組織文化や価値意識，さらには諸規則の革新をめぐって新たな課題を示している。以下では日本企業での就業に大きな影響を及ぼす2つの無限定性のうち，労働時間の無限定性を中心に，働きやすさについて考えてみよう。

## 2．労働時間と女性の働きやすさ

### 2.1　メンバーシップ型雇用と労働時間

前章でみたようにメンバーシップ型雇用の特徴として，無限定性があげられた。無限定性は職務内容に第一にみられ，次に労働時間問題として考えられる（濱口 2013）。なぜ職務の無限定性が，労働時間の無限定性につながるのか。その仕組みは職務内容の無限定性が，長期安定雇用につながることにある。長期安定雇用は国の方針とも一致するため，企業にその維持の強い期待がかけられる（その代りに職務内容の無限定性は，配置転換や転勤をめぐる企業の人事権との関連で認められるのは指摘した通りである）。

長期安定雇用を維持するためには，基本的に労働需要の少ない時期に合わせて必要人数を見積もることによって，企業内の余剰労働力が出にくくしておく必要がある。したがって基本的に企業内労働市場は常に人手不足気味に調整される。では労働需要が伸びたときにはどうするのか。臨時の人手を雇うか，単純に残業するとかである。つまり残業の問題もここで発生する。加えて日本の制度上，労働組合の合意があれば，残業代は払わなければならないが，

正規の手続きを経て，残業の義務を従業員に課すことは問題なくできる（濱口 2013）。したがって，あらかじめ少なめの人員数で組織を構成しても，労働力不足で仕事が回らなくなることはない。

　需要が減少して，労働力が余った場合には，雇用調整をする。雇用調整も残業削減からはじめ，次はパートの削減と進む。雇用を守る責任を課されている代わりに，長時間労働については管理があまく，労働者の側も残業代を通常の賃金の一部と考えることもある。諸外国と比較しても，EU諸国では労働時間の上限規制がかかるのに対し，日本とアメリカ，オーストラリアなどは上限規制がない。しかしながらアメリカ，オーストラリアなどは日本でいう正規従業員に近い形で働いていても，労働時間を選びやすい短時間正社員に類似した制度が発達しているため，希望しない残業を行う確率が低い。それに対して，日本では，労働時間の上限規制もなく短時間正社員の制度も発達していないため，正規従業員の不本意な過剰労働時間が発生していると指摘される（山口 2009）。

　パートタイマーをはじめとする非正規従業員は，こうした社内での正社員労働需要に対する供給の加不足を調整するものとして活用されてきた。日本の雇用のシステムの中で，非正規従業員は職務内容や時間，雇用期間に限定がある。日本企業が多くの非正規従業員を雇用するのは，主に「コスト削減」と「業務量の調整」である。特にサービス業や小売業を中心とする顧客のニーズに波があり，サービスや財を保存しておくことのできない業種で，こうした人材への依存度が高い。また労働時間が週30時間に満たないパートは福利厚生の範囲から外れる。そのため企業にとっても，低コストな人材だ[2]。

## 2.2　労働時間の管理

　労働時間の管理には，企業が労働者に働くように求める時間の長さと，休暇や休日を通じて働かない時間の長さが関係する。これらのいずれにも，国家と企業の規則が関連している。国家の規則の基本は労働基準法である。これは，労働時間や賃金，福利厚生などの条件が，より上位の規則（法律）である憲法で規定される国民の権利を守ることができるよう，労働条件の最低基準を定め，各企業に守るよう厳しく義務付ける法律である。この労働基準法で示され

る最低条件を守らない企業は，厳しく罰せられる。

　企業の各職場における労働時間は，法定労働時間，所定労働時間，所定外労働時間，総実労働時間といった用語で規定されている。法定労働時間は法律で決められた労働時間，所定労働時間は企業の就業規則で決められた労働時間のうち，労働者が実際に働く時間，所定外労働時間は所定労働時間以上に働いた場合の労働時間である。総実労働時間は，実際に労働者が働いた時間のことで，所定内，所定外の労働時間が含まれる。労働基準法にはこれら労働時間以外にも，休暇に関する内容が含まれる。休暇は企業が活動している時間の中で，個々の労働者が活動を免じられる時間（日数）を示す。労働者は給与を受け取りながら，こうした休暇を取得することが認められ，これを有給休暇とよぶ。

　企業はそれぞれ自社の都合に合わせ，労働者との交渉を通じながら，所定の労働時間，所定外の労働時間や休暇の日数や取得方法に関する規則を作り，その運用を通じて自社の従業員の労働時間を管理している。総実労働時間の短縮には①所定労働時間の短縮，②所定外労働時間の短縮，③有給休暇の取得率向上がある（八代 2014，150 頁）。所定外労働，つまり残業時間の長さや，有給休暇の取得には規則に定められた内容のほかに，その運用，つまり休暇を申請したり，残業を受けたりという職場における日常的な活動が関係する。そのため，組織の風土や文化に実際の運営が影響を受けることも多い。つまり，日本の長く続いた長時間労働の慣行は，企業における人材マネジメントの「無限定性」という基本の仕組みから導き出された「よい従業員」や「望ましい働き方」と密接にかかわっている。正規従業員の残業が当たり前の職場で，1 人だけ残業をしないですませることは，そこでの信頼関係や協力関係の上からも難しいだろう。正規従業員の残業と限定された働き方をする非正規従業員活用でのコスト削減，これが労働時間にはどのように現れるだろうか。

## 2.3　長時間労働の実態

　日本人の労働時間は長いというイメージがあるが，実際に統計を見ると必ずしもそうとは言えない。図 7-1 は労働者 1 人当たりの年間総実労働時間（所定内労働時間＋所定外労働時間）の推移を示している。これによれば，1970 年

### 図7-1 年間総実労働時間の推移（パートタイム労働者を含む）

（注）事業所規模5人以上。
（資料出所）厚生労働省「毎月勤労統計調査」。

の2239時間から2011年には1747時間と大幅に減少している。国際的な比較の観点でいっても，ヨーロッパ諸国には及ばないものの，2011年にはアメリカの数値を下回った。だが，これはパートタイム労働者を含んだ数値であるため注意が必要である。

図7-2は雇用形態ごとの年間総実労働時間とパートタイム労働者の全労働者に占める比率の関係を時系列で示している。労働者全体に占めるパートタイム労働者の比率は過去20年間ほぼ一貫して増え続け，平成24年では28.8％の労働者がパートタイムとして働いている。パートタイム労働者1人当たりの年間総実労働時間は一貫して1100時間前後で推移しているのに対して，正規従業員である一般労働者の労働時間もまた2000時間を上回る水準で推移している。2008年の年間総実労働時間2032時間を100とした場合，1993年から2015年の間で最も少なかったのが，2009年の98.7，最も多いのが1993年の102.9である。つまり正規従業員に限定してみれば所定内労働時間は過去20年間で全く減少していないということになる。また年次有給休暇の取得率も低調なままである。平成4年に56.1％を記録して以降，減少傾向であり平成12年

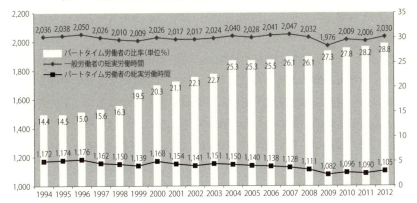

図7-2 就業形態別年間総労働時間及びパートタイム労働者比率の推移

(注) 事業所規模5人以上。
(資料出所) 厚生労働省「毎月勤労統計調査」。

に50%を下回って以降，平成23年の49.3%まで50%を上回っていない。

## 3．女性活用促進

### 3.1 法制と雇用形態の選択

日本の女性労働をめぐっては，依然として日本に特徴的な問題がある。それは，女性の非正規従業員比率が高いこと，そして高学歴の女性の就業が進まないこと，女性の管理職比率が低いことである。これらの状況は女性のライフスタイルと関連付けられることも多い。特に子育て責任の重い女性は，子供が小さい間は，パートなどの責任の重い立場に立つことのない短時間労働を好むことも多いと考えられてきた。実際に女性が好んでパートをしているのかについては議論があるが，日本では女性に非正規従業員が多い。特に，日本における女性の就業については，労働力のM字型カーブに表されるように，結婚，出産で中断し，子育て一段落後に再就職するというのが典型的パターンである。その復帰のプロセスで多くの女性がパートタイマーをはじめとする非正規従業員の資格で働いている。日本の女性パートタイマーが自ら生活時間を確保するためにパートを選び，仕事と生活のバランスを確保している。またパートタイ

マーになる場合についても，基本的には自らが時間的自由を選択して，パートになったと理解されてきた（池田 2014）。男性中心の企業社会での女性の1つの対応が，パートタイマーとしての就業であったといえよう。

そのため，女性労働力の活用の問題は，非正規従業員から正規従業員への転換という，雇用形態の不均等の改善と，すでに正社員である女性が就業を継続し，なおかつ機会を得て能力を発揮し，管理職候補となるという正社員における雇用管理の結果の均等の2つの側面から考えなければならない。

女性労働の問題は，男女平等の思想のもとに，すでに30年近く問題視されてきた。女性の活用は，1980年代に規定された男女雇用機会均等法以来の課題である。1985年に制定された男女雇用機会均等法が目指したのは，女性の雇用機会を男性と均等にし，それまで慣例的に行われてきた，男性と女性において異なる待遇を自然だとするような慣行の廃止である。だが，学卒後の就職の段階を均等にしても，結局のところ結婚・出産で女性が職場を去り，家事を負担するという仕組みが一般的であれば，女性の均等は結果的に実現されない。そのため女性活用に当たっては，その就業中断の要因を明らかにし，いかに中断せずに就業を継続させるかが重要な検討課題となり，政策的には企業や公的サービスによる両立支援策を促進させてきた。

子どものいる女性の就業継続には，子育てに関する負担を企業の両立支援策（育児休業や短時間勤務その他）や公的サービス（保育所その他）により軽減する必要がある。両立支援は政策にも反映され，育児休業法（1992年），次世代育成支援対策推進法（2005年）が制定された。両立支援の成果は実際に子育て世代の女性の就業を増大させ，企業内部での継続雇用を増大することにつながった。こうした状況の変化を受けて，育児休業制度の有無や制度の利用のしやすさが問われ，最近では女性活躍推進法施行（2016年）と子どものいる女性がいかに管理職になれるかが関心を集めるなど問題の所在が徐々に変化している。一方，前述の長時間労働，特に残業問題は生活時間の確保を難しくする。それは女性特に正規従業員女性の活用に特に強く影響するのである。

### 3.2 大卒正社員女子のキャリア

女性の雇用機会均等が言われ始めた当初からの課題，すなわち，女性の就業

継続は，現在，企業が女性管理職比率を向上させることが課題とみなされるところまで来ている。特に，大卒女性はその候補となる総合職として入社することが多い。女性が，正社員総合職として無限定性を特徴とする企業組織と人材マネジメントの中に入るとき，男女均等の政策が意図するようには，女性が十分に活用されないという問題が明らかになってきた。

　女性の就業継続には，個人の意識，家族状況，職場・仕事状況の3つの要因が絡む。女性の活用は時代とともに進展してきたため，具体的にどのような支援を社会から受けることができたかは，世代によっても大きく異なる。一方で，異なる時代を背景にした世代間比較の研究は，時代が変わってもこの3つの要因は共通だと結論づけている（大内 2012）。

　大卒女性あるいは女性総合職の活用をめぐっては，パートタイマー問題とは異なる問題が指摘される。まず日本において大卒女性はキャリアに関する意識が高く，キャリアの内容にこだわりのある人材であるとされる。調査によれば大卒女性は学卒時に正規従業員として働く比率が高く，また復帰の際も正社員として継続する希望が強い。専門学校卒女性に比べ，子育て退職後の労働市場への復帰が少ないか，遅くなる傾向がある。つまりパートとして復帰する比率やスピードは遅く，雇用形態を選ぶ傾向が指摘される。

　こうした自らのキャリアにこだわる人材の活用にも，職場の風土や状況から発生する問題は無関係ではない。たとえば，就業継続しても出産・育児休業と同時に昇進トラックから外れるマミートラック問題（上野 2013），さらには早期離職の問題など，企業内部での継続雇用の不十分な側面も指摘されてきた。マミートラックとは，女性の就業期間が伸びていながらも，管理職への登用という形では活用されていない状況である（大内 2014）。日本では大企業を中心に，出産後の就業継続支援プログラムが充実している上，優秀な男性管理職候補も多いため，この問題も大企業で起こりやすい。多くの子育て期にある女性従業員が出産後も支援制度を用いて就業は継続しながらも，実際のキャリア開発の機会を十分に得ることができない昇進機会の乏しいキャリアを歩む。いったんそのトラックに入ると昇進の機会につながるような大切な仕事を任されず，能力形成の機会を得られず，また優秀な人材としての周囲の信頼を得ることも難しくなる。そうしたトラックが企業内で出現すると，次の世代の女性

*Column*

## 日本の高学歴女性の活用と就業比率

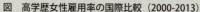

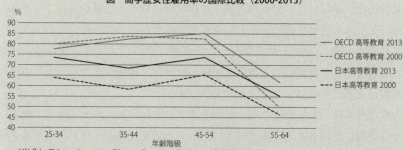

(出典) Education at a Glance Interim Report (OECD 2015).

　本文にあるように，日本の高学歴女性をめぐる就業の問題は，日本の社会構造を色濃く反映しているように思われる。そこでここでは，女性の就業比率を OECD のデータによって，特に大卒以上の学歴に限定して国際比較の観点から見てみよう。

　日本の高等教育（専門学校以上）出身女性の就業率は 2000 年と比較すると，全般的に上昇し，グラフ全体が上に上がっているが，まだ谷があることがわかる。高等教育出身者の 2013 年のグラフの形状でも，ほかの OECD 諸国と比較すれば，全体的に低くさらにはっきりとした谷ができている。OECD 諸国の高等教育出身者が 2000 年の時点ですでに，55 歳以上を除いて，どの年代層でも 80％を超える高い比率で就業しているのに対して，日本では，いずれも，新卒後の 24-35 歳のところで最も高く，35-44 歳のところが大きく落ち込んでいる。35 歳から 44 歳，ちょうど企業に勤めて 10 年から 20 年，管理職層の候補としてそれまでトレーニング期間を終了し実力発揮が求められる世代の高学歴女性が働いていない。当然企業内には管理職候補の女性も少ないことになる。

　高学歴になるには，各個人の努力も大切だが，社会の支援もたくさん受けている。社会的にみると，たくさん支援してきた大切な人材が働いていないというのは極めてもったいない話なのである。とはいえ，個人が国や社会のために自分を犠牲にするような時代でもない。雇用形態はさまざまでも，多くの女性が働くことが可能なだけでなく，処遇はもちろんだが内面的にもやりがいを感じられる状況を作れれば，もっと活躍したい女性が増えるのではないだろうか。国や社会と個人の双方にとって，納得のいく状況を生み出すには，まだまだみんなの工夫が必要である。

もまたそのトラックへ入るものと考えられ，そのトラックの存在自体が女性の活用を阻害する。さらには女性の管理職昇進を果たしているものの多くが，独身，あるいは子供を持たない可能性が示唆されている（大内 2014）。つまり育児休業などの子育て支援策は，就業継続をする女性を増やしたが，実際には一部の子育てをしない女性が昇進して男女均等を確保しているのが現実だという可能性がある。

　加えて，実際には，大卒女性正規従業員の多くは転職を経験していることが指摘され，転職を含めたキャリア形成や就業継続が注目されている。例えば，総合職女性の離転職行動について，退職時期に着目すると結婚や出産を機に退職する人よりもそれ以外の時期に退職する人の方が多いとする調査結果もある。その退職理由は「企業内キャリア像の喪失」（主に独身者と子どものいない既婚者），「ワークライフバランス（WLB）喪失」（主に既婚者）の2つである（大内 2007）。

　企業内キャリア像の喪失は，男女の扱いの差に基づくことの多い不適切な配置転換や異動，多忙や疲労困憊，社内結婚退職慣行などにより，企業での技能形成の道が途絶えてしまうことを原因とする。さらに，近年では仕事の面白さややりがいの問題から，初期キャリアの段階で離職する女性に注目が集まる。長期にわたる職業生活に見通しの立ちにくい女性は，キャリアの初期に面白い仕事ややりがいのある仕事につけない場合，企業への愛着を低減させ，転職に至ると考えられている（大沢・馬 2015）。

　「WLB 喪失」は，家事・育児などの家庭責任を持っていると，長時間労働の男性のように職務に時間や気力，体力を割くことが困難になることである。これらによって，女性総合職が当該企業で将来も働き続ける見通しがない状況に陥ると言う。実際の就業環境に大きく影響する残業の問題として，山口（2009）は，「不本意な時間外労働」という概念を提示した。実際の統計的分析によると，子供のいる女性については，男性やほかの女性に比較して不本意な，あるいは望まない残業をしている確率が高い。子供の年齢が低い場合は当然であるが，子供が小中学生の年齢にあたる場合も特に高いことが注目される。つまり保育施設などの子育てに関する公的支援がなくなる時期にも，依然として女性の労働時間を長くすることが困難なことを示している。長期にわ

たってほかの男性と同じような残業を含めた長時間労働をしなければ,「使えない人材」として社内の信頼を得られず,企業内キャリアの進展が望めないことが女性の活用を大きく阻害する可能性がある。

## 3.3　正規従業員とパートタイマーのバランス

　こうした実証研究が示すのは,現代日本の課題として取り上げられる女性活用の理想と,企業内での女性の活用の仕方に起因する現実の困難さとのギャップである。メンバーシップ型の雇用管理が,その運営上長時間労働の慣行をもたらし,改善されない中で,女性の活用も大きな課題に直面している。

　女性の活用といっても,実際にはパートタイマーとして就業するものと,正規従業員として就業するものとがあり,同じ企業内にあっても職務内容や期待される役割は大きく異なる。伝統的な女性の状況は,長時間労働の現状を前にパートタイマーを選択して家事育児責任を優先するという層と,その問題に個人的な解決を見出しながら正社員を続ける女性の2種類に大きく分かれてきた。少子高齢化という全体社会の文脈からは,いずれの人材も一層の活用の進展が望まれる。企業の側のニーズからすれば,非正規従業員にはより効率よく顧客満足を増大させるような能力発揮が,正規従業員には管理職候補となるためのキャリアの形成が望まれるであろう。

　一方で,そうした能力を発揮するにあたっての障害として,現在のところ,日常生活とのバランスを規定する労働時間問題が共通の問題である。正規従業員としてのキャリア開発については,キャリア形成を規定する仕事への配置問題があげられる。現実には,一部の優良企業を除いて,正社員を続けようとする女性たちも十分に活躍してきたとは言えず,その状況を見た若い世代は,短期的にやりがいのある仕事に巡り合えなければ転職をえらび,自らの力でやりがいのある仕事を探し出すというような状況が生まれているようである。一方現在では,サービス業,小売業など,パートタイマーが全従業員に占める割合の高い業種を中心に,優秀なパートタイマーの正社員への転換やそのための雇用形態の開発などのニーズが起こり始めている。人材の質が顧客へのサービスの質へ直接的に影響し,顧客満足度の大きな要因となることから,パート人材の能力やスキル向上,さらには人手不足時の定着は,企業にとって重要な問題

である。多くの企業でパートタイマーの一層の活用を望むならば，より重要な仕事を任せるためにも組織へのコミットメントを高めてもらわなくてはならないが，女性正社員の姿を見たパートタイマーたちがそのような反応を示すのか，きわめて疑問視される状況である。

　もちろん，このような長時間労働が発生しているのは，企業を取り巻く環境の厳しさに起因するため，景気状況によって多少の変動はあるだろう。政府も女性の活用に積極的な企業を表彰し，イクメンをはじめとする男女共同参画の仕組みづくりに懸命なのは，よく理解される。しかしながら，個人がやりがいを感じられる仕事，納得のいく働き方と長時間労働がセットになった状況では，活躍できる女性の数が極めて限定されるか，一層の少子化が進むかのどちらかであろう。長時間労働問題の解消は女性の問題のみならず，男性従業員を含めて検討するべき問題である。

## 4．グローバル化という名の多様化

### 4.1　グローバル化する環境と外国人

　企業を取り巻く環境として，国外との関連では一層のグローバル化が指摘される。日本企業，特に製造業は，生産地としても消費地としても海外への依存度を上昇させ，海外生産・売上比率，海外での雇用人員数ともに増大している。海外直接投資残高は，過去20年の間に2587億ドル（1996年末）から1兆2591億ドル（2015年末）へと約5倍の成長を見せ[3]，海外で雇用する現地従業員は247万人（1996年）から575万人（2015年）へと増大している[4]。また日本が受け入れている海外からの投資や労働者も順調に増え，2015年では外資系企業が63.8万人を雇用し[5]，外国人就業者は90.8万人であった（法務省 2015）。

　各国の企業が活動をグローバル化させ，海外で勤務する社員や国外で子会社を経営する機会が増えている。雇用管理システムとの関連では，国際人的資源管理と呼ばれる，企業の国内・海外の子会社を含めて人材のプールとして考え，世界中に広がる子会社を含めたネットワーク内での人材交流のマネジメン

トが必要になる。国外との業務につく社員の管理やキャリア形成，あるいは国外で雇用する現地国籍の人材など，複数の国家において協力して同じような仕事をする人材のマネジメントの公平さが重要な課題である。この管理の問題は，経営活動のグローバル化を推し進めるすべての国の企業に当てはまるため，海外の企業と人材の有効活用をめぐっても競争が激しくなる。

国際人的資源管理の理論では，多国にまたがり多文化をカバーする多国籍企業のマネジメントの制度は，社会化と標準化の2つの原則に基づいて構成されるとする。社会化とは組織社会化ともいわれ，組織が基本的に重視する価値意識を個々の従業員に浸透させ，その価値意識によって，個人自ら組織が望む行動を行えるようにすることである。標準化とは，そうした組織の価値に基づき，皆がわかりやすい制度を作り，その制度をどの国の組織にも導入し，人的資源を管理することである。一般に日本企業は，これら2つの原則のうち社会化を重視する傾向が強いとされる（古沢 2008）。

今まで見たように，各国内企業の雇用管理システムはその企業が存在する社会の状況や制度を色濃く反映する。人材の管理制度もその国の特徴に合わせて展開していく必要がある。そうした各国企業が，海外に子会社を持ち，その社会に合わせて人材を管理する場合に，管理の手法は本国にある親会社が持つ組織の伝統と，子会社を展開する受入国社会の制度や慣習とのバランスをとる必要がある。日本企業が海外に子会社を設立する際にも，現地で受け入れられ効率性を確保できる人事管理システムをどのように構築するのかが問題となる[6]。

## 4.2 外国人留学生の戸惑い

国内の多様化については，日本にいる留学生の就職活動問題を通じて考えてみよう。日本で就職をする場合，外国人は就業が許可される在留資格か，永住者，定住者，日本人の配偶者など活動に制限のない資格を持つ必要がある。2015年12月の時点で，日本に在留する許可を得て，長期在留している外国人は約223万人である。そのうち永住者など活動に制限のない資格のものが約140万人，留学など就業を認められない資格のものが約58万人，一般に就業ビザと呼ばれる就業を認められる在留資格で在留するものが約23万人である（法務省 2015a）。就業ビザのうち，一般企業で働く外国人の多くが持つのが，

「人文知識，国際業務」及び「技術」，「企業内転勤」であり，合計で13万人がいる。留学生は，「留学」という正社員としての就業が許可されない資格を持っているため，就職が決まると在留資格の書き換えを申請する。

　留学生は日本での経験も長く，日本語，日本的な習慣への理解の水準も高く，日本人に混ざって日本の職場で働くことに関する困難が低いと考えられるため，企業も徐々に積極的に雇用するようになっている。そのためこの資格書き換えの人数は過去10年あまりの間に急激に伸びている。平成15年には資格書き換えの人数は3778人であり，平成19年に初めて1万人を超えて以降，平成21から23年を除いて1万人を超えている。平成26年には1万2958人であった[7]。先の統計で就業ビザを持って企業で働く外国人23万人に対し，最近では1年あたり1万人ずつ留学生から資格書き換えが行われていることを考えると，留学生採用の日本で働く外国人人口に対する影響の大きさが理解される（法務省 2015b）[8]。

　しかしながら，外国人留学生の雇用状況に関する調査を参照すると，そうした日本の組織への適応度が高そうな人材でも，日本型の雇用システムに対して問題を提起することがわかる（新日本有限責任監査法人 2015）。留学生の大半は，海外事業を行い，海外での売上比率が高い大企業に採用される。主な採用理由は「優秀な人材であったため」「社内の活性化のため」「海外事業を拡大するため」である。彼らを合同説明会や留学生向けの会社説明会を通じて募集し，日本人と同じ選抜を経て採用している。一方で活用については，志望者がなかなか集まらないという採用過程の問題に並んで，外国人留学生に対して社内のキャリアパスや社内ロールモデルをうまく説明できないという課題が指摘される。大多数の企業ができるだけ長く勤続してほしいと回答するのに対して，実際の勤続年数は3年以内，5年程度とする企業をあわせると7割程度に達する。

　外国人留学生の側は，日本語を使って仕事ができる，将来海外の拠点で働きたい，日本の技術力が高いなどを魅力に感じて就職活動を始める。就職に際して感じる困難として2つの要因が指摘できる。1つは就職活動そのものに関する困難，もう1つは定着に関連する困難である。就職活動に関する困難とは，情報が少ないことに関連するもの，さらにエントリーシートの書き方，面接の

受け方，礼儀作法，といった自国で想定される採用活動とは異なる採用のあり方に関連するものがある。また就職後はできるだけ長く働きたいと考えるものよりも，10年程度までの期間を区切って考えるものが多く，この期間は日本人の就職活動生よりずっと短い。

こうした外国人留学生の定着のための課題にも，企業と留学生側との間に微妙な違いがある。企業側では「期待される役割や職務内容を明確に提示する」「能力に応じて責任のある職務に就くことができるようにする」「会社が将来のキャリアパスを明示する」といった項目が上位に来るのに対し，外国人社員側ではこれらの項目は同様に上位に上がるが，それに加えて「外国人社員の経営幹部登用」「長時間労働の見直し」といった具体的な成果や日常の働き方が指摘される。

現在は日本の労働人口6000万人と比較すると総数が小さく，限られた注目しか集めていない外国人であるが，今後その雇用数の伸びが注目される。外国人留学生たちは必ずしも一生涯日本に留まって働くことや1つの企業で勤続することを希望してはいないことを考えると，帰国による人材の入れ替えを含めながら，ある程度の人員量が日本の企業で働く状況は続いていくと思われる。その際により良い雇用関係を構築していくためには，仕事の内容，キャリアパスの提示や理解，さらには長時間労働の改善などが必要とされている。

## 5．環境変動と多様な働き方

女性の機会均等と活用が問題視され始めてすでに，30年がたった。その間様々な社会的制度が生み出され，現在でも労働関連の制度改革は進行中である。30年の間には相応のコストをかけて取り組んできた企業も多い。組織文化の変革に成功した企業は，一層女性の活用を成功させていくのだろうか。特に労働時間問題は，パート労働に従事する者たちが，雇用形態の見直しなどを通じて貢献度を上げることが望まれる中で，大きな問題となっていく可能性がある。また現在正規従業員の者たちにとっては，過度な残業をさけワークライフバランスをとりやすくすることによって，コミットメントの拡大やキャリア

の幅が広がる可能性をもたらす。

　また外国人留学生の採用に見るように，入社当初から長期にわたる定着を意図しない人材が増えてくることも重要なポイントになりうる。海外での企業活動を強化する必要がある企業で彼らが多く雇用され，人数が増えるにつれて，日本企業で一般的なキャリア開発方式への同意の説明が難しいと感じる企業が増える。彼らの資質やセンス，知識を必要とする企業で，長期安定雇用の価値を理解されないと感じられている。こうした日本企業にとって新しいタイプともいえる人材の包括と活用をめぐって，組織社会化の基盤となる共有の価値意識が揺らいでいる。今後の活用の進展によっては，日本の雇用システムの無限定性の基盤であった，長期安定雇用の概念が再検討されるのかもしれない。

　一方，日本社会全体としても，日本企業各社がそうしたグローバルな人材管理の経験を積む中で明らかになる，日本企業社会に適応した慣行とグローバルな慣行との差異への対応を検討する必要が出てくる。さらに現代では，日本企業の国内の競争相手として，海外からの直接投資による外国籍企業（外資系企業）が増えている。外資系子会社の雇用管理が，特定の社会問題に対して解決を提示し，それが社会的にも称賛される場合，日本企業の見習うべき標準として作用することも考えられる。前章で見た女性活用などでは，外資系企業がより有効な手立てを打っていると考えられるとの研究（Oliver and Olcott 2014）もあり，国内外資系企業から国内の日本企業への影響も注目される。

　次章のケースはその一例である。その際に注目するべき点は，第一に個々の人的資源管理領域にかかわる管理手法の構築，第二にその手法を浸透させるのにも大きな役割を果たす組織風土や文化の構築がある。日本も含めてそれぞれの国の組織にいる現地国籍の従業員はホスト国の価値意識を持っているため，そうした人々が新たな組織的価値あるいは組織理念を納得して受け入れ，それに従って行動するようにするには，教育や価値浸透のための様々な活動が必要である。こうした活動を組織開発と呼ぶが，組織開発は短期間に行えるものではなく，そのプロセスで様々な軋轢を引き起こすこともある。そうしたプロセスに経営者，各従業員はどのように関与するかを考えてみてほしい。

【注】
1 首相官邸ホームページ：http://www.kantei.go.jp/jp/headline/ichiokusoukatsuyaku/#m011
2 平成28年10月から1週20時間以上働く勤続1年以上のパート労働者が健康保険，厚生年金の対象者となり，企業の支出が増える予定である。
3 ジェトロ調べ：https://www.jetro.go.jp/world/japan/stats/fdi.html
4 経済産業省「海外事業活動基本調査」各年：http://www.meti.go.jp/statistics/tyo/kaigaizi/
5 経済産業省「外資系企業動向調査」：http://www.meti.go.jp/statistics/tyo/gaisikei/
6 近年，日本企業の多国籍化の一層の進展に伴って国際人的資源管理の教科書や人的資源管理の中に国際人的資源管理を取り上げるものも増えている。国際人的資源管理の教科書としては章末のリーディングリストを参照のこと。
7 新しく受けた在留資格は「人文知識・国際業務」が8758人（67.6％），「技術」が2748人（21.2％）で，これら2つの在留資格で全体の88.8％を占めた。主な出身国と人数は中国8347，韓国1234人，ベトナム611人，台湾514人，ネパール278人であり，アジア諸国の出身者が多数を占めている。
8 この調査結果は実際の資格書き換え先の資本金および従業員規模と比較して，大企業の回答比率が高い。それにもかかわらず，長期安定雇用に関する傾向が弱く，この問題の深刻さが理解される。

【参考文献】
OECD（2015），*Education at a glance interim report*.
Oliver, N and Olcott, G（2014），"The Impact of Foreign Ownership on Gender and Employment Relations in Large Japanese Companies," *Work, Employment and Society*, Vol. 28, No. 2, pp. 206-224.
池田心豪（2014）「日本における両立支援の取組みと女性の継続就業」『女性雇用の現状と政策課題』独立行政法人労働政策研究・研修機構，19-34頁。
上野千鶴子（2013）『女たちのサバイバル作戦』文藝春秋。
大内章子（2014）「企業は本気で女性を総合職として育ててきたか？―均等法世代と第二世代の追跡調査を基に―」『日本労務学会誌』Vol. 15, No. 1, 97-106頁。
大内章子（2012）「大卒女性ホワイトカラーの中期キャリア：均等法世代の総合職・基幹職の追跡調査より」『ビジネス＆アカウンティングレビュー』85-105頁。
大内章子（2007）「均等法世代の総合職女性の離転職行動」『組織科学』41巻2号，29-41頁。
大沢真知子・馬欣欣（2015）「高学歴女性の学卒時のキャリア意識と転職行動―「逆選択」はおきているのか―」『現代女性とキャリア』第7号，87-107頁。
厚生労働省『毎月勤労統計調査』各年。
新日本有限責任監査法人（2015）『外国人留学生の就職及び定着状況に関する調査報告書』。
濱口桂一郎（2013）『若者と労働』中公新書ラクレ。
古沢昌之（2008）『グローバル人的資源管理論―「規範的統合」と「制度的統合」による人材マネジメント』白桃書房。
法務省（2015a）『在留外国人統計』。
法務省（2015b）『平成26年における留学生の日本企業等への就職状況について』。
八代充史（2014）『人的資源管理論：理論と制度（第2版）』中央経済社。
山口一男（2009）「過剰就業（オーバー・エンプロイメント）―非自発的な働きすぎの構造，要因と対策」『RIETI Discussion Paper Series 08-J-051』43頁。

【さらに学びたい人のために】
岩田正美・大沢真知子編著，日本女子大学現代女性キャリア研究所編（2015）『なぜ女性は仕事を辞

めるのか 5155人の軌跡から読み解く』青弓社。
上野千鶴子（2013）『女たちのサバイバル作戦』文藝春秋。
古沢昌之（2008）『グローバル人的資源管理論―「規範的統合」と「制度的統合」による人材マネジメント』白桃書房。

# 第8章
# 組織デザインとHRMの ポスト・グローバリゼーション
―UDトラックスの事例―

## 1. はじめに

　欧米の多国籍企業のいくつかは，日本に市場を求めるだけでなく，積極的に中核的な機能別組織を日本法人として設置，発展させている。これがいわゆる外人や外国と並んで極めて日本語的な表現である外資系企業である。帝国データバンクの調査によれば，日本における外資系企業は，2013年12時点で3189社となっている。これは2001年の1754社と比較すると1.8倍に増加してきた

図8-1　日本における外資系企業数の推移

出所：帝国データバンク「外資系企業動向調査」2014年2月6日。

ことになるが，特にリーマンショックの時期を前後して著しく企業数が増加したと言える[1]。近年は非製造業やサービス業の外資系企業の割合が増えているが，売上高が年間1000億円以上の外資系大企業72社は，製造業と卸売業の2業種で6割以上を占めており，とりわけ自動車関連企業の外資系の存在感は大きい。

多国籍企業が日本に進出する場合，その多くはパートナー企業となる日本企業を M&A（Merger and Acquisition；吸収合併や買収）によってグループ傘下とする企業戦略をとる。これは出資規模や提携関係の違いによって完全な企業買収からアライアンス（Alliance；提携）と言われる資本提携や技術提携などの業務提携まで様々な形態が見られるが，全くのゼロから多国籍企業が日本に進出する件数に比して相当数が M&A 的な企業進出となっている。M&A には多国籍企業側にとって共通した，いくつかのメリットが想定される。

1）被買収企業の設備資産の活用
2）被買収企業の日本市場でのノウハウ活用
3）被買収企業の人材の活用

上記1，2については，比較的その理解は容易であろう。買収側の多くの多国籍企業は M&A に長けており，パートナー企業探しの際に必ず行う被買収企業のデューデリジェンス（企業価値の適正な評価）の中で，設備資産すなわち有形資産とノウハウすなわち無形資産がどのくらいの価値があるか，あるいは M&A 以外の方法で手に入れるには，どのくらいの時間が必要になるのかを総合的に判断して M&A のメリットを明確にすることである。

一方，3番目の人材活用は，M&A を意思決定した時点で将来のオポチュニティやリスクが明確に判断できているケースは少ない。例えば M&A に前後して「新しい組織にとって，本当に必要な人材が誰なのかの判断が難しい」「どれくらいの従業員が M&A 後も前向きに働き続けてくれるか判りにくい」「新しい組織に適正な人材コストが計りにくい」などの問題が散見されている。これらは HRM（Human Resource Management；人的資源管理）そのものが常に流動的であり，HRM に対する外的および内的な環境変化に対する感

度が高い事に起因している。更に国際的な M&A は必然的にそれぞれの地域や国民が持っているベーシックな価値観の差異をどのように企業文化として統合させられるのか，という大きなテーマ性を持つことになる。近代の HRM は多くの実務経験や組織行動に対する研究を活かし，様々な現象を指標として数値化し KPI（Key Performance Indicator；重要業績評価指標）としてマネジメントしている。しかしながら，日本に進出した多くの多国籍企業は HRM 特に人材活用あるいは人事管理面で様々な課題をかかえており，それをどのように克服するか否かで，その多国籍企業が日本でのビジネスを成功させるか，の成否を握っていると言えるであろう。

　本章では，自動車産業のグローバル企業例としてボルボグループを取り上げる。ボルボグループの傘下に入った日本企業である UD トラックス株式会社（以下：UD トラックス）が HRM 施策をどのように対応させて来たのかについて経緯を振り返りながら，その特徴を明らかにする。多国籍企業のグローバリズムを日本企業にどのように浸透させてゆくのか，そのための組織デザインはどうだったのか，更にこれらを通じてキーとなる多国籍企業における HRM の課題を掘り下げる。

## 2．ボルボグループの M&A 戦略と UD トラックス㈱の買収経緯

　ボルボはスウェーデンに本社を置く 1915 年創業の自動車会社である。創業当初から乗用車，トラック，バスなどの商用車および建設機械，飛行機，船舶用ディーゼルエンジン等の開発，製造，販売を事業の中核として発展してきた。自動車産業は製造業の中でも関連産業の裾野が広く，好況，不況の景気循環の波にさらされても様々な工夫で発展を続けている産業の 1 つである。各自動車会社は，同業他社との競争関係に常に向き合い，排気ガスの規制強化等を技術革新で乗り越えなければならない経営の外部環境と，それを支える社内の内部環境それぞれで厳しい状況が続く産業構造になっている。ボルボは 1999 年に乗用車部門をアメリカのフォードへ売却した。これは乗用車分野での開発費用の増加による収益力の減少という経営課題に対して，いわゆる「選択と集

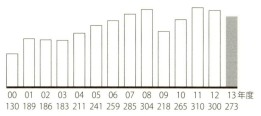

図8-2　ボルボグループの総売上高の推移
単位：10億SEK：スウェーデンクローネ

出所：ボルボグループ「2013年アニュアルレポート」
から（和訳加筆）。

中」戦略としてVolvoが事業ドメインを見直した結果である。更にボルボは商用車事業を中心とした生き残りの為に，スウェーデンのボルボトラックを中心とした商用車グループ企業作りを開始する。2000年にフランスのルノートラックス，2001年にアメリカのマックトラック，2003年にインドのアイシャーとのジョイントベンチャー会社の設立，そして2007年に日本のUDトラックスをグループ傘下に収めた。実に6年間という短期間で各主要地域の代表的な商用車メーカー7社とのM&Aを実行し，その結果，ボルボグループとしてドイツのダイムラーグループに次ぐ世界第2位の商用車企業に成長した。これは乗用車部門を持っていた1999年と比して約3倍の売り上げ規模となっている[2]。

一方，UDトラックスも創業80年という長い歴史を持っている。1935年に社名を日本デイゼル工業として発足し，ディーゼルエンジン技術を柱とした商用車の製造開発を行い，日本における自動車産業の創成期にあって創業当初から製品の信頼性に重きを置いた企業であった。1953年から日産自動車が資本参加し1960年に社名が日産ディーゼル工業となった。その後，日本の自動車産業全体の発展と共に日産ディーゼル工業もビジネスを伸ばし，世界64カ国に販売ネットワークを展開するまでに至った。しかしながら親会社の日産自動車が業績不振の脱却のため仏ルノーとの包括的なアライアンスを締結しグループ全体の再編が行われた。様々な経緯を経て2007年にボルボグループに買収され上場廃止となりボルボグループの一員として完全子会社となった。

2010年からは社名も新たにUDトラックスとあらためた。新社名「UD」の

由来は Ultimate Dependability（究極の信頼）という価値を顧客に提供する企業ミッションを表わしている。外資系多国籍企業による他国企業の買収は，時として'植民地化'的な印象を与えるが，ボルボの傘下となった当時を振り返って当時の社長は，「ボルボにとって日本の技術がいかに重要なのか，我々の UD 社員の世界での活躍ぶりについて期待されている」[3]と言うコメントに象徴されるように，新しい企業組織を創り出そうとする前向きな M&A と位置づけられるであろう。ボルボにとって UD トラックスの買収はアジアを中心とした新興国市場への布石であり，2014 年からは中国のトップ企業，東風汽車とボルボのジョイントベンチャー新会社で UD トラックスのブランドとして新興国向け専用新型車の現地生産準備を開始するに至っている[4]。

## 3．多国籍企業の類型とボルボグループの企業グローバリズム

国際化戦略としての多国籍企業の研究では，戦略とそれを実行する為の組織デザイン，およびビジネススキームは，いくつかの類型に大別されるとされる。代表的な考え方としてバートレットとゴシャールによればそれは以下の4類型となる。
(1)　グローバル型（世界化）
(2)　インターナショナル型（母国中心の国際化）
(3)　マルチナショナル型（複数母国化）
(4)　トランスナショナル型（多元的な国際化）
以下に，それぞれの特徴を要約する。

### 3.1　グローバル型（世界化）
グローバル型は，本国のグローバル本社に権限，経営資源が集中し，各国現地法人は本社の指示に従って事業を運営する形態の組織である。19 世紀後半から 20 世紀初期の多国籍企業の大半はグローバル型の組織であった。現在でも企業が海外展開を進めていく初期段階ではグローバル型の組織を採用する事が多い。グローバル型の組織では，戦略の策定や製品開発などのイノベーショ

ンは本国の役割であり，現地法人の役割は本国が策定した戦略を海外で実施することや本国で開発した製品の現地での販売が主となる。一般にグローバル型の組織では，グローバル本社で開発した製品を，グローバル共通製品として製造し，各地域でマーケティング活動を行うようなスキームであり，ビジネスプロセスの効率性やコスト優位性は高いとしている。一方，中央集権的な組織であるため各地域の経営環境の変化への適応や各地域でのイノベーション創出などに課題が発生しやすい組織形態とも言われている。

### 3.2　インターナショナル型（母国中心の国際化）

　インターナショナル型は，本国のグローバル本社が戦略や方針の決定を行うものの，各地域の現地法人にある程度の責任と権限および裁量が与えられ現地の事情に応じた組織運営を行う組織形態である。グローバル型の現地法人は本国の戦略を実施するための組織であり，本国で開発された製品などを最低限のローカライズをして販売するという役割を担う。グローバル型と比較すると現地法人の裁量が大きいので現地での適応力を発揮しやすい反面，グローバル型と比較するとビジネスプロセスの効率性に課題を生じやすい組織形態と言える。

### 3.3　マルチナショナル型（複数母国化）

　マルチナショナル型は各地域の現地法人が独自の経営方針，経営資源で事業を運営し，地域や各国市場に対応した経営を行う企業の連合体という組織形態である。マルチナショナル型では，グローバル本社の現地法人への関与は最小限となり，現地法人が独自の戦略やコア・コンピタンスによって国や地域の特性に応じた製品・サービス展開，事業展開を行っていく。各地域の現地法人は各々の経営環境の変化に常に適応し機動性に優れている一方，グループ全体の調整機能に乏しくビジネスプロセスの効率性とイノベーションの横断的展開や知識の共有組織学習の面で課題が発生しやすい組織形態と言える。

### 3.4　トランスナショナル型（多元的な国際化）

　トランスナショナル型は，各地域の現地法人では現地に合わせた自律的な経

営が行われるが，現地法人同士の経営資源の調整などの面で連携しつつグループ企業全体の事業運営が行われる組織形態である。各地域の現地法人は親会社と子会社という階層というより相互依存するネットワーク型の組織運営となっており，それぞれがグループの中で差別化された役割を担い，共同開発されたイノベーションをグループで共有するというナレッジのマネジメントを行う事が意図されている。

　これらの分類をまとめると，グローバル型，インターナショナル型，マルチナショナル型は，効率性，学習力，適応力にそれぞれの組織の強み，弱みがあるのに対して，トランスナショナル型の組織はビジネスプロセスの効率性，イノベーションの創出や展開などの学習力，各地域の経営環境への適応力の3つの課題に対してバランスよく対応できる組織形態である一方で，他の組織形態と比較して組織マネジメントの相当な力量と管理コストが必要とされると言えるだろう。

　ボルボグループは，伝統的なスウェーデン鋼を生かした「世界一安全な乗用車」作りのメーカーとしての原点を持ち，世界初3点式シートベルトの無償特許公開など独自の地位を築いてきた。乗用車市場の競争激化でビジネスの「選択と集中」を選び，乗用車部門のボルボ・カーズの分離売却以降，商用車部門に特化した世界戦略の展開をスタートさせた。ボルボは商用車部門で世界のメインプレイヤーになるべく，欧州，北中米，日本それぞれの大きな市場で優良なパートナー企業を選定，買収してきた。それは世界規模で開発，調達，製造，販売の全てを1つのグループ企業としてマネジメントしビジネスの世界展開を行う足かがりを積み上げるためである。

　これらの経緯がスウェーデンにあるグローバル本社がM&Aで事業拡大をして来た構図である。組織デザインの成り立ちを見ると，当初は親会社であるボルボがM&Aによる株式取得後も，親会社と各子会社はそれぞれ持っていた組織を活かした状態が続いていた。しかしながら，ボルボグループとして既にトラックだけで5つのブランドを有することになったが，彼らはこの状態を'House of Brands'と称し，その状態に満足はしていなかった。それは「規模の経済」を中心にビジネスサイズとしての事業拡大では成果が出せたが，グ

図 8-3　ボルボグループの 2016 年中期経営計画（抜粋）

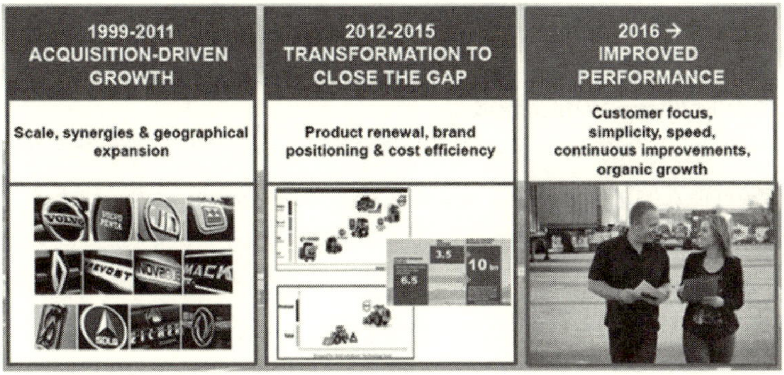

出所：2016 年 6 月 27 日ボルボグループ投資家説明資料から。

ループ企業全体が目指すべきブランディングが明確に出来ていなかったからである。

これまでのボルボグループの発展経緯を総括すると，ボルボグループが目指しているグループの企業グローバリズムはインターナショナル型を基本にしているが同時にトランスナショナル型を志向している。それはボルボという企業ブランド価値や総合力をグローバルマネジメントの中心にするのと同時に，それぞれ市場環境が異なる各地域で，製品ブランドのポートフォリオ戦略を行う事の具体化に他ならない。このインターナショナル型を基本としたトランスナショナル型のグローバル戦略がボルボの企業戦略の特徴である。1999 年から始まるボルボグループの国際化戦略は各地域の有力なパートナーを傘下にしてグループ規模を拡大する積極的な M&A であった。ボルボグループは 3 カ年毎の中期経営計画を策定，実行しそれは現在も継続している[5]。

## 4．ボルボグループの企業理念，ダイバシティ，グローバル人事制度

ボルボのインターナショナル型を基本としたトランスナショナル型のグローバル戦略の具体化には，企業理念のグローバルな浸透，各地域にあるグループ子会社のダイバシティの活用，そしてグローバルな HRM や人事制度はどうあ

るべきか？　この3点はボルボのグローバル戦略の実行に重要な要素である。以下にこの3点の特徴を考察する。

### 4.1　ボルボグループの企業理念

　ボルボグループは，社会・経済・環境側面における責任ある事業活動を通じて「持続可能な輸送ソリューションの世界的なリーダー」となることをビジョンとしている。さらに，このビジョンを実現するために，ボルボグループは企業理念に「品質」「安全性」「環境への配慮」を掲げている。そして国連グローバル・コンパクトなどの国際的な行動規範やステークホルダーとの対話を重視した活動を推進するとともに，「コンプライアンス」や「お客様満足」「サプライチェーンマネジメント」「人権・労働慣行」など，CSR（企業の社会的責任）を果たす上で重要な課題に関する原則や行動をまとめた「ボルボグループ行動規範」や企業文化を定義した「ボルボウェイ」を定め，世界中のグループ会社で共有している。これはスウェーデンにあるボルボグループ本社が統一した考ええ方を提示し一元化を図っている。オリジナルは英語であるが，世界の子会社の全従業員に対して，内容がより正しく理解され，本当にそこに共通した価値を見出し，浸透させる為に，18カ国語に翻訳され研修や職場教育が組み込まれている。更に重要な意思決定や日常業務への反映として企業理念や行

図8-4　ボルボグループの企業価値（抜粋）

出所：UDトラックス「2016年版サスティナビリティレポート」から。

動規範が重視されるマネジメントが進められている。

### 4.2 ボルボグループのダイバシティ＆インクルーシブネス

　グローバル企業だけでなく，多くの企業でダイバシティ（Diversity；多様性）を重要視している企業が増えている。ボルボグループでは多様性について，ダイバシティ＆インクルーシブネスという2つのキーワードをそれぞれに重要視している。日本の企業ではダイバシティと言えば女性の活躍や活用の促進をイメージしがちであるが，ボルボグループでは多様性についてダイバシティを以下のように明文化している。「ダイバシティとは，性別，性別認識，国籍，民族および人種，年齢，性的指向，宗教，政治に対する信条，社会的経済的地位，身体能力・知能など異なる背景や視点を有する人々のことを指す」として，そのような多様な人材を組織の基盤とするとしている。同時にインクルーシブネスについては「帰属意識であり自身の存在を尊重され評価されていると感じること，また能力を最大限に発揮できるよう，周囲から一定の支援と関与を感じとること」(Miller and Katz 2002)の実現をめざし，全ての人がそれぞれの能力を最大限に発揮できるような文化およびリーダーシップを築くこ

図8-5　ボルボグループのダイバシティ＆インクルーシブネス

出所：2014年ボルボグループ D&I ウィーク資料から。

ととして，企業文化として位置付けている。2012年の年頭挨拶で当時のボルボグループCEOは，「私たちはすべての違いを強みへと変えてゆく」とメッセージしグローバルレベルでの求心力の1つとなったと言われている。

ダイバシティ&インクルーシブネスのイメージについては，さまざまな色彩のスパイスの山々そのものがダイバシティであり，それをハーモニーさせ素晴らしいカレーを作り出す事をそれらの価値として研修や社内教育で共有を行っている。ダイバシティは継続的に進める必要があり，また各地域の差異を無くす目的から，ボルボグループではダイバシティ&インクルーシブネスの共通価値の共有の為，毎年9月，全世界の各拠点に同時に「D&Iウィーク」を定めて，ベストプラクティスの共有化など具体的な活動を行っている。

男女雇用の機会均等や性別に左右されない人材登用の表れとして女性従業員比率が指標の1つとなるが，ボルボグループの女性従業員比率は約17%である[6]。これは一般従業員クラスだけでなく，取締役会の女性役員比率も同17%値であり，同業他社と比較すると相当に高い比率と言える。また日本のUDトラックスも，ボルボグループ平均には及ばないものの，ホワイトカラー従業員では女性従業員比率11%であり，更に女性管理職は6.1%である。これは女性活躍企業で表彰される「なでしこ」銘柄の自動車産業トップの日産自動車7.7%についで2位であり，商用車企業ではトップとなっている[7]。

しかしながら，単に女性の数が増えれば，より企業や組織のパフォーマンスが上がる訳ではない。それぞれの職位や職場で本当に女性が活躍しやすい環境を整える事が，ダイバシティをマネジメントするという視点で求められるべき重要な事柄である。UDトラックスでは女性社員支援活動組織「WIN（ウーマン・インクルーシブ・ネットワーク）」を会社の正規な活動として女性社員のキャリアアップ支援強化を進めている。「WIN」の登録社員数は現在約180人。正規従業員だけでなく派遣従業員も参加できる組織である。就業時間中のセミナー実施が可能など会社の人事面でも配慮がされている。このWIN発足当初は元気な女性の有志による自主活動だったが，日本に赴任して来ているスウェーデン人の女性上級管理職のサポートとして後押しもあって活動が正規化された。現在WINは，主に女性社員のキャリアアップや女性社員の積極採用，管理職への登用を支援し社内の専門家や女性管理職を講師に招き，商品

知識やキャリア開発，ワークライフバランスなどに関するセミナーやワークショップを通じて，ダイバシティやインクルーシブネスに対する理解を深めて広めることを進める活動体とパイロット機能を担っている。更に特徴的なのは，このような活動に理解を示している男性の一般職や管理職もWINに参加している事である。男性の参加がWIN活動のレベルを上げ社内的な認知の向上にも有効となっている。また欧州，アメリカ，アジア等のボルボグループの他リージョンにも同様のWINが拠点毎にあり，それぞれ活動や課題に地域差があるものの，ネットワークを生かしベストプラクティスの共有など積極的なグローバル活動になっている。

### 4.3　ボルボグループのグローバル人事制度

　ボルボグループのグローバル人事制度を報酬体系，評価制度，キャリア形成の3つの視点から考察する。

　まず報酬体系であるが，UDトラックスではボルボグループのグローバル人事制度として，職務等級制度を導入している。職務等級制度とは，社員が過去から積み上げて来た属人的な能力要件ではなく，現在のその社員が担当している『職務』の内容を分析評価し，組織目的に照らした重要度や難易度によって報酬額（職務給）を決める制度である。ボルボグループでは，職務，職責（ポジション）の重さ（ジョブサイズ）をグローバル共通の評価ツールを用いて評価し，評価結果に基づいて各ポジションの報酬範囲（サラリーグレード）を設定，運用している。また全ての業務の職務規定：ロールアンドレスポンシビリティが明確になっておりレポートラインが明示されている。

　2つ目の視点の評価制度であるが，UDトラックスではボルボグループのグローバル人事制度として，ナイングリッドと呼ぶボルボグループのグローバル共通の評価軸を導入している。これは世界各地の地域性に左右されず，グローバルに同じ尺度を用いて全社員を評価するという企業グローバリズムの具現化と言える。更に各年度事に個人業務計画と業務実績の定期的のフォローする中で上司との面談の中でもグローバル尺度による評価とフィードバックが行われている。

　3つ目の視点はキャリア形成である。UDトラックスではボルボグループの

グローバル人事制度として VRO：ボルボリクルートメントオンラインという社内公募制度を導入している。これは原則，全ての組織変更や新規ポスト，増員ポスト，欠員の補充を含めて全ての空きポジションを全世界のボルボグループ社員に公平に公開し採用を行うオンラインシステムである。このシステムは常に 20 から 80 の求人案件を公開しており，社員は現在の勤務地域や職域に関係なく求人に対して応募できる。VRO の活用は現在の上司の了解等を得る必要がなく，また異動に際して現所属長はそれを阻止する権限を持っていない。あくまで社員ひとりひとりの就業に対する意思決定を尊重したシステムである。ボルボグループにおいては，キャリア形成は組織が個々人にレールを引いてくれるものではなく，自らが設計し業務経験を自ら深めながら昇進，昇格を狙ってゆく位置づけである。

　こうしたボルボグループの企業理念，ダイバシティ，グローバル人事制度，これらは全てボルボグループの企業グローバリズムの具体化である。前述したようにボルボグループはスウェーデンをベースにしたオリジナルな企業文化を持った企業が規模の経済の拡大を狙い，世界の様々な地域で M&A を繰り返しグループの総合力をつけてきた巨大な企業グループである。組織の強みを生かし総合力を発揮するには，ボルボグループの企業理念を明確に示し，浸透させ，多様性を強みにしながらも，地域差に左右されないグローバルに統一された人事制度の運営が必要であったと理解できる。

## 5．企業グローバリズムを日本企業に浸透させる組織デザイン

　ボルボグループのグローバリズムについて企業理念のあり方を含めた人的資源管理：HRM から考察してきたが，組織形成に不可欠な組織デザインについての検討として，ここではボルボのグローバル製品ポートフォリオのための組織デザインを考察する。複数のブランドを最大限に生かすためのグローバル製品ポートフォリオ戦略を支える組織デザインには 2 つの特徴がある。まず 1 つ目はグローバルに統一された機能組織である。スウェーデン本社の全体経営会議があり，その下にグローバル本社機能を持っている。各ビジネスユニットが

タテ割りの組織を作っており，地域毎の機能は無く常にセントラルと結びついたソリッドなレポートラインでロールとレスポンシビリティが定義されている。2つ目はシンプルなガバナンス制度と運用にある。月に2回，意思決定範囲のサイズによって会議体が分かれデシジョンコミッティーとステアリングコミッティで全てのグローバル案件がそこで審議，意思決定される。2週間前の提案書提示が必須であり臨時提案は禁止されている。このガバナンスレベルはビジネス規模によって明確化されており，ある範囲まではリージョンでのステアリングコミッティに意思決定をデリゲーションされている。更に規模の大小に応じて，各地域の子会社はプロジェクト単位で意思決定しており，セントラルとリージョンの意思決定のグローバルバランスの整合を図ろうとするプロセスが機能している。

　この組織デザインについて，ロバーツによる組織モデル：PARCモデルを用いてボルボのグローバル組織デザインを整理すると以下の指摘ができるだろう。

1）P：People：従業員はグローバル本社の企業理念やHRMの基本的な考え方に基づいて各地域の部門別HRによって中途入社社員を含めて社員採用されている。社内公用語が英語であり，業務および語学スキルが期待値に達していれば人種，性別の差異なく就労，処遇されている。社内公募制度が充実しており「人材の流動性」が高い。

2）A：Architecture：ボルボグループは，他の同業他社に比してフラットな組織構造になっており階層性が少ない。その組織構造が活かされる例として，R&D部門であれば，製品群毎のタテ割り組織がグローバルに1つ組織として用意され，AエンジンのB部品開発は欧州，C部品は日本，D部品はインドの分担に，たまたまなっているだけで，Aエンジン全体を進捗管理する場合は常に欧州，日本，インドでの合議が不可欠となっている。ITサポートが進み時間帯に関係なく自宅からPC経由でネット会議参加が出来るなどサポート体制は充実している。

3）R：Routine：ボルボグループではグローバル開発プロセスが統一化され，全ての開発関連資料フォームとデリバティブと呼ばれるアウトプット内容

が規定されており，全拠点にそれが徹底されている。プロセス重視でありグローバルな業務品質の確保とスケジュール管理が可能になっている。プロジェクト予算，部門予算とも目標管理が厳格で，いわゆるヤリクリについても意思決定ルールが明確に定められている。
4）C：Culture：ボルボグループの企業文化は，コーポレートとしてのビジョンとベーシックな行動規範としてのボルボウエイに基づいている。企業価値の尊重，的確な意思決定の姿勢，行動指針と規範が明確にされ，これを守り育てる事がボルボの仕事だと定義され尊重されている。これがステークホルダーである全従業員や株主，ビジネス関係者に共有され経営戦略や企業行動のベースとなっている。更に多様な人材を内部に持つ事をリスクではなく，強みとして最大限に発揮するためのダイバシティマネジメントがなされ，これがボルボグループのHRM戦略の具体化と言える。

　UDトラックスは日本の自動車産業の一員として発展してきたが，様々な経緯を経てボルボグループの一員となった。経営トップが変わりボルボグループに統合され，彼らの企業グローバリズムを受け入れつつある。しかしながら，既にM&Aから7年が経つが，全てが予想されたような状況にはなっておらず，特にHRM領域では課題が多く残っている。その根本的な原因には日本的経営の特徴が関わっていると考えられる。日本的経営の特徴として特に組織内部からの視点では終身雇用，年功序列的賃金体系，そして企業別労働組合があげられる。これらは第二次世界大戦での敗戦から日本経済を大きく復興させ世界でもトップクラスの経済発展を成功させた要因の1つと言われている。終身雇用は従業員の身分保障による安心感と，会社の収益向上が自らの生活向上に直結するという目標の一致により，組織の安定や組織を大事にする忠誠心の向上に寄与してきたと言える。年功序列的賃金体系は長期安定的な人事労務管理を可能にし，報酬の体系と組織の階層性の関係を明示しており，長い期間1つの会社で勤め上げることが組織の中で働く意味を高めてきた。また企業別労働組合は産業別労働組合と異なり，労使対決よりも労使連携を促し，企業活動の協調，協働という労使が苦楽をともにする関係を高めて来たと言われている。
　UDトラックスに限らず多くの外資系企業で起きているHRM課題の1つ

に，優秀な中途入社社員が定着しないという問題がある。特に欧米をはじめとした他の文化圏に親会社があるグローバル企業に，'外資系ならでは' の自由闊達な企業文化とマネジメントに期待して中途で入社してきた人材が，古参の管理職や従業員が持っている独特な「終身雇用重視の先入観」によって見えない硬直性を持った組織に馴染めず，結果的に阻害感を持ったまま退職してしまうケースである。これは社員，個々人の就労意識を重視するグローバル企業としての方針が明示されているものの，充分な影響力にはなっておらず，古参の従業員のマインドセットならびに組織の漠然とした硬直性には効果が限定的であることをうかがわせる。評価制度の運用に際しても，年功序列での評価マインドが強い古参のマネージャーの中には，グローバル基準での報酬制度や評価制度の運営のあるべき姿を理解はしても実行に消極的という側面がある。これは年功序列での評価マインドが変わりきれていないとも言える。これは中堅の中途社員のトピックスとは限らず，親会社から派遣された上級職や親会社と地域小会社との意思疎通についても弊害を生む遠因となっている。グローバルな改革のスピードが遅い，悪い情報が上部にスムースに上がらない，社内にある二重三重の非公式な人的ネットワークの存在などが課題となっている。

またダイバシティについても，女性の就業比率が高いものの，本当に女性が活き活きと活躍できているのかについて課題が多いと思われる。制度的にはスウェーデンの労働環境が基本的に反映された男女区別のない条件整備がなされ，ワークフロムホームや転勤時の充分なサポートが準備されている。一方で，ハイキャリアを目指す女性人材が増えない，あるいは管理職になった以降に日本的な管理職集団の中で孤立してしまう，などここにも日本的経営の特徴に関わる現象が出ている。

VROとして定着しているボルボグループの画期的な社内公募制においても人材開発と組織運営の面では，属人的な継承に頼らずにどうすれば技術やノウハウを組織に継承してゆけるかが問われている。従来の終身雇用と年功序列的賃金体系は結果的に強い組織，技術を継承できる組織作りに寄与できていた。いわゆるピラミッド型の組織形態をとった職能制組織であり，これは経営目標を各組織の活動目標にブレークダウンし，経営トップの意志決定とミドルマネージメントの適正な権限委譲を可能にした。各組織が淡々と効率的に仕事

を行うさまは官僚制と同様であり，効率の向上を生産性の源泉とする企業運営にフィットしていた。この組織は新入社員がOJTで仕事を覚えながら，ローテーションを重ねて1ステップずつ組織の上位に上がってゆく方式の人材開発を可能にする。これは終身雇用による従業員の身分保障の安心感と，会社の収益向上が自らの生活向上に直結するという目標の一致により，組織の安定や組織を大事にする忠誠心の向上に寄与して来た。これは企業が持っている組織ケイパビリティを組織的に強化する状態と言え，年功序列の賃金体系と合わせて長期的の組織の安定と階層性の位置づけを明らかにした組織だったのである。

これらのことから，ポスト・グローバル化を考える上で少なくとも欧米発のグローバル企業が日本のような独特な経営環境を持った地域に進出した場合の長期的な課題はHRMに関わる領域に発現されやすく，その課題解決には日本的経営の特徴を充分に把握しマネジメントしてゆくべきとのインプリケーションが考えられる。これらの解決には，真に課題の所在を明らかにし解決できるグローバルな組織を俯瞰できる強力なグローバルリーダーシップが必要と言えるだろう。

【注】
1 帝国データバンク 外資系企業動向調査：http://www.tdb.co.jp/report/watching/press/pdf/p140202.pdf（2014年2月6日）
2 AB Volvo publishes 2014 Annual Report：http://www.volvogroup.com/group/global/en-gb/_layouts/CWP.Internet.VolvoCom/NewsItem.aspx?News.ItemId=149562（11/03/2015）
3 日経ビジネスオンライン竹内社長インタビュー：http://business.nikkeibp.co.jp/article/world/20101108/217003/?rt=nocnt（2010年11月17日（水））
4 Volvo group press release：http://www.volvogroup.com/group/global/en-gb/newsmedia/pressreleases/_layouts/CWP.Internet.VolvoCom/NewsItem.aspx?News.ItemId=145913&News.Language=en-gb（22/01/2014）
5 Volvo Group Investor Update：http://www.volvogroup.com/group/global/en-gb/newsmedia/event_calendar/_layouts/CWP.Internet.VolvoCom/EventItem.aspx?News.EventId=151655&News.Language=en-gb（27/06/2016）
6 Volvo Corporate Governance Report 2012.
　THE VOLVO GROUP ANNUAL REPORT 2013.
7 2014年労働諸条件調査（日本自動車工業会 2014/7/1）より。

【参考文献】
加護野忠男・山田幸三・長本英杜（2014）『スウェーデン流グローバル成長戦略』中央経済社。
バートレット，S.＆ゴシャール，S.『地球市場時代の企業戦略―トランスナショナル・マネジメント

の構築―』吉原英樹監訳,日本経済新聞社。
ロバーツ,J.(2005)『現代企業の組織デザイン―戦略経営の経済学―』谷口和弘訳,NTT 出版。

【参考資料】
Volvo Corporate Governance Report 2012.
THE VOLVO GROUP ANNUAL REPORT 2013.

【ダイバーシティとインクルーシブネスについて】
Miller, F. and Katz, J. (2002), *Inclusion Breakthrough: Unleashing the Real Power of Diversity*, BK Publishers, Inc.

【さらに学びたい人のために】
Reich, B. S, Stahl, G. K., Mendenhall, M. E. and Oddou, G. (eds.) (2016), *Readings and Cases in International Human Resource Management and Organizational Behavior* (6th edition), Routledge.
白木三秀(2014)『グローバル・マネジャーの育成と評価:日本人派遣者 880 人,現地スタッフ 2192 人の調査より』早稲田大学出版会。

# 理論＆用語解説

【理論】
## 雇用システム論
　企業を社会の中心に位置する存在と考え，その雇用管理の形態は企業外部の社会制度，とりわけ労働市場に関連する制度と密接に関連付けられる，企業による社会制度の実行として理解する。企業が採用する生産の様式と技能形成の様式が，外部社会における取引と教育の制度と相互関係にあるとして注目する。この生産と技能形成の内容を比較することによって，各国間の制度の相違を明らかにする。

## 人的資源管理論
　企業目標の達成に向けて必要な人材を調達，管理するための経営管理論。雇用管理，報酬管理，労使関係管理の3領域に分かれ，それぞれ採用，配置，昇進，評価，退職，能力開発，賃金，福利厚生，労働時間，労使関係などの下位領域に関する様々な方法論とその背景理論を含んでいる。

## キャリア論
　個人が就業を通じて経験する職務の連鎖がキャリアであり，その連鎖の在り方が個人の心理や発達，行動，ライフスタイルとどのように関連するのかとキャリアの在り方が企業社会や労働市場の状況によってどのようなパターンを示すかについて研究する諸領域から構成される。シャインによるキャリア発達の理論が代表的である。

## 国際人的資源管理
　人的資源管理を国内のみならず海外で展開する子会社を含めて検討するための理論。企業の多国籍化とともにグローバル人的資源管理論とも呼ばれる。採用から退職，福利厚生などの人的資源管理論が持つ機能領域はほぼ同じであるが，より複雑な事業構造を持つ多国籍企業に合わせて内容も多様化する。特に注目する論点が，本国から海外に派遣される海外派遣要員（エクスパトリエイツ）の管理や活用，海外子会社で採用された人員を含めたグローバル人材育成，本社由来の人事管理の子会社ホスト国環境とのバランスなどである。

【用語】
## 企業内労働組合
　労働組合とは労働者の自発的に組織する団体で，組合員の経済的地位向上のために，経営者と交渉するもの。労働組合法によってその権利や機能が規定される。救済の申し立てなど法律の養護を受けようとする場合には，国や地方自治体の機関である労働委員会の審査を受けて労働者の代表団体としての妥当性が認められる必要がある。労働組合のメンバーを同一企業の従業員に限定する場合，企業内労働組合と呼ばれる。

## 春闘

春季賃金闘争，春季生活闘争などと呼ばれる，企業の代表者と労働組合の代表者による団体交渉。賃金のみならず，労働時間，休暇制度などについても交渉する。交渉の時期が毎年春にあたるためこのような名称がついている。最終的な交渉はそれぞれの企業の経営者と労働組合の間で妥結するが，その標準的な数値や闘争の方針などについて，上部団体である組合の連合団体などの指示や指導を受ける。自動車労連など産業別の上部団体がある。そうした上部団体の連合体として，頂点に位置するのが連合であり，連合は民主党を支援して政策決定にも参与する。そうした意味で春闘は労働に関する社会全体の利害調整に大きなインパクトを持つ。

## 組織社会化

個人が組織の価値意識を内面化し，詳細な命令を受けずとも組織において望ましいとされる行動をとるように学習するプロセスを指す。組織社会化が進むには，組織において望ましい価値や行動が明確に示されていること，その価値意識や行動パターンの学習に際して職場のメンバーの支援があることなどが望ましいと指摘される。

## コンピテンシー

組織における高業績者の行動を観察し分析して，好業績を導き出す具体的知識・技能や行動パターンを明らかにしたもの。具体的な内容を明記したコンピテンシーディクショナリーを作成することが望ましいとされる。一方でコンピテンシーは今までの成功について行動をパターン化するものであるから，業務内容と密接に関連する。また過去の実績を分析したものであり，時間の経過や環境変動に伴って陳腐化する可能性がある。

## 成果主義

労働者の処遇が過去の実績によって変動する仕組みのこと。一般には賃金の決定基準として利用される。成果主義を実施するためには過去の実績が明確に表現されることが必要であるため，目標管理制度などを用いて実績の数値化をすることが多い。労働者が作業の内容や方法を厳格に指示されるような場合には，成果の状況が指示の適否によるのか本人の実行によるのかが議論になりやすく，成果主義には適さない。そのため成果主義の導入には個人の工夫や判断の余地が認められる業務が優先される。具体的には経営管理職層から導入されやすい。

## ワークライフバランス

厚生労働省の定義では「仕事と生活の調和」と訳され，「国民一人ひとりがやりがいや充実感を持ちながら働き，仕事上の責任を果たすとともに，家庭や地域生活などにおいても，子育て期，中高年期といった人生の各段階に応じて多様な生き方が選択・実現できる」ことを指す。従来は女性の子育てに伴う問題の検討とともに用いられることが多かったが，最近は学習や趣味の時間の確保，介護問題などから男女ともに保障されることが論点となっている。

# 第3部
# 「よい会社」の探求：
# コーポレート・ガバナンスとCSRを評価軸として

# 第9章
# 経営哲学と「よい会社」

## 1. 経営哲学と企業経営

　経営哲学は,「経営」(management) と「哲学」(philosophy) とを組み合わせた言葉である。「経営」には, 企業や組織を管理することという行為, 企業や組織を管理する人という主体, 経営学という学問の意味がある。「哲学」には, 基本的な考えを意味する理念, 自分自身の経験などから作りあげた人生観・世界観, 世界や人生の究極の根本原理を客観的・理性的に追究する学問などの意味がある。それゆえ, 経営哲学は, 企業の理念, 経営者の経営理念, 経営学の世界観, 企業家の人生観, 経営者倫理, 企業倫理に関係することになり,「企業はなぜ事業活動を行うのか」という問いに応えようとする学問になる。

　経営理念や企業理念については, 1970年代より, 経営史や経営学においても注目されている。当時, 企業活動の多角化や国際化が進展したこともあり, CI (Corporate Identity) 戦略として, 社名やロゴの変更, 企業理念やコーポレート・スローガンの見直しが行われている。たとえば, 日本電気株式会社は, 1977年に "C&C" (Computer & Communication) というコーポレート・スローガンを示し,「コンピュータと通信の融合」を新たな事業領域として, パーソナル・コンピュータ事業へ進出する。経営理念は, 経営者が公表した信念であるばかりでなく, 企業の事業領域を示すものでもある。

　「企業はなぜ事業活動を行うのか」という問いに対して, 一般的な経済学や経営学の見方からは, 経済的な利益を追求し, その最大化を図るためと答えることが少なくない。企業倫理の観点からは, 完全な合理性や倫理性を有する

ような人間観ではなく，合理性も倫理性も限定された，不完全で多面的な人間観に立脚して答えることになる。「限定合理性」(bounded rationality) は，サイモンが『経営行動』において提唱しているが，「限定倫理性」(bounded ethicality) は，ベイザーマンらの行動倫理学者により，『倫理の死角』において提唱されている。「限定倫理性」は，倫理に関する認識の視野が限定されていることを意味し，そのため，倫理的に行動しようという意図のある人であっても意思決定の倫理的な意味合いに気づかなくなるというのである。個人は，「身内への贔屓」「日常の偏見」「自己中心主義」「未来への影響の軽視」などにより，論理的に考える前に判断してしまい，倫理的に行動しようという意図を有しながらも，倫理的に行動することができないというのである。

　企業倫理については，エプスタインが『企業倫理と経営社会政策過程』において指摘しているように，「企業に一般的な倫理原則や倫理的分析を行なう倫理学の特定の応用分野であり，一般に認められた社会的価値観にもとづき，企業活動の通常の進行過程における企業主体（個人および組織体）の制度・政策・行動の道徳的意義に関して行なわれる体系的内省」である。従って，企業倫理は，経営者や企業が経済的意義ばかりでなく，社会的意義や倫理的意義の観点から，事業活動について評価を行うことである。

　経済学や経営学においては，その分析において企業や事業活動を複雑なものとはとらえずに，「企業はなぜ事業活動を行うのか」という問いに対して，経済的な利益を得るためと答えることになる。ノーベル経済学賞を受賞したフリードマンのように株式会社の経営者の社会的責任が，株主のために利益を最大化することであるとされることもある。しかしながら，利潤の追求が企業の目的であるとするものであっても，短期的な利潤の追求や株主利益の最大化などをあげるものもあれば，市場における長期的な企業価値の最大化，物的資産ばかりでなく無形資産やステークホルダーとの良好な関係などを含む「組織富」の最大化をあげるものもいる。さらには，利潤は，事業活動の結果であるとして，企業の目的は，商品の生産・販売という事業活動そのものであるという見方や事業活動を通じた社会貢献であるという見方もある。

　前者のような企業の目的であれば，定量的で客観的な評価ができるが，一面的で単純な評価にもなりうる。後者のような見方は，その評価は複雑化す

るが，それは，組織を構成する人間の複雑さを反映したものでもある。米国では，ストックオプション等の報酬制度から経営者の利益と株主の利益を結び付けることが1960年代より広く行われ，ROI（投下資本利益率）やROE（株主資本利益率）が経営指標として重視され，理論のみならず経営実践の中においても，企業の目的は，株主利益の最大化であるとする主張も行われている。

　これらの主張は，経営者に「株主の利益か，ステークホルダーの利益か」というような，両者の利益をトレードオフの関係のように捉えさせる。単純に考えると，経営者は，株主の利益を増やすために，従業員の賃金を引き下げ，顧客に販売する価格を引き上げることになるからである。しかし，20世紀初頭ではあるが，「高賃金・低価格・高利潤」を掲げて，経営を行ったフォードのような企業家もいる。フォードは従業員が自動車を買えるように賃金を引き上げ，彼らが買えるように自動車の価格を下げれば，自動車が売れ，利潤も増えると考えたのである。そうした中で，2007年，フリーマン等は，『利害関係者志向の経営』を著し，企業の活動は，様々なステークホルダーとの相互作用であり，企業はすべてのステークホルダーのための価値を創造することができるとした。

　『利害関係者志向の経営』は，経営者，経営専門職大学院の学生などへのインタビュー調査，経済誌などで紹介された事例に基づき，著されたものである。経営者が唯一のステークホルダー集団の利益のみを最大化しようとすると，その集団と他の集団の利益をトレードオフの関係とみなすことになり，すべてのステークホルダーのための価値を創造しようとしなくなるというのである。「株主の利益か，ステークホルダーの利益か」というようなトレードオフの関係に捉えることにより，経営者は，「あれか，これか」の判断をするのみとなり，「株主の利益も，ステークホルダーの利益も実現する」ための方策について思考することを停止するからである。

　それゆえ，フリーマン等は，経営者に対して「ステークホルダーを中心に置く思考様式」への転換を求めている。これは，株主もステークホルダーの1つであるので，株主の利益を実現することを否定するものではない。さらに，フリーマン等によれば，経営者は，企業にとって不快な批判であっても，それを事業に関する価値ある洞察やイノベーションの源泉と見ることができるとし，

ステークホルダー・ダイローグやステークホルダー・エンゲージメントなどにより，ステークホルダーと意見交換を行い，協調することを求めている。環境保護を求める人々が自動車の環境に与える負の影響を批判したから，環境に優しいエコカーの開発が行われたのである。

『利害関係者志向の経営』において，経営者はステークホルダーを「株主」「顧客」などの集団として抽象化することなく，人間そのものとして見なすことが求められ，企業を中心に各種のステークホルダー集団を位置づけるような，企業とステークホルダーとの単純な相関図ばかりでなく，名前や顔のある個々のステークホルダーを捉えることが求められている。個々のステークホルダーは，複雑な感情を有し，単純にステークホルダーを理解しようとすると，対応を誤ることが起こるからである。

また，企業には事業部や事業所があり，さらに購買や営業などの部門や支店や工場がある。そのため，企業とステークホルダーとの関係もより複雑なものとなる。しかも，企業の活動は様々なステークホルダーとの相互作用であり，企業はすべてのステークホルダーのための価値を創造することが求められる。様々なステークホルダーとの相互作用がある中で，経営者は株主の利益のみを最大化すればよいと考えてしまえば，すでに市場で一定の評価がある商品を有していると考えれば，顧客のためによりよい品質の製品やサービスをより低価格で提供することを重視しなくなる。

フリーマンは，2010年に，ハリソン等と『ステークホルダー論』を著し，その中で，価値創造と取引に関する問題，資本主義制度の倫理に関する問題，経営者の思考様式に関する問題を指摘している。価値創造と取引に関する問題とは，激しく変化する社会の中で，企業がどのように価値を創造し，どのような取引を行うかという問題であり，資本主義制度の倫理に関する問題とは，「企業の領域」と「倫理の領域」とを分け続けることができるのか，また，概念的にも実践的にも「企業」と「倫理」とを統合的に理解することはできるかという問題である。経営者の思考様式に関する問題とは，経営者が日常的な意思決定を行う際にどのように事業活動と倫理をまとめる思考様式を応用できるのか，また，株主中心の思考様式からステークホルダー中心の思考様式への転換ができるかという問題である。

そうした問題の中に「分離の誤謬」の存在を指摘し，それを回避するために「統合命題」を示している。「分離の誤謬」とは「企業と倫理は両立しない」というように事業活動と倫理的な事柄とを分けて，それぞれ別々に考えてしまうという誤りを犯すことである。「統合命題」は，企業経営と倫理とをまとめて同時に考えることができることである。フリーマンは，問題解決のための万能薬というよりは，最悪を回避するためのものとして，「協力の原則」「共創の原則」「責任の原則」「複雑性の原則」「持続的創造の原則」「競争発生の原則」から成る，ステークホルダー資本主義の原則を示している。

協力の原則は，価値が創造され，取引され，それが維持されるのは，ステークホルダーが，それらを維持しようと互いに自発的に企業や他のステークホルダーと協力し，互いの必要と希望を充たすことができるというものである。共創の原則は，企業がステークホルダーと共創して，価値を創造し，それを維持しなければならないというものである。ほとんどすべての企業の取引には，顧客，納入業者，取引先，コミュニティー，従業員，金融業者が係り，メディア，市民社会の代表，NGOなどの他のステークホルダーは価値創造から影響を受けたり，それに影響を与えたりすることになる。

責任の原則は，価値創造や取引に関わる，契約の当事者が自分たちの行動の結果に対する責任を進んで受け入れることを意味する。ここでの契約の当事者とは，企業とステークホルダーのことである。第三者を傷つけた時，彼らは補償しなければならないし，新しい契約を結ぶときには影響を受けるすべての当事者と交渉しなければならないことになる。複雑性の原則は，人間が複雑な精神をもった生き物であることを意味する。ステークホルダーは，こうした複雑な人間であるが故に，多くの様々な価値観と視点から行動できる。また，諸個人は社会的な状況の中にあり，個人の価値観は社会的文脈と関連することになる。

持続的創造の原則は，制度としての企業が価値創造の源泉であり，ステークホルダーとの協力と価値理念に動かされ，企業人は持続的に新たな価値の源泉を創造することになることを意味している。競争発生の原則は，自由な社会では，競争が発生することを意味する。企業間の競争が存在することにより，ステークホルダーは企業やその活動の成果を選択できる。企業間の自由な競

争は，資本主義の特質でもある。フリーマンは，ステークホルダーの見方を経営者が経営実践に応用できる理論として展開したばかりでなく，ステークホルダーと企業との関係を資本主義社会のあるべき姿と関連させて，ステークホルダー資本主義という考え方を示したのである。

　加護野忠男も，『経営の精神』の中で，資本主義社会のあるべき姿を示し，経営の理論を展開している。加護野は，資本主義社会が自由な意思をもとに自利を追求し，自分自身の損得判断を合理的に行えるゆえに，営利精神を不可欠とするものであるが，それだけでは，社会は成立しないとしている。自分自身の利益をもとに考えようとする営利精神に加えて，市民精神，企業精神が必要になる。市民精神は，社会の秩序を尊重し順応しようとするものであり，社会の構成員すべてに求められるものである。企業精神は，企業家や経営者に求められるものであり，既存の秩序を超克し，イノベーションを行おうとするものである。営利精神があるゆえに，自利を基準にして合理的な判断を行うことになるが，それだけでは，取引相手や社会からの支持が得られなくなるので，市民精神が必要になる。しかしながら，市民精神だけでは，企業や社会が停滞することになり，新しいことを行おうとする企業精神が必要になる。3つの精神の間で時間的バランスと空間的バランスをとることが，社会から支持されながら，新しいものを生み出す事業活動には求められることになる。

　経営哲学は，企業はなぜ事業活動を行うのかという問題に対して，企業家や経営者が利潤の追求のみならず，社会を豊かにすることや人々の暮らしをよくすることなど，様々な理念から事業活動を行うとする。そうした見方により，事業活動の結果の評価は，より複雑になるが，倫理と事業活動は別のものであるとするような「分離の誤謬」を回避することができる。ノーベル経済学賞を受賞したセンも，倫理と事業活動とに明確な違いはないとしている。それでは，より多くの利益を上げていることだけが「よい会社」の条件ではないとしたら，他にどのような条件があるのか，次節において考察する。

## 2.「よい会社」の条件

　「よい会社」とは何かを巡る議論として，まず，1980年代のピーターズとウォーターマンの『エクセレント・カンパニー』を挙げることができる。その原題は，In Search of Excellence で，直訳すれば，「卓越性の探求」ということになる。ピーターズとウォーターマンは，ヒューレット・パッカード，P&G，ジョンソン&ジョンソン，3M，GE，IBM，マクドナルド，ダウ・ケミカルなどを取り上げ，「エクセレント・カンパニー」の条件として，「行動の重視」「顧客に密着する」「自主性と企業家精神」「ひとを通じての生産性向上」「価値観に基づく実践」「基軸事業から離れない」「単純な組織・小さな本社」「厳しさと緩やかさの両面を同じに持つ」を指摘している。「エクセレント・カンパニー」は，その目標を利益の追求ではなく，良い品質や顧客への公平な対応，信頼と支援的な態度で従業員に対応することとしているのである。

　コリンズとポラスは，1995年の『ビジョナリー・カンパニー』の中で，3M，アメリカン・エキスプレス，ボーイング，GE，IBM，ジョンソン・エンド・ジョンソン，マリオット，メルク，P&G，ソニー，ウォルト・ディズニーなどを「ビジョナリー・カンパニー」としている。具体的には，以下のような企業である。それらは，1950年以前に設立され，業界で卓越した企業であり，見識のある経営者や企業幹部の間で，広く尊敬されている会社である。消えることのない足跡を社会に残しながら，最高経営責任者（CEO）が世代交代しつつ，設立当初の主力商品のライフサイクルを超えて繁栄している企業である。これらの企業の多くは，メルクが「医薬品は利潤のためではなく人々の健康のために」としているように，創業以来変わることのない基本理念を重視し，必ずしも利益の最大化を企業の目的とはしていないのである。

　カンターは，「グレート・カンパニーの経営論」の中で，「グレート・カンパニー」について経済的制度というより社会的制度として自社を位置づけ，財務上の利益と公益のバランスを図り，株主以外のステークホルダーからも称賛される行動をとる企業としている。具体的には，「財務の論理」のみならず「制

度の論理」にも焦点を当て，持続可能な経営を行っている企業で，社会の価値や人間の価値観を意思決定の基準としている企業である。「グレート・カンパニー」が「制度の論理」に従う際，「共通の目的」「長期的視点」「感情的な絆」「公的組織との連携」「イノベーション」「自己組織化」という原則に従うことになる。

　「共通の目的」とは，社会貢献活動などを通じて目的や価値観にコーポレート・アイデンティティを確認させ，従業員に目的を共有させることである。これにより，企業に一貫性が生まれ，変化や不確実性が緩和できる。「長期的視点」は，財務上の短期的利益を獲得する機会が組織の価値観と両立しない場合には，損失を出すことをいとわず，コーポレート・アイデンティティや評判を考慮した経営を行うことである。「感情的な絆」は，組織の価値観を伝えることで，従業員に前向きな感情を引き起こし，同僚間でも影響し合うことである。

　「公的組織との連携」は，企業が自社の利益のみならず，社会の利益を考慮して，社会問題に取り組む際に，政府などとパートナーシップを結ぶことである。「イノベーション」は，財務上の利益を実現する以上の目的を達成するために，「オープン・ソース・イノベーション」を実現し，従業員に自社や個人の価値観を体現させることである。「自己組織化」は，企業から信頼されている従業員が企業の規則や仕組みだけでなく，自分たちの考えや判断の下で，様々な活動を行うことである。これは，「共通の目的」が存在するゆえに可能になる。このように，カンターは，企業を社会的制度と見なし，財務上の利益のみならず，社会的目的も達成する企業を「グレート・カンパニー」としているのである。

　マッキーとシソーディアは，『世界でいちばん大切にしたい会社』において，「コンシャス・カンパニー」の考え方を示している。「コンシャス・カンパニー」とは，「コンシャス・キャピタリズム」の精神を持った企業のことである。「コンシャス・キャピタリズム」とは，あらゆるステークホルダーにとっての幸福と，金銭，知性，物質，環境，文化，社会，情緒，道徳，あるいは精神的な意味での様々な種類の価値を同時に創り出すような，進化を続けるビジネスパラダイムのことである。

「コンシャス・キャピタリズム」には，図 9-1 のように「自社の存在意義」「ステークホルダーの統合」「コンシャス・リーダーシップ」「コンシャス・カルチャー／マネジメント」という 4 つの柱がある。「自社の存在意義」とは，企業に明確な存在目的があり，企業のコアバリューが共有されていることである。「自社の存在意義」により企業は 1 つになり，より高水準なものへと押し上げられる。企業は，自社の利益のみを追求する考えから脱却し，ステークホルダーの自社に対するエンゲージメントを向上させることになる。

「ステークホルダーの統合」は，ステークホルダーの一人一人が依存し合っていることを認識し，ステークホルダーをまとめることである。企業は，すべてのステークホルダーの価値の最適化を目指し，企業と個別のステークホルダーとの間にトレードオフの関係ができそうになると，両者がともに利益を得られるような「ウィン－ウィン」となる解決法を模索し，葛藤を乗り越えステークホルダー間の利害の調整を図ることになる。

「コンシャス・リーダーシップ」は，変化と変革を促す力であるリーダーシップが効率性の高さと実践力であるマネジメントと調和しているものである。「コンシャス・カンパニー」には，こうしたリーダーシップを持った「コンシャス・リーダー」が必要になる。「コンシャス・リーダー」には，共感力が不可欠であるが，システム知能を高め続けることが必要になる。システム知能とは，関係性を見る知能で，ステークホルダーとの相互関係の中で物事を考える訓練を積むことで高めることができ，物事を認識し，関係性を見出す際

図 9-1 コンシャス・キャピタリズムの 4 つの柱

出所：以下を参照して，筆者作成。マッキー，シソーディア (2014)『世界でいちばん大切にしたい会社』55 頁。

に，大きな視点から見ることを可能にするものである。

「コンシャス・カルチャー／マネジメント」は，「コンシャス・カンパニー」に根付いている企業文化と，その文化を守りつつ，機能の分散，権限移譲，協力をベースに経営する手法のことである。「コンシャス・カルチャー」は，会社の内外から信頼され，そのために，ステークホルダーに対する説明責任を重視するような企業文化である。すべてのステークホルダーに対して思いやりがあり，透明性が高く，真実を述べ，公平な取引を行う誠実さがある。それゆえ，すべてのステークホルダーと会社との間に忠誠心が見られるようになり，誰もが平等に尊厳と威厳をもって扱われるような文化となる。

「コンシャス・マネジメント」は，「自社の存在意義」「ステークホルダーの統合」「コンシャス・リーダーシップ」と矛盾することなく，行われるものである。意思決定や権限を分散し，分権化を進め，エンパワーメントにより，仕事のやり方を決める権限を従業員に移譲し，一人一人が考えて行動する自由を認める。従業員は全員クリエイターやイノベーターとして，イノベーションを生み出すよう取り組むようになるが，そこにおいては，協力の文化が重視される。「コンシャス・カンパニー」の経営者は，従業員の貢献を引き出すよう，個々の従業員がその情熱，想像力，主体性を活かす価値のある職場環境を作るように取り組むことになる。

「コンシャス・カンパニー」は，明確な存在目的の下で，顧客・従業員・サプライヤー・投資家など，企業に関与するステークホルダーすべてと相互作用のある関係を作り出し，経済的な価値のみならず様々な価値を創造し，組織の構成員が自ら学び，成長し，進化し，自己管理し，自己実現できる企業である。

カールガードは，『グレートカンパニー』の中で，「グレートカンパニー」をイノベーションが自然に行われる，成功し続ける企業としている。企業が成功し続けるには，図9-2に示されているように，「戦略的基盤」，「ハードエッジ」，「ソフトエッジ」が必要になる。「戦略的基盤」は，企業の存続に不可欠なものであり，戦略のない企業は淘汰される。市場，顧客，競合他社について，よく考慮した上で，自社の競争優位を高めるような戦略を立案することが重要になる。「ハードエッジ」は，数字で表すことができるもので，スピー

### 図 9-2　企業の長期的な成功の三角形

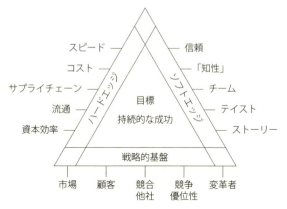

出所：以下を参照して，筆者作成。カールガード（2015）『グレートカンパニー』19 頁。

ド，コスト，資本効率などで，これらを管理し，企業の実行能力を高めることになる。

「ソフトエッジ」は，ROI などのように数字で表すのが難しく，多くの会社で無視されたり，十分な予算が割り当てられず，CEO や取締役会長から話題にするのも嫌われるものである。しかし，それは，信頼関係の構築，経験から学び取れる知性，柔軟でスピードのあるチーム，データで計れない感性，ブランドのイメージを高めるストーリーという，企業の持続的優位を支える 5 つの条件である。企業は，「ソフトエッジ」を大切にすることで，数字では表せない事柄について，企業の内外で「対話」を活発にすることができ，「対話」を通じて，優先事項を決めることができるばかりでなく，確かな価値観を企業内に浸透させることもできるようになる。カールガードは，企業が成功し続ける条件として「戦略的基盤」，「ハードエッジ」，「ソフトエッジ」のバランスが維持されていることを主張しているのである。

「エクセレント・カンパニー」「ビジョナリー・カンパニー」「コンシャス・カンパニー」「グレート・カンパニー」など，様々な名称で「よい会社」の条件について考察されているが，それは，決して単純なものではない。経済的利益の側面ばかりでなく，「基本理念」，「価値観」，「自社の存在意義」という表

記ではあるが，経営哲学が重視されることになる。経済同友会は，2003年の『第15回企業白書』の中で，「理念とリーダーシップ」，「マネジメント体制」，「コンプライアンス」，「ディスクロージャーとコミュニケーション」からなる「コーポレート・ガバナンス」の項目と，「市場」，「環境」，「人間」，「社会」からなる「企業の社会的責任」の項目により，企業を評価することを提唱している。これは，経済性のみならず，社会的責任や理念などの事柄を評価するものである。次節において，CSR（corporate social responsibility；企業の社会的責任）とコーポレート・ガバナンス（corporate governance；「企業統治」と表記されることもある）について，取り上げる。

## 3．CSRとコーポレート・ガバナンス

　経済同友会の『企業白書』では，CSRは，「市場」，「環境」，「人間」，「社会」に関わるものとされていたが，それは，企業の社会に対する責任である。社会は人間により構成されるが，社会は自然環境の中にあり，また，社会の中には様々な市場が作られるからである。しかしながら，CSRを企業の社会に対する責任と捉えることについて，フリーマン等は，『利害関係者志向の経営』において，「社会」という言葉に曖昧さがあり，誰に対する責任かが曖昧となるために，CSRを企業の社会的責任とするのではなく，企業のステークホルダーに対する責任とすることを提唱している。

　フリーマン等によれば，CSRは，企業がとった方針を社会的背景の中でモニタリングする上で有用であり，企業の関心を社会貢献活動以外の事柄に向ける点でも有用である。フリーマン等は，「分離の誤謬」に陥ることなく，事業活動と倫理は，現実の社会において不可分のものとして，倫理と無関係な事業活動は社会において成立しないことを指摘している。実際，個々のステークホルダーの要請も必ずしも経済的なもののみではなく，企業に対して法令や倫理規範を遵守した上でより効率的な事業活動を求めるものもある。

　これらの点を考慮すると，図9-3にあるように，CSRは企業と社会との相互関係と見ることもできる。社会には，様々なステークホルダーが存在し，そ

**図 9-3　CSR ＝企業と社会との相互関係**

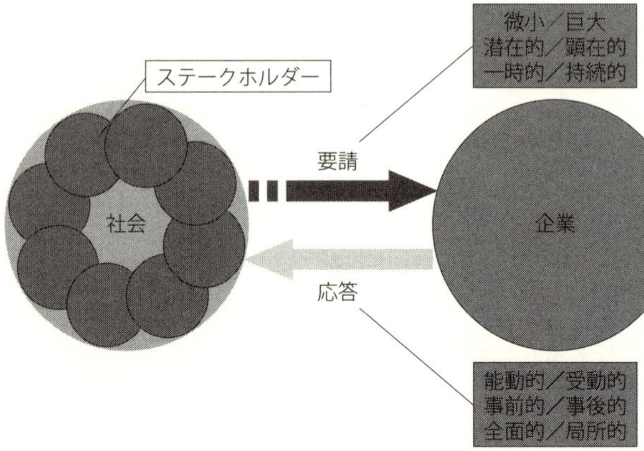

ステークホルダー

社会 — 要請 → 企業
　　　← 応答

微小／巨大
潜在的／顕在的
一時的／持続的

能動的／受動的
事前的／事後的
全面的／局所的

出所：筆者作成。

うした個々のステークホルダーが企業に対して様々な要請をすることになる。一部の特定のステークホルダーのみが心の内に秘めた願望のように企業に要請するものもあれば，企業と関わるほとんどすべてのステークホルダーが強く企業に求めるものもある。それに対して，企業も様々な対応をすることになる。個々のステークホルダーの期待に敏感に反応することもあれば，社会の要請の下で法律が制定され，これを遵守するよう求められて事後的に対応することもある。

社会の要請とその内容からは，CSR は階層的に捉えられることになる。これは，キャロルによって図9-4 のように整理され，CSR の4つの定義からなるCSR ピラミッドと言われている。経済的責任は，4つの責任の中で，最初のものであり，経済的制度としての企業に求められる，社会が求める財貨・サービスを生産し適正な価格で販売し，その存続と発展により投資家に十分な利益を提供するものである。法的責任は，社会の「成文化された倫理」の見方を反映したものである法律を守ることが企業の社会に対する責任となる。しかしながら，法的責任は，法律がすべての問題に対応できるものではなく，適切な行動をとらせるには時間がかかり，政治家などの個人的関心を反映するという限界もあるので，倫理的責任が求められることになる。

倫理的責任は，法律が不十分なことから求められるものであり，たとえ，法

図9-4　CSRピラミッド

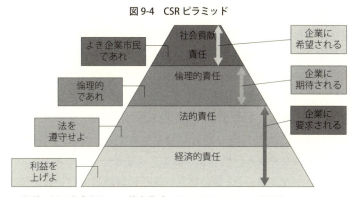

出所：以下を参照して，筆者作成。Carroll, Buchholtz (2003), *Business and Society*, p. 40.

律として成文化されていないものであっても，社会の期待することを含んでいる。法律が制定されるよりも早く社会の価値観や企業への期待の変化に対応することである。また，それは，問題のある行動を回避することであり，法の文言ばかりでなくその精神に応答するものである。社会貢献責任は，企業の自発的な裁量に基づくものであるが，現在の公衆による企業に対する期待を反映して行われるものである。具体的には，公衆は企業に対して，寄付やボランティア活動，地方政府などとの協力などの還元を行うことを期待し，これに答えることで，企業は「良き企業市民」であることを示すことになる。

　これまで見てきたように，CSRの概念は，単なる社会貢献活動を意味するばかりでなく，事業活動を効率的に公正に行うことも含むようになっている。こうした見方は，フリードマンのように，株主のために経済的利益を最大化することが株式会社の経営者の社会的責任を否定することはせず，それを包摂することになる。

　CSRは，企業が社会の要請に応答することであり，その内容には，経済的責任から社会貢献責任までが含まれる。そこから，事業活動を通じた社会貢献としてCSRを捉えることもできる。また，CSRは，社会の要請に応答するものであることから，社会がサステナブルな社会を目指し，法律や制度などを整備していけば，企業もこれに答えて，サステナブルな企業になることを目指すことになる。しかしながら，社会の企業に対する要請は，必ずしも既存の企業

の能力では応答できないものもあり得る。CSR は，社会問題解決のための万能薬のように見なされ，グローバルな貧困問題，環境破壊などを解決するものと見なされることもあるが，多くの企業においては経営の様々な領域の中の特定の領域の観点から CSR が捉えられているにすぎない。CSR は，企業がその能力に応じて，社会の要請に応答するものにすぎないのである。さらに，CSR は，個別の企業による自主的な取り組みであることから，すべての企業が取り組むものではなく，CSR に取り組んでいる企業であっても，公的規制と異なり，利益が得られなくとも行動を強いることはできないのである。

そのため，ボーゲルは，『企業の社会的責任の徹底研究』において，市民社会を強化する企業の責任と，すべての企業により責任ある行動を義務づける政府の能力とを含める形で CSR を再定義すべきであると主張している。企業と社会の相互依存性について考えると，企業に経済的ではない様々な要請を行う NGO などの市民団体が活発に活動する社会は，そうした要請に応えて責任ある行動をする企業を支持することになり，また，政府がすべての企業に責任ある行動をとらせるように公的規制を自主的に取り組まない企業に課すようになれば，結果的に，CSR に取り組んでいる企業を支援することにもなる。CSR の問題は，個別の企業の問題のみならず，社会や政府とも密接な関わりを有している。

一方，コーポレート・ガバナンスは，米国において 1970 年代より，大企業に対する社会運動や大企業の経営破綻などを背景にして，注目されるようになる。英国においては，1980 年代より，企業の不祥事を背景にして，コーポレート・ガバナンスの強化が求められている。たとえば，1970 年には GM に対して，社会的責任のある行動をとらせる運動として，「キャンペーン GM」が行われる。これは，米国の大学生が 12 株の GM 株式を購入し，株主総会に出席し，GM の定款を公共の目的にあったものに限定することや社会的少数派への公正な処遇などを求めたものである。株主総会では，大学年金などの一部の機関投資家からの支持を得たものの，提案のすべてが否決される。しかしながら，当時の GM の経営者は，一部の要請に対応し，アフリカ系アメリカ人の取締役への登用や女性管理職の任命などを行っている。

また，同じ 1970 年には，ペンセントラル鉄道が経営破綻し，9 万 5000 人あ

まりの従業員，年間約 9000 万人の乗客，50 億ドル超の債権者も影響を受ける。ペンセントラル鉄道は，ペンシルバニア鉄道とニューヨークセントラル鉄道が合併してできた会社で，社外取締役が任命されていたが，経営者に対する監督機能が不十分で，株主の利益が消失したとされている。これを受け，ニューヨーク証券取引所は，1973 年に上場会社に対して，3 名以上の社外取締役を推奨し，証券取引委員会は，1974 年に，委任状規則を改正し，取締役会に監査委員会が設置されているかを株主に対する委任状説明書に明記することを求めている。社外取締役と監査委員会により，取締役会を機能させる方向で改革が行われたのである。

英国では，1986 年に，当時のギネスの経営者が買収に際して株価操作を依頼していたことが発覚する。これを受け，英国企業に社外取締役の導入を進めている，PRONED (Promotion of Non Executive Directors) が 1987 年に，「NED の行動規範」を公表し，従業員 1000 人以上の企業において業務執行を担当しない社外取締役である NED を 3 名以上置き，取締役会の 3 分の 1 を NED にすることを求めている。1990 年には，不正に政治献金を行ったポリー・ペック事件が発覚し，1991 年には，犯罪組織の資金洗浄に関与した BCCI 事件，従業員の年金基金を不正に流用したマックスウェル事件が発覚する。

これらを受け，ロンドン証券取引所や財務報告に関係する専門職団体などが，キャドバリー社の経営者であったキャドバリーにコーポレート・ガバナンスに関する委員会を設置させる。キャドバリー委員会は，英国企業が実際に行っているコーポレート・ガバナンス慣行の中で，最も善いと思われるものを最善慣行規範 (Code of Best Practice) としてまとめ，1992 年に公表する。具体的には，CEO と取締役会会長の分離，社外取締役の増員，社外取締役により構成される監査委員会・指名委員会・報酬委員会の設置，遵守状況に関する報告などである。そして，「遵守せよ，さもなくば，説明せよ」("Comply, or explain") の原則の下で，最善慣行規範を遵守できなかった場合には，企業にその理由を説明することを求めたのである。

1995 年には，グリーンバリ委員会が経営者報酬に関する最善慣行規範を公表し，1998 年に，ハンペル委員会が「説明責任も事業の繁栄も」重視したコーポレート・ガバナンス原則を公表して，ロンドン証券取引所は，これらの規

図 9-5　経済同友会の企業評価基準

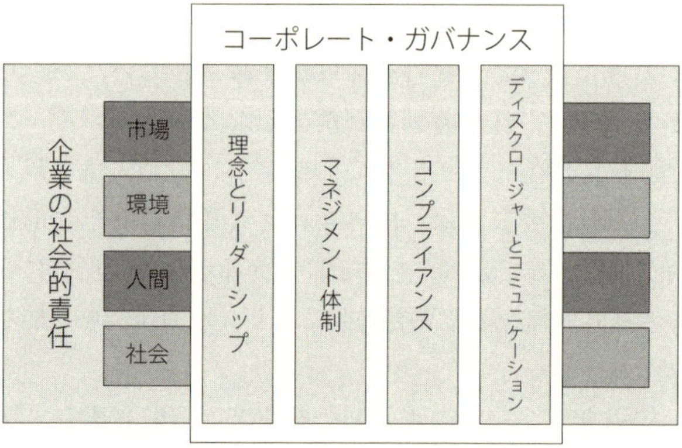

[図：コーポレート・ガバナンス（理念とリーダーシップ、マネジメント体制、コンプライアンス、ディスクロージャーとコミュニケーション）／企業の社会的責任（市場、環境、人間、社会）]

出所：以下を参照して，筆者作成。経済同友会『第15回企業白書』を参考に作成。

範・原則を統合規範として，上場基準に加えたのである。こうした英国のコーポレート・ガバナンス改革の背景には，慣習法といわれる，実際に行われている事柄をルールとしてまとめるという伝統がある。その後も，英国では，内部統制の指針や機関投資家の投資原則などが公表され，統合規範も改正されている。

コーポレート・ガバナンスは，その構造の面から，株主・経営者関係と会社機関構造および企業とステークホルダーとの関係を意味し，株主が経営者をどのように監視するのか，また，経営者の監督機関としての役割を有している取締役会をいかに機能させるかが問題となっている。それに留まることなく，企業の目的は何かという問題も取り上げられていることから，コーポレート・ガバナンスは，企業とステークホルダーとの関係をも意味することになる。コーポレート・ガバナンスの機能の側面からは，会社の指揮・統制と定義できる。会社をどのような方向に導くのか，その方向の下に会社が運営されているのかを統制することが問題となる。

経済同友会の『企業白書』における，コーポレート・ガバナンスは図9-5のように，「理念とリーダーシップ」，「マネジメント体制」。「コンプライアンス」，「ディスクロージャーとコミュニケーション」で構成されているが，「理念とリーダーシップ」や「コンプライアンス」が含まれ，企業が「よい会社」

であることを保証するものとなっているのである。

「よい会社」をどのように評価するには様々な評価軸があるが，それは経済的な指標のみに限定されるものではない。経済同友会の『企業白書』が示唆しているように，CSRとコーポレート・ガバナンスは，現代の日本企業を評価する際の一つの評価軸となっているのである。

【参考文献】
ウィックス，A. C., ハリソン，J. S. & フリーマン，R. E.（2010）『利害関係者志向の経営』中村瑞穂他訳，白桃書房。
エプスタイン，E. M.（1996）『企業倫理と経営社会政策過程』中村瑞穂他訳，文眞堂。
加護野忠男（2010）『経営の精神』生産性出版。
カールガード，R.（2015）『グレートカンパニー』野津智子訳，ダイヤモンド社。
カンター，R. M.（2012）「グレート・カンパニーの経営論」『ダイヤモンド・ハーバード・ビジネスレビュー』第37巻第3号，24-39頁。
経済同友会（2003）『第15回企業白書』。
コリンズ，J. C. & ポラス，J. I.（1995）『ビジョナリー・カンパニー』山岡洋一訳，日経BP社。
サイモン，H. A.（1965）『経営行動』松田武彦他訳，ダイヤモンド社。
セン，A.（1989）『合理的な愚か者―経済学＝倫理学的探究』大庭健・川本隆史訳，勁草書房。
ピーターズ，T. & ウォーターマン，R.（1983）『エクセレント・カンパニー』大前研一訳，講談社。
ベイザーマン，M. H. & テンブランセル，A. E.（2013）『倫理の死角』池村千秋訳，NTT出版。
ボーゲル，D.（2007）『企業の社会的責任（CSR）の徹底研究』小松由紀子他訳，一灯舎。
マッキー，J. & シソーディア，R.（2014）『世界でいちばん大切にしたい会社』鈴木立哉訳，翔泳社。

【さらに学びたい人のために】
Carroll, A. B. and Buchholtz, A. K. (2003), *Business and Society*, 5th ed., Ohio: Thomson.
Freeman, R. E., Harrison, J. S., Wicks, A. C., Parmer, B. L. and Colle, S. (2010), *Stakeholder Theory: The State of the Art*, Cambridge: Cambridge University Press.
Post, J. E., Preston, L. E. and Sachs, S. (2002), *Redefining the Corporation*, Stanford Business Books.
小山嚴也（2011）『CSRのマネジメント』白桃書房。
出見世信之（1997）『企業統治問題の経営学的研究』文眞堂。
水村典弘（2004）『現代企業とステークホルダー』文眞堂。

# 第10章
# コーポレート・ガバナンスの変遷

## 1. 1980年代までの状況

　「コーポレート・ガバナンス」(corporate governance；「企業統治」と表記されることもある）は，1990年代に企業活動や日本経済のグローバル化を背景に，日本の社会においても広く用いられるようになる。その意味することは，構造の面から，株主・経営者関係と会社機関構造および企業とステークホルダーとの関係である。コーポレート・ガバナンスの問題は，会社の外部に存在している株主が経営者をどのように監視するのか，また，経営者の監督機関でもある取締役会をいかに機能させるかの問題であり，株式会社制度に由来するものである。「コーポレート・ガバナンス」という言葉が，広く用いられるようになったのは，1990年代以降のことであるが，それに関わる事象はそれ以前においても見られている。
　たとえば，戦前の三井財閥は，大株主として財閥家族が経営を「番頭経営者」に委ねていたが，その経営のあり方を巡って，社会的批判を受け，傘下の会社の株式公開や三井報恩会の設立などの対応を迫られている。しかしながら，戦前，隆盛を極めた財閥は，終戦後，経済の民主化政策により解体され，財閥家族が保有する有価証券は持株会社整理委員会に移譲される。三菱商事，三井物産等の会社分割も行われて，財閥傘下の銀行は財閥商号の使用を禁止される。また，過度経済力集中排除法により，日本製鉄，三菱重工，三菱鉱業，大日本麦酒，王子製紙などの大企業の分割が行われる。さらには，「証券民主化運動」が行われ，大衆の株式所有が人為的に進められたのである。1950年の商法改正では，英米法の考えが導入され，新株発行が株主総会の特別決議事

項から取締役会の決議事項にするなど,取締役会の権限が強化され,監査役の権限は縮小され,会計監査に限定されている。

　サンフランシスコ講和条約により,日本の独立が回復すると,財閥商号の使用が許され,独占禁止法の緩和や資本の自由化の中で,企業間および企業と銀行との間の株式持ち合いが進展することになる。1954年には,多くの会社に分割されていた三菱商事が大合同を果たし,三菱財閥の傘下にあった会社の社長により構成された「金曜会」も開催されるようになる。1960年代には,三菱銀行,三井銀行,住友銀行,富士銀行,第一勧業銀行,三和銀行の六大都市銀行がメインバンクとして,株式持ち合いなどを行っている企業に系列融資を始める。

　具体的には,発行株式の2割から3割が集団内の他企業が所有するような株式持ち合いが行われ,株式市場や債券市場が未整備で直接金融に限界があったため,「借金経営」と呼ばれるメインバンクに依存した間接金融が大会社において行われることになる。メインバンクとしての都市銀行は,債権者として企業経営に影響を与え,時には経営者を派遣する。同一企業集団内の企業の取締役や監査役が他の企業の取締役や監査役になるような役員相互派遣も行われる。輸出に当たっては,総合商社による系列取引が行われている。また,集団内の生命保険会社は,相互会社形態を採っていることも少なくなく,機関投資家とみなされることもあるが,事業会社の株式所有の見返りに保険契約を行っている。

　こうして,六大企業集団においては,株式持合い,系列融資,役員の相互派遣などがコーポレート・ガバナンスの特徴となる。企業集団間の激しい競争が経済活動を活性化した側面もあり,日本経済は戦後復興を果たし,高度経済成長を経験することになる。また,アベグレンが終身雇用や年功序列と言った,従業員の長期雇用を前提とする日本の大企業の経営の特色を「日本的経営」と評価している。その後,奥村宏により,株式持ち合いを株式所有の空洞化と捉える「法人資本主義」の見方も示されている。株式持ち合いを通じて,経営者に対する株主からの牽制機能が弱体化するからである。一般従業員として入社した者が年功序列とはいえ,同期入社との競争を通じて昇進し,経営者となり,戦前の財閥家族のように株主からの影響をほとんど受けることなく,会社を支

配できることを意味している。

　したがって，1980年代までは，法人資本主義を巡って，「会社は誰のものか」という議論が行われていたものの，株式会社は株主のためにあるというような議論は，当時の日本において，あまり重視されることはなかった。大企業間で株式持ち合いが行われ，系列取引や系列融資などの経営慣行があり，正規従業員の終身雇用が一般化し，日本においては，従業員の利益や主要な融資先である銀行の利益が重視されているとの見方が強かったのである。そして，1990年代以前においては，株主を意識して四半期ごとの利益を重視する米国企業の短期的な経営に対する批判も少なからず存在したのである。こうした日本企業の特徴が日本の経済成長に貢献したことが，ボーゲルの『ジャパン・アズ・ナンバーワン』，クラークの『ザ・ジャパニーズ・カンパニー』などにおいて評価されていたのである。また，青木昌彦は，『現代の企業』の中で，ゲーム理論に基づいて，日米企業の比較を行い，日本企業の競争力を評価している。

　1980年代の米国では，M&Aブームが起き，投資家も経営者も短期的な利益を求めて，M&Aを利用することになる。企業は，事業の売却・買収，工場閉鎖，人員削減を行い，投資家の中には，M&Aに関する内部者情報を利用して不正に利益を上げるものもいた。経営者の中には，敵対的買収に対抗して，有力事業を売却したり，株式の水増しを行ったりしたばかりでなく，買収により，その地位を追われるときには，高額の退職金を受給できるような契約を結ぶ者もいた。M&Aブームの中で不利益を被ったCalPERS（California Public Employees' Retirement System）などの機関投資家がコーポレート・ガバナンス改革に積極的に関わることになる。また，株式会社において，経営者は株主の代理人であるとするエージェンシー理論（agency theory；代理人理論）も興隆し，その後のコーポレート・ガバナンスの議論に影響することになる。

　伊丹敬之や加護野忠男などは，日米の企業比較を行いながら，終身雇用，年功序列などの日本型経営について分析を行っている。例えば，従業員の「見えざる出資」という見方が示されている。企業が経営破綻すれば，株主のみならず，従業員，取引先なども損失を被ることになる。終身雇用の下で，従業員は生活そのものをリスクに曝し，年功序列給制度の下で「見えざる出資」を行っ

ているというものである。株式会社の一般的な理解では，株主が最終的なリスクを負担するゆえに，株主の利益を重視することになるが，株主は自ら出資した範囲内で責任を負うに過ぎず，長期雇用を前提とした日本企業の従業員も「見えざる出資」を行っているという見方である。

　1960年代以降，一部の日本企業は，米国の株式市場との関係を有するようになる。ソニーは，1961年に日本企業で初めてADR（アメリカ預託証券）を発行し，英語版連結財務諸表を作成している。1970年には，ニューヨーク証券取引所に上場し，2名の社外取締役を選任している。松下も，1971年にニューヨーク証券取引所に上場し，翌年，2名の社外取締役を選任している。これらは，ニューヨーク証券取引所が当時において，少なくとも2名の社外取締役の選任を求めていたためである。

　1970年代のロッキード事件やダグラス・グラマン事件などにおいて，企業が政治家に対して賄賂として不正に資金を支出していたことを受け，1981年の商法改正では，取締役会と監査役の監督権限が強化され，また，総会屋を排除するために，株主への利益供与の禁止が盛り込まれている。企業集団の中では，経営者の相互信認を前提としていたが，1982年，三越の取締役会において，三井銀行出身の社外取締役が主導する形で，不適切な取引，恣意的な人事などに関与していた社長が解任されることも起きている。

　1989年より日米両国政府の間で行われた日米構造協議において，日本側は米国企業の短期志向の是正を求め，米国側は日本企業の閉鎖性と経営に対する監視制度を問題視し，社外取締役の導入を求めている。日米構造協議は，貿易摩擦や投資摩擦，あるいは，貿易の不均衡，投資の不均衡を背景にして，米国側からの要請で行われたものであり，日本企業のグローバル化が背景にある。六大企業集団の株式持ち合い，系列融資，役員派遣などが，当時の日本におけるコーポレート・ガバナンスのあり方の典型的なものであったのであるが，これらは米国から見ると，日本企業の閉鎖性の代表であり，日本における参入障壁と見られたのである。これを受け，公正取引委員会の機能が強化され，六大企業集団に関する情報が開示されるようになる。

　1988年に合意されたBIS（国際決済銀行）規制により自己資本比率を向上させる必要が生じる。これは，銀行が国際的に事業を行っている場合，総リス

ク資産に対して8％の自己資本を保有することが求められたからである。日本の都市銀行は，その結果，持ち合い株の売却が不可避となる。1990年代初頭のバブル経済の崩壊により株価が低迷したこともあり，銀行は株式持ち合いを行って，その含み益を自己資本とすることが困難になったからである。その結果，1990年代においては，六大企業集団に属する企業において，典型的に見られた，コーポレート・ガバナンスのあり方が変化することになる。また，企業集団との関係が強くない企業においては，「メインバンク」と言われた都市銀行との関係が変化することになる。

## 2．1990年代の変化

　1991年，当時の四大証券による大口顧客への損失補填などの「金融スキャンダル」が発覚する。日米構造協議が行われ，米国政府より社外取締役導入が求められたが，日本政府は，1993年に商法を改正し，社外監査役と監査役会を大会社に導入させ，監査役の任期を2年から3年に伸ばすことで対応している。こうした中で，CalPERSは，1992年に，「金融スキャンダル」に関わった野村證券，大和證券に社外取締役の導入を求め，1993年には，18社の株主総会において反対投票を行っている。これらを受け，オリンパス，キヤノン，松下などでは，社外監査役を1名増員し，2名としている。
　米国においては，年金基金などの機関投資家の行動主義により，社外取締役が影響を受け，GMやIBMなどの大企業の取締役会において，経営者を交代させるようになる。米国の大企業において，「経営者支配」と言われた，経営者に巨大な権力が集中しているような状況が変化し始めたのである。こうした米国の年金基金は，1980年代後半より海外への投資も積極的に展開する。そのため，米国の年金基金の一部は，自らの利益を守るために，投資先の企業にコーポレート・ガバナンスの強化を求めるようになり，日本企業に対しても影響を与えるようになる。
　英国においては，1991年に，国際金融取引を行っていたBCCI（Bank of Credit and Commerce International）が犯罪組織の資金洗浄にかかわってい

たことが発覚し，新聞社のマックスウェルの社主が従業員の年金基金の不正流用が明らかになったことを受け，ロンドン証券取引所，財務報告に関係する団体などにより，キャドバリー委員会が設置される。翌年，同委員会は，英国企業のコーポレート・ガバナンスの状況を調査した後，CEO と取締役会会長の分離，社外取締役の増加，社外取締役により構成される監査委員会・指名委員会・報酬委員会の設置などを内容とする最善慣行規範（code of best practice）を公表する。この規範は，「遵守せよ，さもなくば，説明せよ」（"Comply, or explain"）を原則とし，その後の各国のコーポレート・ガバナンス改革に影響を与えることになる。1995 年には，経営者報酬問題について，グリーンバリ委員会が設置され，報酬委員会の設置，報酬や業績に関する情報開示の充実などを定めた最善慣行規範を公表する。1998 年，キャドバリー委員会の後継組織としてハンペル委員会が設置され，最善慣行規範に代わるコーポレート・ガバナンス原則を公表し，株主の価値とステークホルダーへの責任，柔軟な適用などを明記し，翌年，これまでの規範や原則がロンドン証券取引所により，統合規範（Combine Code）として上場基準とされる。

　1996 年，経済同友会は，『第 12 回企業白書』において，「取締役が，執行者としてのみならず，ボードメンバーとしての意識を持ち，経営者の一員としての責任を自覚していることが重要である」として，戦略決定機能と業務執行機能との分離による戦略決定機能の強化，取締役会の人数を見直して実質的な議論を重視すること，情報の開示による取締役の間での認識の共有化，社外取締役制度の導入による自律的ガバナンス機能の向上を提言している。一方で，当時の経団連は，1997 年に「コーポレート・ガバナンスのあり方に関する緊急提言」を公表し，社外監査役の要件の厳格化と社外監査役の法定員数の増員などにより，監査役（会）機能を強化して，監査体制を強化することを求めている。

　米国の機関投資家の行動主義，英国におけるコーポレート・ガバナンス改革，日本の財界におけるコーポレート・ガバナンスへの取り組みが見られるようになる中で，ソニーは，1997 年に執行役員制を導入して取締役会の規模を約 3 分の 1 に縮小し，社外取締役を 3 名にして，翌年，指名委員会，報酬委員会を取締役会に設置する。2000 年に取締役会議長を選任し，いわゆる「会長」

と取締役会議長の職を明確に区別している。その後,100社以上の日本企業が執行役員制を導入し,取締役会の規模を縮小する。1998年,経済同友会は,『第13回企業白書』において,経営トップが十分なリーダーシップを発揮出来るような組織や企業風土を作り,その上に立って社外取締役の起用,監査役会制度の強化・見直し,経営諮問委員会の設置等をはじめ,各社に適合したガバナンスを確立し,経営の透明度を高めることが必要であるとしている。

テイジンは,以前,「ワンマン経営者」の下で放漫経営に陥ったことがあったが,1998年に諮問委員会を設置し,経営者の解任勧告を認めている。この年,コーポレート・ガバナンスに関心のある経営者,実務家,学者が設立した日本コーポレート・ガバナンス・フォーラムが,「コーポレート・ガバナンス原則」を公表する。そこでは,「統治構造」の取締役と取締役会の部分において,5年程度で,企業と直接の利害関係のない,独立した社外取締役を選任することや,取締役会の構成員数を的確で迅速な意思決定を行える人数にすること,取締役会と執行役員会を分離し,企業の意思決定機関と業務執行機関との区別を明確にすることが求められていた。その後,日本コーポレート・ガバナンス・フォーラムは,商法改正の動きを受け,監査役の廃止を前提に取締役会中心の改革を提言して,「コーポレート・ガバナンス原則」を改訂している。

また,1998年には,活動的な機関投資家であったCalPERSが,「対日ガバナンス原則」を公表している。それは,株主が所有者として一定の責任を履行する義務を有し,取締役会はすべての株主に対し説明責任を果たすよう努力し,すべての株主の利益を考慮すべきであることを主な内容としている。さらには,日本企業の取締役会に,株主に対する取締役会の義務と責任の比較指標として日本ガバナンス・フォーラムが公表した「コーポレート・ガバナンス原則」を採用すべきであるとしたのである。東京証券取引所は,1998年より上場会社に対してコーポレート・ガバナンスに関するアンケート調査を始めている。

1999年には,NTT,三洋電機などで社外取締役が導入され,富士ゼロックスは,取締役会に財務委員会,役員指名・報酬委員会を設置し,オリックスは,指名・報酬委員会を設置する。1991年のバブル経済崩壊以降,日本経済は90年代を通して景気低迷期に陥り,日本のコーポレート・ガバナンスが企

業の非効率な経営を看過しているとして,「ガバナンス不況」とも言われるようになる。欧米においてもコーポレート・ガバナンス改革が始められるが,日本企業においても,経済団体がコーポレート・ガバナンスに関心を示すようになり,そうした海外のコーポレート・ガバナンス改革の影響を受けながら,社外取締役の選任や取締役会に各種委員会を設置する動きが見られるようになる。

## 3. 2000年代の改革

　経済活動のグローバル化の中で,先進諸国において,コーポレート・ガバナンス改革が2000年代に進むことになる。その1つの契機となったのは,2001年に米国のエンロンが,2002年にはワールドコムが相次いで経営破綻したことである。両社の取締役会は,社外取締役が大多数を占め,監査委員会なども設置されていたにも関わらず,粉飾決算や経営者への不正融資を防ぐことができず,多額の損失を抱えて会社を破綻させたのである。さらに,エンロンの大株主には,コーポレート・ガバナンス改革を促してきたCalPERSも含まれ,エンロンの簿外取引にかかわり,破綻により4000万ドルを失っている。その後,2002年にサーベンス・オクスリー法が成立し,企業会計や財務諸表の信頼性を向上させるために,年次報告書の開示が適正である旨の宣誓書の提出を経営者に義務づけ,財務報告に係る内部統制の有効性を評価した内部統制報告書の作成を上場会社に求めている。

　英国においては,2003年に,ヒッグス委員会が業務執行担当者の監視と戦略策定への貢献を社外取締役の主たる役割であるとする報告書を公表し,監査委員会についてはスミス委員会が独立取締役により監査委員会が構成されることを求めた指針を公表している。これらを受けて,2003年,統合規範が改定され,取締役会の過半数を社外取締役で構成することを上場会社に求めている。2009年のウォーカー報告書は,金融機関における取締役会議長と社外取締役の役割と責任の明確化,リスク委員会の設置などを求めている。さらに,英国では,2010年に,それまでの改革を受ける形で統合規範が改訂され,「英

国コーポレート・ガバナンス・コード」が公表されている。また，2001年には，英国機関株主委員会が機関投資家の性質と役割についてマイナース報告書を公表している。さらには，前述のウォーカー報告書が機関投資家のための規範を策定すべきであると勧告したことから，英国機関株主委員会は，2009年に機関投資家の責任規範を制定し，2010年には，財務報告評議会が会社の長期的成功を促進するように，機関投資家に投資原則の公表などを求めた「スチュワードシップ・コード」を制定している。

　日本において，2000年代は，相次ぐ企業の不祥事により始まる。2000年には，参天製薬への企業脅迫事件や大塚製薬などの異物混入事件などが起こる中で，雪印乳業の食中毒事件が起きる。雪印の乳飲料を飲み，1万人以上が食中毒の被害を訴えたのである。雪印は厳格な品質管理基準を有しながら，すぐには原因を特定できず，また，被害者への対応も遅れたことから，企業の危機管理のあり方が問われている。さらに，三菱自動車において，乗用車のリコールを組織的に隠蔽していたことが発覚する。これは，1977年以来，顧客からの不具合情報を当時の運輸省に報告せずに改修し修理していたものである。後には，トラック部門においても死亡事故の原因となるトラブルも発覚している。2001年には，国内最初のBSE感染牛の発見を契機にBSE騒動が起き，雪印食品，ニッポンハムなどが牛肉を偽装し，政府から補助金を詐取するという事件が起きている。2002年には，ダスキンによる未認可原料の使用や三井物産の入札妨害・贈賄行為が発覚している。

　こうした中で，経団連コーポレート・ガバナンス委員会は，2000年11月に「わが国公開会社におけるコーポレート・ガバナンスに関する論点整理（中間報告）」を公表し，企業は，より一層株主価値を重視したコーポレート・ガバナンスを構築する必要があることを指摘する。その中で，監査役会，取締役会などの会社機関は，各社の自主判断と裁量に任せ，ディスクロージャーで市場の評価に委ねるべきであるとしながらも，監査役については，海外・投資家の低い認知度を改善して，会計監査人との連携を強化することで活用できることを示している。また，社外取締役の導入については，社外取締役の専門性が十分でないことと取締役として過大な責任があり，見直す必要があるとしている。2001年の商法改正では，監査役の機能が強化され，監査役の取締役会へ

の出席が義務付けられ,監査役の任期延長,社外監査役の増員,監査役・取締役の責任の軽減などが行われる。

2001年には,厚生年金基金連合会(現企業年金連合会)がコーポレート・ガバナンスの実効性を高めることを目的に株主議決行使実務ガイドラインを公表している。これは,長期的な利益を考慮したものである。しかしながら,投資家の中には,TOBなどから生じる短期的な利益を求めるものもいる。たとえば,2002年には,「村上ファンド」と呼ばれた活動的株主が東京スタイルの経営陣と対立する。具体的には,ファッションビル建設反対と配当額などを巡り委任状争奪戦を行い,最終的には経営陣が委任状争奪戦に勝利したが,増配と社外取締役の導入を行っている。翌年には,同じ活動的株主により,投資の失敗で損失を被ったとして,東京スタイルの経営陣への株主代表訴訟が行われ,2005年に社長が会社に1億円を払うことで和解している。

2002年,雪印乳業は,二度目の企業不祥事発覚後,株主オンブズマンからの要請を受け,消費者団体の役員だった女性を企業倫理担当の社外取締役として任命している。また,バンダイでは,NTTでiモードの開発に携わった女性が社外取締役に任命されている。2002年7月,経済同友会企業経営委員会は,「企業競争力の基盤強化を目指したコーポレート・ガバナンス改革」として,提言を行っている。その中では,取締役の「経営監督」と「業務執行」の役割を分離すること,長期的な株主利益の向上のために様々なステークホルダーに十分に配慮した経営を行うことが指摘され,そのために社外取締役を導入することが提唱されている。

2002年の商法改正では,監査委員会,指名委員会,報酬委員会を取締役会に設置すると,監査役の選任を義務づけられない委員会等設置会社が認められた。英米の企業のコーポレート・ガバナンスに近い取締役会制度が法的にも認められたのである。これを受けて,2003年には,イオン,オリックス,ソニー,東芝,日立製作所,HOYAなど約40社が委員会等設置会社へ移行している。一方,トヨタ自動車,松下電器(現パナソニック)も意思決定の迅速化を目的として,取締役会改革を行っている。トヨタ自動車は,取締役を58名から27名にし,松下電器は,取締役を27名から20名にして,新たに常務役員などを設置している。また,オリンパスも執行役員制度を導入し,20名の

取締役を 12 名に削減している。

　東京証券取引所は，2002 年に上場会社ガバナンス委員会を設置し，2004 年に上場会社コーポレート・ガバナンス原則を公表している。そこでは，上場会社のコーポレート・ガバナンスに，株主の権利を保護することが期待されていることを指摘し，一方で，コーポレート・ガバナンスにおけるステークホルダーとの関係の項目において，上場会社のコーポレート・ガバナンスには，企業とステークホルダーの円滑な関係の構築を通じて企業価値や雇用の創造，さらに健全な企業経営の維持を促すことが期待されているとしている。

　経済同友会は，2004 年に会員企業に対する「コーポレート・ガバナンス改革に関するアンケート調査結果（209 社が回答）」を公表し，コーポレート・ガバナンス改革の目的・コンセプトとしては，「経営意思決定の透明性の向上」，「経営意思決定の質の向上」，「コンプライアンス（法令順守）体制の強化」が重視しているとしている。委員会等設置会社への転換を予定していると回答した企業は，わずか 3％であり，社外取締役は過半の企業で登用されているが，会社と利害関係を持たない「独立取締役」が存在する企業は約 3 割に止まっている。

　2005 年には，商法の現代化の下，会社法が制定され，内部統制の確立が求められ，委員会等設置会社は委員会設置会社と呼ばれるようになる。2005 年には，米国のサーベンス・オックスレー法を参考にして，証券取引法を改正する形で金融商品取引法が制定され，ここにおいても大会社に内部統制の確立が求められている。さらに，その後も法制審議会において，社外取締役の義務化などのコーポレート・ガバナンスに関わる会社法の改正が議論されることになる。キヤノンは，2005 年に事業本部長や経理本部長を兼務する取締役を 4 名増やし，取締役を 26 名としている。

　2006 年 6 月，日本経団連は，「我が国におけるコーポレート・ガバナンス制度のあり方について」を公表する。そこで，企業は，CSR を重視し，株主と同時に多様なステークホルダーに配慮した経営を行っていく必要があり，企業が社会の公器としての役割を担っているとの視点を重視している。企業の取組みについては，特定の手法，仕組みに限定すべきではなく多様な取組みを尊重するとともに，各社が自社にとって有効と考える施策を機動的に導入できるよ

う柔軟性の高い枠組みを必要とし，社外取締役の導入義務化，社外役員の独立性強化には反対の立場を示している。これは，コーポレート・ガバナンスの形式ではなく，実質に着目して，実効性のある取組みを推進すべきとの考え方からである。そのため，政府や証券取引所がコーポレート・ガバナンスの具体的手法等を特定の方向に誘導すべきではなく，企業の具体的な取組みに対する評価は市場による判断に委ねるべきとしている。

東京証券取引所は，2006年に上場会社に対して，コーポレート・ガバナンス開示制度を導入する。そして，開示情報をもとに上場会社について，その現状を分析した『コーポレート・ガバナンス白書』を定期的に発行するようになっている。2009年には，上場会社に対して取締役会や監査役会に会社の利益から独立した独立役員を選任することを求め，上場会社コーポレート・ガバナンス原則に企業グループにおけるコーポレート・ガバナンスなどを追記している。

2007年には，企業年金連合会が「コーポレート・ガバナンス原則」を公表している。傘下の年金基金に対しては，この原則を踏まえて保有する全銘柄について議決権を行使することを求めている。投資先の企業に対して，長期的に株主価値を最大限尊重した経営を行うよう，具体的には，利害関係を一切有しない独立した社外取締役を登用することを求めている。

## 4．現在の状況

経済同友会は，2010年3月，「日本的コーポレート・ガバナンスのさらなる深化」を公表し，その中で，コーポレート・ガバナンスの目的について，株主をはじめとした様々なステークホルダーとの関係調和を図りながら企業価値を向上させ，企業の不正行為を防止し，代表取締役に対する牽制機能を果たすこととしている。そこにおいて，以下のようなコーポレート・ガバナンス原則が示されている。すなわち，経営者の倫理観，株主の権利とステークホルダーとの関係調和，取締役会の透明性・客観性・妥当性の確保，情報開示，経済のグローバル化への対応である。また，社外取締役であれ，社外監査役であれ，株

主を含むステークホルダーとの利益相反の関係を回避することから，独立性を高めることを提言している。

　2013年6月，日本政府は，「日本再興戦略」を公表し，企業の持続的な成長を促す観点から，幅広い範囲の機関投資家が企業との建設的な対話を行い，適切に受託者責任を果たすための原則を定めるとする。その結果，金融庁の下に，日本版スチュワードシップ・コードに関する有識者検討会が設置され，6回にわたる会議を経て，2014年2月に日本版スチュワードシップ・コードとして「『責任ある機関投資家』の諸原則」が公表される。日本版スチュワードシップ・コードは，「遵守せよ，さもなくば，説明せよ」の原則を採用し，金融庁は，機関投資家に対して，コードの趣旨・精神に照らして適切な活動であるか否かという観点を重視することを求めている。

　経済同友会は，2014年2月，日本版スチュワードシップ・コードに対して，パブリック・コメントを公表している。それは以下のような内容である。機関投資家は，議決権の行使についての明確な方針を策定し，これを公表すべきであり，当該方針は，できる限り明確なものとすべきであるが，単に形式的な判断基準にとどまるのではなく，投資先企業の「コーポレート・ガバナンスを重視した議決権行使を基準とするなど」，持続的成長に資するものとなるよう工夫すべきであるとしている。経済同友会は，機関投資家の議決権行使が企業の持続的成長に貢献することを求めているのである。

　2014年6月，日本政府は「日本再興戦略 改訂2014―未来への挑戦―」を公表し，企業の「稼ぐ力」を高めるために必要な道筋として，コーポレート・ガバナンスの強化により，経営者マインドの変革を促すことを求めている。コーポレート・ガバナンス改革を通じて，企業の国際競争力の向上を図ろうとしているのである。これは，コーポレート・ガバナンス改革により，企業業績が高まり，海外の投資家から日本企業が評価されることを意味している。そのために，「コーポレート・ガバナンス・コード」の策定が行われることになる。2011年，東京証券取引所グループと大阪証券取引所が経営統合することが発表され，2013年に，大阪証券取引所が東京証券取引所グループを吸収合併する形で，日本取引所グループが発足する。日本取引所グループは，政府の指示を受けて，金融庁と協力しながら「コーポレート・ガバナンス・コード」の策

定作業を進めることになる。

　経済同友会は，2014年10月，「コーポレート・ガバナンス・コード」に関しても意見書を公表している。そこでは，「日本再興戦略」に記載されているように，日本の稼ぐ力を取り戻すことが，「コーポレート・ガバナンス・コード」策定の目的であり，「コーポレート・ガバナンス・コード」は，日本企業の稼ぐ力（収益性，成長性）の改善・向上に資する内容としなければならないとしている。さらに，監査役会設置会社においても，独立取締役の機能を強化することは必須であるとしている。また，各企業は，その企業の経営計画において，自らの産業特性や事業リスクに適応した資本生産性に関する経営指標及びその目標値を設定し，公表するべきであるとしている。これらの主張は，これまでの経済同友会のコーポレート・ガバナンスに関する主張に沿ったものである。

　2015年の会社法改正により，指名委員会等設置会社と監査等委員会設置会社も認められている。指名委員会等設置会社は，これまでの委員会設置会社に相当するものである。監査等委員会設置会社は指名委員会等設置会社と監査役会設置会社の中間のような形態である。さらに，社外取締役を任命していない場合にはその理由を開示することが大会社に求められている。これは，会社法が「遵守せよ，さもなくば，説明せよ」の原則を採用したことを意味している。2015年に，日本取引所グループは，上場企業に対して「コーポレート・ガバナンス・コード」を公表し，運用を始めている。「遵守せよ，さもなくば，説明せよ」の原則の下で，会社が株主，顧客，従業員，地域社会等の立場を考慮し，透明・公正かつ迅速・果断な意思決定を行えるようにするものである。2015年には，会社法の改正を行ったこともあり，日本における「企業統治元年」と2015年を評価することもある。

　これらの動きを受けて，キヤノンは，2014年に取締役を17名とし，内15名を代表取締役会長兼社長，代表取締役副社長，専務取締役，常務取締役などの執行担当を兼ねた内部出身者が占めるが，2名の社外取締役を初めて導入している。2014年時点で，委員会設置会社のソニーの取締役会は，12名で構成され，内9名が社外取締役である。同じく，委員会設置会社の東芝の取締役会は，16名で構成され，4名のみが社外取締役であった。監査役設置会である

パナソニックの取締役会は，17名の取締役の内3名が社外取締役であった。2011年に多額の損失隠しが発覚したオリンパスでは，発覚時点では，15名の取締役のうち，3名が社外取締役で，4名の監査役のうち，2名が社外監査役であったが，発覚後，12名の取締役の内8名が社外取締役となっている。

しかしながら，2015年には，東芝でインフラ関連工事の不適切会計が証券取引等監視委員会の検査で明らかになり，その後，第三者委員会が設置され，経営者の関与により，2008年から計1518億円の利益を水増しする粉飾決算が行われていたことが明らかになる。「社長月例」における「チャレンジ」と呼ばれる予算達成への経営者からの圧力，「上司に逆らうことができないという企業風土」，チェックが甘い監査体制などコーポレート・ガバナンスの問題などがその原因とされている。

経済活動のグローバル化に伴い，多くの国々でコーポレート・ガバナンス改革が行われ，社外取締役の導入や増員，取締役会に各種委員会を設置することなどが行われている。1990年代には，株主利益の最大化を求めることも見られたが，現在では，株主のみならずステークホルダーと良好な関係を構築することも提唱されている。日本においても，1990年代以降，英国で行われているコーポレート・ガバナンス改革にならい，「遵守せよ，さもなくば，説明せよ」の原則が採用されている。しかしながら，コーポレート・ガバナンス改革により，取締役会などの制度は変遷したものの，経営者や企業による不祥事が根絶されてはいない。制度の導入から，その機能を向上させることが「よい会社」として適切な評価を行うために必要となっている。

【参考文献】
青木昌彦（1984）『現代の企業』岩波書店。
伊丹敬之・加護野忠男（1989）『ゼミナール経営学入門』日本経済新聞社。
奥村宏（1975）『法人資本主義の構造 日本の株式所有』日本評論社。
クラーク, R.（1981）『ザ・ジャパニーズ・カンパニー』ダイヤモンド社。
出見世信之（1997）『企業統治問題の経営学的研究』文眞堂。
ドーア, R.（2006）『誰のための会社にするか』岩波書店。
ボーゲル, E. F. 著／広中和歌子・木本彰子訳（1979）『ジャパン・アズ・ナンバーワン』TBSブリタニカ。

【さらに学びたい人のために】
Buchanan, J. (2007), "Japanese Corporate Governance and the Principle of "Internalism","

*Coporate Governance: an International Review*, Vol 15, No. 1, pp. 27-35.

Nakamura, M. (2011), "Adoption and Policy Implications of Japan's New Corporate Governance Practices after the Reform," *Asie Pacific Journal of Management*, Vol. 28, pp. 187-213.

Nakano, C. (2007), "The Significance and Limitations of Corporate Governance from the Perspective of Business Ethics: Towards the Creation of an Ethical Organizational Culture," *Asian Business & Management*, Vol. 6, pp. 163-78.

Yoshikawa, T. and McGuire, J. (2008), "Change and Continuity in Japanese Corporate Governance," *Asia Pacific Journal of Management*, Vol. 25, pp. 5-24.

関孝哉・中西敏和 (2015)『コーポレート・ガバナンスの現状分析』商事法務。

田中一弘 (2014)『「良心」から企業統治を考える』東洋経済新報社。

宮島英昭編著 (2011)『日本の企業統治』東洋経済新報社。

## 第11章
## CSR の推進：中外製薬の事例

　明治大学商学部出見世ゼミナールでは，2006年以来，ほぼ，毎年のように中外製薬株式会社（以下，中外製薬とする）を訪問し，同社の CSR （corporate social responsibility）の取り組みに関する考察を行っている。その結果は，他の事例も参照しながら，「よい組織」や「企業と女性」などをテーマとして，学内外のプレゼンテーション大会などで発表している。ここでの CSR は，企業と社会との相互作用であり，ステークホルダーや社会からの要請に企業が応答することである。本章は，これまでのゼミナールの研究成果を用い，CSR の推進に関する事例として再構成したものである。

　中外製薬の2015年12月時点での資本金は，729億円，主な事業は，医療用医薬品の製造・販売・輸出入であり，売上収益は，4988億円，従業員は7169名である。国内の製薬業界で，中外製薬の売上高は，第6位となっている。御殿場，鎌倉，宇都宮などの国内拠点の他，英国，米国，フランス，中国，台湾，シンガポールにグループ企業がある。グローバル化については，2002年，中外製薬は，スイスに本社を置くロシュと戦略的アライアンスを締結し，ロシュが中外製薬の株式総数の59.89％を保有し，ロシュ・グループの傘下に入り，一層深化している。

　コーポレート・ガバナンス体制としては，監査役会設置会社であるが，10名の取締役の内，3名が代表取締役，2名がロシュの執行役員，3名が独立社外取締役である。独立社外取締役は，指名委員会と報酬委員会の過半数を構成している。監査役会は，4名の監査役で構成され，2名が社外監査役となっている。2015年3月に東京証券取引所がコーポレート・ガバナンス・コードを公表して以降，上場会社は，独立社外取締役の導入を進めているが，2015年6月時点で，東証一部上場の1885社のうち，3名以上の独立社外取締役を選任

している企業は，12.5％の236社に過ぎない。中外製薬は，コーポレート・ガバナンス改革の面でも先進的な企業であり，「よい会社」である。

本章においては，ロシュ・グループの傘下に入りグローバル化している中外製薬がCSRの取り組みをどのように展開したのかを確認し，中外製薬が女性の活用などのダイバーシティをどのように促進し，人間性を重視しながら，社会貢献活動に取り組んでいるかを考察する。

## 1．取り組みの展開

中外製薬は，1925年に上野十蔵が創業した医薬品の輸入商社，中外新薬商会を前身としている。創業の2年前に関東大震災という大惨事があり，そこから，上野は「世の中の役に立つ薬をつくる」という強い思いを抱いたことが，同社のホームページには掲載されている。震災で荒廃した社会を見て，創業の思いを抱いたのである。同社のCSRの取り組みは，その創業にまで遡ることができる。その後，鎮痛消炎剤の原料の自家生産に成功し，製薬会社として発展する。

日本が高度経済成長を遂げる中，妊婦の服用により，サリドマイド胎芽症の新生児が生まれたサリドマイド事件や公害問題が顕在していた。1967年，当時の社長であった上野公夫は，「社会性の追求」「人間性の追求」「経済性の追求」からなる「企業三原則」を公表している。これは，企業の価値が「経済性」のみならず，「社会性」と「人間性」を加えた総合評価で決まるものとする見方である。こうした見方は，1956年の経済同友会による「経営者の社会的責任の自覚と実践」という声明の中にも見出されていた。すなわち，企業は社会の公器であり，自己利益のみを追求することを否定し，経済・社会と調和することが必要であることを経営者に説いていたのである。中外製薬の「企業三原則」は，これに「人間性」を新たに加えたものと言える。

1980年代の貿易摩擦問題から日本企業の海外進出が進展する中，中外製薬もニューヨークやロンドンに駐在事務所を開設し，米国企業の買収も行っている。そうした中で，1993年に，当時の社長の永山治により，「企業三原則」

は，新たに「国際性の追求」を加え，「企業四原則」となっている。この理念の下で，中外製薬は，「世界の医療と人々の健康に貢献するグローバル企業をめざす」ことになる。

1990年代には，「金融スキャンダル」のような企業不祥事が相次いで発覚し，日本企業には，企業倫理の確立が求められていた。当時の経団連（現日本経団連）は，1991年に企業行動憲章を公表し，1996年にその改訂を行い，「実行の手引き」を新たに公表している。中外製薬は，1999年に「企業四原則」を具体化する形で，中外BCG（Business Conduct Guideline）と呼ばれる倫理綱領を制定し，BCGホットラインを稼働させる。中外BCGは，「医療・健康への貢献」をはじめとした9項目からなっている。制定後，担当者と担当役員が国内の全事業所に赴き，全従業員にその内容の説明を行っている。

その後も，全従業員を対象に中外BCGと人権に関する研修が継続して行われ，課長などの管理職に対しても研修を継続している。BCGホットラインは，法令，社内規定及び中外BCGに反する問題や疑問について，従業員が相談できる窓口のことで，相談者に不利益が生じないよう，秘密を厳守すること，公正な調査が行われることが保証されている。職場では相談しにくい事柄について，従業員が相談できるようにすることで，安心して働ける職場環境を作ることになる。

2000年以降も，日本国内では，集団食中毒事件やリコール隠しなどの企業不祥事が相次いでいたが，中外製薬は，2002年，日本ロシュと経営統合し，ロシュ・グループの傘下に入った際，「革新的な医薬品とサービスの提供を通じて新しい価値を創造し，世界の医療と人々の健康に貢献します」というミッションを掲げ，「患者・消費者への責任」「法の遵守」「人権の尊重」「公正な取引」「会社資産の管理」「情報の開示」「社会貢献活動」「地球環境保全への貢献」「政治・行政との関係」「外部団体との関係」の10項目からなる新たな中外BCGを制定する。企業倫理推進部を設置して，BCGに関する研修とホットラインの運用を担当させている。2003年，企業倫理推進部は社会責任推進部に名称変更され，総務部より環境・安全部門を継承する。2004年には，社会責任推進部に総務部より社会貢献活動部門が移管される。

社会責任推進部は，中外BCGに関する研修，BCGホットラインの運用，環

境・安全，社会貢献活動，CSR情報の公開などを行っているが，こうした取り組みが評価され，中外製薬は，2006年に日本の大手企業約100社が加盟している一般社団法人経営倫理実践研究センターより，加盟企業が評価して決定される経営倫理努力賞を受賞している。この賞は，資生堂，富士ゼロックス，パナソニック，日本TI等，企業倫理活動で著名な企業が受賞していることで知られている。

　中外製薬は，2012年版より，従来の投資家向け冊子『アニュアルレポート』と『社会責任報告書』を統合し，『アニュアルレポート（社会責任報告書 統合版）』を発行している。『アニュアルレポート（社会責任報告書 統合版）』は，これまで別々であった財務情報とCSR情報に関する報告書を統合したものであり，中外製薬は，2014年に第16回日経アニュアルリポートアウォードにおいて優秀賞を受賞し，2015年には，第17回日経アニュアルリポートアウォードで準グランプリを受賞し，2016年，第18回日経アニュアルリポートアウォードでグランプリを受賞している。このように，中外製薬のCSRに関する取り組みは，社会からも一定の評価を受けている。

　中外製薬は，創業者が「世の中の役に立つ薬をつくる」という経営哲学に基づいて設立されたためか，薬害や公害の発生，国際化の推進，不祥事の発覚など，日本社会の変化に敏感に対応し，CSRに取り組み，社会的評価を得ている。

## 2. ダイバーシティへの取り組み

　米国では，1987年に労働省が『2000年の労働力』（"Workforce 2000"）を公表し，ダイバーシティ・マネジメントに関する議論が活発に行われることになる。それ以前の米国の経営学，特に，企業と社会の理論（business and society）や企業倫理の領域においては，雇用差別の問題が取り上げられていたが，それに代わるように，ダイバーシティ・マネジメントが取り上げられるようになっている。ダイバーシティは，多様性と訳されることが多いが，人を他の人と区別する人間の特質に関するものである。ダイバーシティは，年齢，

性，人種，使用言語，雇用形態，勤続年数などにより分類される。日本では，2000 年頃から「ダイバーシティ」や「ダイバーシティ・マネジメント」と言う言葉が使われるようになっていたが，中外製薬では，2007 年の『社会責任報告書』の中で，企業倫理推進活動の一環として，ダイバーシティを推進することが述べられている。ダイバーシティの推進は，誰もが活躍でき，働きやすい職場の実現でもある。

中外製薬は，2010 年に，結婚のため現勤務地で配偶者と同居できない MR (medical representative；医薬情報担当者) を対象とした「MR 結婚時同居サポートプラン」を導入し，配偶者と同居可能な勤務地への異動を認めている。また，2010 年より，女性 MR にライフキャリアを考えてもらうフォーラムや分科会を継続的に行っている。2011 年の『社会責任報告書』においては，多種多様な人財の活躍を促すダイバーシティ・マネジメントを基盤とする新人事処遇制度を導入し，変革の実現のために最も重要と考えている人財育成に取り組むことが述べられている。さらに，中外製薬は，2012 年に，ダイバーシティ推進室を設置している。現在，中外製薬には，1 名の女性の社外取締役がいるが，2014 年より，女性リーダープログラムを導入し，女性マネージャーを対象にさらに上位の職として活躍していく女性リーダーの育成も図っている。

2012 年は，安倍政権が女性活躍推進を「アベノミクス三本の矢」の 1 つとして，2020 年に女性管理職比率を 30％とすることを掲げた年でもある。2014 年時点では，日本企業の女性管理職比率は，約 10％である。1986 年の男女雇用機会均等法の施行以降，働く女性の数は増大し，産休・育休・時短制度・介護休暇・託児所などの両立支援制度は整いつつある。さらに，安倍政権は，2015 年に「一億総活躍社会」を目指すことを宣言し，子育て支援を経済成長とともに目指している。

中外製薬のホームページによると，社内の男女比は，ほぼ7.5 対 2.5 となっている。女性マネージャーは全体の約 10％であるが，2010 年の 29 人から 2015 年末の時点で 62 人と増加している。こうした増加の背景には，女性従業員が自らのキャリアや働き方について考えられるフォーラムを実施したり，グローバルな視点で女性のキャリアやダイバーシティへの考えを深めるための女

性リーダーとの意見交換会を行ったりする取り組みがある。また，中外製薬は，「子育て支援」のために，育児短時間勤務制度やコンソーシアム型保育所である「キッズスクウェア日本橋室町」の利用なども行っている。2015年の育児短時間勤務制度の利用者は，193名で，育児休職取得者は男性が34名，女性157名となっている。在宅勤務の利用を登録している者は，男性が187名，女性が225名となっている。

　こうした取り組みが評価され，中外製薬は，2014年度の「均等・両立推進企業表彰」（厚生労働省主催）で，女性の能力発揮を促進するために他の模範となる取り組みを推進し，その成果が認められる企業を表彰する「均等推進企業部門 厚生労働大臣優良賞」など，2つの賞を受賞している。また，2016年3月，女性活躍推進に優れた企業として，経済産業省と東京証券取引所が発表する「なでしこ銘柄」に2年連続で選定されている。

　中外製薬は，女性の活躍のみをダイバーシティの推進ととらえているわけではない。中外製薬のホームページには，性別や年齢，国籍など多様な価値観を持った人々が働きがいを実感しながら，より質の高い製品・サービスを生み出し，世界の医療と健康に貢献することを同社が目指すダイバーシティとしている。中外製薬は，ダイバーシティとして，性差のみならず，年齢，国籍，雇用形態なども考慮し，障がい者雇用，シニア雇用の支援などを行っている。

　2015年の中外製薬の障がい者雇用率は，2.02％で，東洋経済新報社『CSR企業総覧（2015）』によると，医薬品業界の障がい者雇用率の平均は，1.95％であるので，中外製薬は，平均より高い雇用率となっている。シニア雇用については，シニア社員制度を導入し，本人が希望すれば，55歳以降，シニア社員として最長65歳まで就業を継続できるようになっている。

　中外製薬は，ダイバーシティの促進に加え，ワークライフバランスを考慮し，従業員の誰もが活躍でき，働きやすい環境の整備にも取り組んでいる。2007年より労使での時間外労働状況の共有や，有給休暇取得推奨日を年4日にすることや回数制限なしに家族の記念日に休暇を取得できるようにすることを通じて，適切な就業時間の啓発について継続的に取り組んでいる。2013年には，中外製薬グループが目指すワークライフバランスのあり方を「ワークライフシナジーの追求」として労使で取りまとめている。

現在，中外製薬では，2015年度の1人当たりの月平均時間外労働が17時間，平均有給休暇取得率は56.88％である。東洋経済新報社が上場会社に行った調査によると，回答のあった1034社のうち，500番目の企業の月平均時間外労働が17時間である。東洋経済新報社『CSR企業総覧（2015）』によると，医薬品業界の平均有給休暇取得率の平均は，51.2％であり，業界平均よりも高くなっている。

中外製薬は，ダイバーシティの促進として，最初に，ジェンダー・ダイバーシティに取り組んだが，それに留まることなく，年齢，国籍，雇用形態などを問わず，誰も活躍でき，働きやすい職場づくりを目指している。こうした取り組みに加え，メンター制度も導入されており，若手従業員が，理想となる先輩従業員から，通常より近い距離で指導を受けることで，良好な人間関係を構築して，相談しやすい環境を作ろうとしている。誰にとっても働きやすい職場環境は，従業員のモチベーションにつながるものである。

## 3．社会貢献活動

中外製薬は，ミッションとして「世界の医療と人々の健康に貢献」を定めているが，中外BCGにおいて，「よき企業市民としての責任を自覚し，積極的に社会貢献活動」を進めると明記している。中外製薬は，社会貢献活動について，社会の一員として，社会の課題に自発的に取り組み，直接の対価を求めることなく，資源や専門能力を投入し，その解決に貢献することととらえている。

具体的な取り組みとしては，1985年から毎年，「在宅福祉移送サービスカー」を寄贈し，その寄贈台数は，2015年までに238台となっている。2004年から，毎年，教員の民間企業研修を実施し，2005年からは，乳がんの早期診断，早期治療を啓発する「ピンクリボン運動」に参加している。2006年には，疾病の予防・治療を啓発する市民シンポジウムや公開講座，がん患者会との協働によるチャリティイベントなどを全国14都道府県で計22回開催している。2011年の東日本大震災においても，支援活動を行い，その後も復興支援

を継続している。

　中外製薬は，2013年に公益財団法人日本障がい者スポーツ協会にオフィシャルパートナーとして協賛し，世界で活躍するトップアスリートを支援するとともに，障がい者スポーツの理念である「活力ある共生社会の創造」を実現するための一助となるべく，障がい者スポーツの普及啓発活動などを通じて，障がい者スポーツを積極的に応援している。中外製薬は，障がい者スポーツを知りその理解を深めていくことが，年齢，性別や国籍等の違いを認め合い，ダイバーシティの推進につながるとの考えから，障がい者スポーツを支援しているのである。

　障がい者スポーツの普及啓発活動として，中外製薬は，まず，従業員やその家族に向けて，啓発冊子『応援してほしいから，知ってほしい。障がい者スポーツのこと』を作成・配布したり，ブラインドスポーツ体験会を開催したりして，社内において，障がい者スポーツの啓発活動を展開している。そうした活動は，本社のCSR推進部のみならず，宇都宮工場内や青森営業所管内においても，障がい者スポーツ写真展や体験会が行われている。

　2015年，中外製薬は，障がい者スポーツへの支援が認められ，東京都スポーツ推進企業に選ばれている。東京都スポーツ推進企業は，東京都が従業員のスポーツ活動を推進する取り組みや，スポーツ分野における社会貢献活動を実施している企業等として認めた企業であり，2015年度には，102社が認定されている。

　中外製薬は，まず，従業員とその家族に障がい者スポーツを知ってもらうことから始めているが，実際，その認知はそれほど高くはない。2015年11月，出見世ゼミナールは，大学祭で，障害者スポーツに関する展示を行ったが，その際，来場者にアンケートを行った。159名の回答者のうち，障がい者スポーツを観戦したことがないとの回答が8割を占めている。東京パラリンピックについても，ニュースなどで結果だけを知りたいが7割を占めていた。こうした状況を考えると，まず，障がい者スポーツを会社の内外に知ってもらおうとする取り組みは妥当なものである。

　また，障がい者スポーツを従業員とその家族に知ってもらう取り組みは，結果的に，中外製薬の社会貢献活動を知ってもらう取り組みとなっている。その

活動が会社の内外に見えるものになっているからである。さらに，会社への貢献は社会への貢献であるという意識が中外製薬の一員としての誇りにもつながっている。こうした取り組みは，会社の内部からの評価を高めているのである。

【参考文献】
『中外製薬　アニュアルレポート 2015（社会責任報告書 統合版）』。
『中外製薬　アニュアルレポート 2014（社会責任報告書 統合版）』。
『中外製薬　アニュアルレポート 2013（社会責任報告書 統合版）』。
『中外製薬　アニュアルレポート 2012（社会責任報告書 統合版）』。
『中外製薬　社会責任報告書 2011』。
『中外製薬　社会責任報告書 2010』。
『中外製薬　社会責任報告書 2009』。
『中外製薬　社会責任報告書 2008』。
『中外製薬　社会責任報告書 2007』。
『中外製薬　社会責任報告書 2006』。
『中外製薬　社会責任報告書 2005』。

【さらに学びたい人のために】
『CSR 企業総覧』東洋経済新報社。
経済産業省編（2016）『ダイバーシティ経営戦略 4』経済産業調査会。
経済産業省編（2015）『ダイバーシティ経営戦略 3』経済産業調査会。

*Column*

### 企業の評価

　学生の就職希望企業ランキングと経常利益やROEなどの企業ランキングは，必ずしも一致しない。さらに，学生の就職希望企業ランキングでも，文系と理系，男子学生と女子学生の間で同じにはならない。会社の評価は，様々な形で行うことができる。学生であれば，名前を知っているかどうか，知り合いが働いているかどうか，マスコミに評価されているかどうかなどが，最初の評価軸になっているかもしれない。同じ学生でも経営学や会計学を学び始めると，経常利益やROEなどの指標に加え，従業員の男女比や有給休暇の取得率などを評価に加えるだろう。

　しかしながら，投資家が株式の売買をする際には，必ずしもこうした事柄は評価せず，株価の変動状況，市場の成長性，為替相場の影響，政府の政策の影響などを考慮するかもしれない。もちろん，自分の勘を拠り所に投資判断している者もいる。

　企業は，多面的な側面を持つ多数の人間の活動であり，様々な側面を有している。個人にそれぞれの個性があるように，企業にも多様な個性がある。まずは，評価の目的を確認し，企業の様々な側面を評価して，総合的に判断する必要がある。

# 理論＆用語解説

【理論】
**フリーマンのステークホルダー論**
　フリーマンは，1977年，ウォートン・スクールの「ステークホルダー・プロジェクト」に参加する。そのプロジェクトは企業外部の課題事項を特定することと経営者に利用可能な理論を構築しようとするもので，ステークホルダー相互の協調行動が企業の未来に影響を与えること，企業がステークホルダーを直接的に操ることはできないことを確認し，企業はステークホルダーと協力関係を構築し，多様なステークホルダーがかかわる課題事項を同時に取り扱うべきであるという経営の原則を示している。その後，企業とステークホルダーとの関係を単純に捉えることが広まることになるが，2007年，『利害関係者志向の経営』において，それぞれのステークホルダーには，名前があり，顔があり，家族がいて，複雑なものであり，そうした複雑さを前提としたうえで，企業はすべてのステークホルダーのための価値を創造することが求められるとしたのである。経営者には，唯一のステークホルダー集団の利益のみを重視することなく，すべてのステークホルダーの価値を創造することを求めている。フリーマンは，理論の構築のために企業とステークホルダーとの関係を考察するばかりでなく，経営者に利用可能な理論を構築することを目指している。

**エージェンシー理論**
　1980年にファーマが「エージェンシー問題と企業の理論」を公表し，1983年には，ジェンセンと共著で「所有と支配の分離」を公表して，株式会社にエージェンシー理論が応用されることになる。近代経済学の理論でありながら，サイモンの提唱した「限定合理性」を前提とし，所有者である株主と経営者との間には，情報の非対称性が存在するとする。そのため，経営者は「倫理観喪失の危険」に晒されることになる。経営者が株主を選ぶような逆選択も可能であり，これらを回避するために，取締役会の監視機能を高め，敵対的買収を通じた会社支配権市場，経営者の移動を前提とした経営者労働市場が経営者の行動に対して一定の統制機能を果たすとされている。

【用語】
**「分離の誤謬」**
　「分離の誤謬」とは，「企業と倫理は両立しない」のように事業活動と倫理的な事柄とを分けて考えることから，誤りを犯すことである。社会の中で行われる事業活動には，必ず倫理的な側面がある。それを回避するのが，「統合命題」である。「統合命題」は，人間について語ることなしに企業経営や倫理について語っても意味がないとみなすものである。

**説明責任**
　説明責任（accountability）は，職務遂行責任を移譲された者がその行動の結果を権限委譲者に説明することを意味している。株式会社であれば，取締役は株主に，経営者は取締役に説明責任を有することになる。また，行動の影響を受けた者に対して，その行動について説明する責任もある。

# 第4部
# 現代のビジネスと価値：新たな視点と現状分析

# 第12章
# 行動科学と「よい仕事」

## 1. はじめに

　なぜ人は，人として為すべき正しいことを知っていながら，不正を犯すのであろうか。この種の問いに正面から向き合った古代ギリシアの哲学者アリストテレスによれば，人が不正や悪事を働く原因は「人間の無抑制（アクラシア）」「意志薄弱」「自制心の欠如」なのだという。つまり，我慢や自己抑制の効かない人は，自分の目の前に禁断の果実が差し出されると，自身の規範意識がストッパーとして機能せず，己の欲するままにそれに飛びつくのだと考えられていた。

　現代の企業組織に視点を移してみても，「～してはいけない」「～すべきでない」と知りながら，許されざる行動に出る人がいる。では，不正に関与した人々には，企業人としての倫理が欠如していたのであろうか。なかには，何事も「損か得か」から割り出し，私利私欲を満たすために法やルールを犯す人がいるかもしれない。しかし，たとえ不祥事を起こした企業であっても，そこに勤める大多数は，まじめにコツコツと仕事を続けていたはずである。本章がそのスポットライトを当てるのは，確信犯的なケースではなく，むしろそうした善意の企業人による「意図せぬ不正」についてである。

　組織人を意図せぬ不正へと駆り立てるのは何なのか――。こうした問いに答えるためには，当人の倫理観の揺らぎや心理変容のプロセスを掘り下げて解析するとともに，意図せぬ不正に手を染めるに至った経緯や前後のコンテクストにまでフォーカス・エリアを広げて検証する必要がある。本章は，組織における人間行動の現実や企業人のリアルな情況に行動科学の視点から光を当てた

「行動ビジネス倫理」(Behavioral Business Ethics) の成果を取り込みつつ、「なぜ企業人が意図せぬ不正に走るのか」「どのような措置を講じれば、不正な行動を抑制できるのか」について考察するものである。以下、「2. 延びる魔の手」では、意図せぬ不正の背後要因に迫った「行動ビジネス倫理学」の着想や着眼点を明らかにする。「3. 行動科学の視点」で「行動ビジネス倫理学」の先行研究を整理し、行動科学の成果・手法を活用した研究の見方や考え方を提示する。「4. 意図せぬ不正」では、良識を兼ね備えた組織人を意図せぬ不正へと駆り立てる心理的・環境的要因について具体的に検討する。「5.「良い仕事」イズム」では、三井物産元代表取締役社長・槍田松瑩氏が陣頭指揮を執ったとされる「良い仕事」(Yoi-Shigoto) の要素を分解し、「どうすれば意図せぬ不正に少しでも歯止めをかけられるのか」についての具体的な措置を考察する。

## 2. 延びる魔の手

目の前の仕事や日々の生活に追われると、「何が倫理的に正しく、倫理的に正しくないのか」を知るアンテナの感度が鈍ることもある。コンプライアンス研修で襟を正した人も、営業所の壁に貼られた売上グラフを前に自分の信念が揺らぎかねない。そもそも入社時に受けた研修の心証と、現場で泥水を飲むような経験や場数を踏んだ人が多忙な仕事の合間を縫って受ける研修の心証は異なるはずである。時間の経過とともに人の倫理観は薄れてやがては消えていく……。このような心理現象を指して「倫理観のフェイディング」(Ethical Fading) という。高邁な倫理観を持つ人や善意の徳を持つ人であっても、「自己欺瞞」(Self-Deception) の状態に陥ると、自分が不正を働いているという感覚は鈍くなり、挙句の果てにはなんとも思わなくなるという。

意図せぬ不正に人を駆り立てる要因は一体、何だろうか。それは人の心の作用だけでなく、当人を取り巻く環境にも潜んでいる。過剰な成果主義が横行すると、強引な販売勧奨や虚偽報告に走る人が出てくる。雇用形態を巧みに利用した販売ノルマが設定されると、自爆営業に追い込まれる社員も出てくる。目標設定の仕方によっては、不正を働いた方が当人のためになるからである。

不正が職場内で常態化し，同僚の誰もがそれに気づくことなく見過ごされていることもある。確かに内部通報制度（例：ホットライン）や公益通報者保護法は整備されている。しかし，正論を吐けば，自分が不利益を被るかもしれない。表沙汰にして事を荒立てると，報復人事で返り討ちにあうかもしれない。他人の不正を見ても，見て見ぬ振りを決め込んだほうが当人のためになることもある。「結果良ければすべて良し」の社風も，度が過ぎれば仇となる。「数字さえ出していれば，他人からとやかく言われない」といった空気が蔓延すると，まっとうな意見はかき消される。「結果の過大評価」（Overvaluing Outcomes）は，意図せぬ不正を招く要因としてしばしば指摘される。

なぜ，良心を持つ人が不正を働き，挙句の果てに悪事に手を染めるのか。善意の企業人をそうした行動へと駆り立てるのはいったい何なのか。このような問いに答えるためには，当人の倫理観の揺らぎや心理変容のプロセスを掘り下げて検討するとともに，意図せぬ不正に手を染めるに至った経緯や前後のコンテクストにまでフォーカス・エリアを広げて検証する必要がある。こうした問題意識の上に生まれたのが，行動科学の知見を取り入れて成立した「行動ビジネス倫理学」である。

## 3．行動科学の視点

「行動に関する（英語表記：Behavioral-）」を冠した学問分野（例：行動科学，行動経済学，行動倫理学など）と同様に，行動ビジネス倫理学もまた企業人の実際の行動を科学的に研究するものである。しかしその歴史は浅く，1994年にノースウェスタン大学で開催された「行動科学とビジネス倫理に関するカンファレンス」が始まりだとされる。

社会心理学者と組織心理学者が中心となって立ち上げたカンファレンスは，「人は必ずしも理性に従って判断し行動できるとはかぎらない」という前提を立て，企業人の意思決定と情報処理のプロセスに潜む盲点を洗い出したことで知られる。社会心理学者メズィックは，ビジネス倫理学で見過ごされている事実として，以下を指摘する。①（社会心理学でいうところの）「権威への服従」

という人間の心理を見落としている。本来なら自ら引き受けないような汚い仕事（Dirty Work）でも，上司の指示・命令ならそれに平然と従ってしまう。ならば当然，誰もが嫌がる仕事を請け負ってくれた部下に対する評価はおのずと甘くなりがちで，相手の不正や悪事に対する許容範囲も広がる。こうした悪循環が抽出された。② ある種の先入観・偏見・差別意識・ステレオタイプに基づく思考が公正・中立な立場に立つべき人の意思決定を歪める。③ 倫理的に振る舞おうとしても限界がある。人は，自分の頭で倫理的に正しい判断を下したとしても，倫理的に正しく行動できるとはかぎらない——限定された倫理性（Bounded Ethicality）という行動ビジネス倫理学を特徴づける概念がこの時期に登場した。

その2年後には，行動意思決定研究の観点から，「善意の会計士が不正監査を犯す理由」「『意識の壁』が状況判断を曇らせる」「道徳家ほど己の偏見に気づかない」といった論文を発表していたベイザーマンが合流し，行動ビジネス倫理学の裾野が広がった。

ベイザーマンとメズイックは，企業人の倫理観の劣化を招く心理的要因として，以下を挙げる。① 目先の利益に気を取られて全体を見誤ることがある。「『よくない』『そうすべきでない』と頭で分かっていても，なかなか行動が伴わない」「腑に落ちない気持ちが残っても，それはそれで良しとして受け入れてしまう」など，企業人でなくとも誰しも思い当たる節があるのではないか。② 人は自分に都合よく将来を見積もる。「我が社に限って問題は起きない」「よもや自分の身には起こるまい」など，人間には，自他を区別して，自分の属する組織や自分自身に過度な期待を寄せる傾向があるという。

行動ビジネス倫理学の存在が広く知られるようになったのは，ベイザーマンとテンブランセルの論文「倫理の失敗（[翻訳タイトル] 意図せぬ悪事の科学：なぜ，ビジネスの論理と倫理を切り離してしまうのか）」（2011年）と，それに続く共著『倫理の死角：なぜ人と企業は判断を誤るのか』（2012年）を契機としてである。そのどちらも，行動心理学の実験結果や実際に起きた「倫理の失敗」の数々を検証し，意図せぬ不正を誘発する要因を帰納的に浮かび上がらせている。ここでいう「倫理の失敗」とは，明らかな違法行為というよりもむしろ，法の死角を突く行状・ふるまいや，法令等で禁止されていないもの

の「(世間の常識に照らして)いかがなものか」と物議をかもすような言動についていう。米国内で網羅的に検出された「職場での不正」は，届け出件数の多い順に並べると以下のようになる。○会社備品の私的利用，○職場での威圧的な態度，○顧客・取引先と交わした契約書の記載内容に反する行為，○不良品(初期・動作不良，製品故障など)の誤出荷，○従業員の健康管理や職場の安全衛生に関わる規定に反する行為，○顧客・消費者の個人情報の漏えいや横流し，○会社と結んだ機密保持契約に反する行為，○競合他社の内部情報の悪用，○政府高官に対する贈賄，○内部告発者への報復，○職場での薬物乱用やアルコール依存症発症，○セクシャルハラスメント，○給与規定・時間外(残業)手当・福利厚生に関する規定に反する行為，○自然環境破壊，○職務上の利益相反行為，○勤務時間の虚偽申告，○不正経理，経費の不正申告(例：経費流用，架空請求)，○待遇の差別的扱い，○職場でのプライバシー侵害，○公務員に対する贈賄，○財務報告の虚偽記載，○上司や部下の虚言，○既存顧客・得意先との契約交渉を有利に進めるための便宜(例：現金，贈答品，優待チケットなど)の提供，○直属の上司から部下への嫌がらせ(例：無視，えこひいき)，○各種伝票・帳票・会計帳簿類の虚偽記載，○公正でない採用選考(例，縁故・コネ採用)，○社外のステークホルダーへの虚偽報告，○インターネット利用規定に著しく反する行為，○販売奨励金(キックバック)の受領・収賄(引用：Ethics Resource Center (2013), "Reporting of observed misconduct," *National Business Ethics Survey*, pp. 43–44.)

　なぜ善意の企業人がそれと気づくことなく不正に手を染めるのか。ベイザーマンとテンブランセルによれば，①「認知バイアス」が無意識のうちに働くからである。当の本人が自覚していなくても，傍から見て不当・不適切な言動を行う人がいる。仕事の回し方それ自体に問題があるのに，それと気づくことなく仕事を前に進めてしまう人もいる。次いで，②報酬体系(インセンティブ・システム)やコミュニケーションのあり方である。社員のやる気を引き出すための仕組み(例：成功報酬を組み込んだ給与体系)が裏目に出ないともかぎらない。「高い評価を得たいため」「目の前の数字やノルマにとらわれて」など，人事評価・報酬制度が重くプレッシャーとなってのしかかり，知らず知らずのうちにその道を外れて強引な販売勧奨や虚偽報告に走って転落する人もいる。

これまでの文脈からおおよその見当が付くように，行動ビジネス倫理学は，不正を「しない」「させない」「見逃さない」といった論調ではなく，「なぜ人間の規範意識が低下するのか」「なぜ善意の企業人が意図せぬ不正に走るのか」についての包括的な理解を目指している。行動心理学の実験結果や実際に起きた「倫理の失敗」の数々を検証しつつ，良心を持つ人が意図せぬ不正に手を染める要因を掘り下げて検証する理由について，ベイザーマンとテンブルンソルは，「意図せぬ不正に走る人の心理現象と心理プロセスを把握しなければ，企業倫理の基盤となる制度の設計や運用に経営資源を投入しても水泡に帰してしまう」と説明している。

## 4．意図せぬ不正

### 4-1　商魂が良心に勝るとき

　ヒトの視野は左右180度・上下150度で限界といわれ，自分の目に入ってくる情報の全てを自分の目で認識しているわけではない。まして自分が見たいものとの間に障害物があると，どうしても目視で確認できない区域も出てくる。いわゆる死角である。次いで，人間の脳は，自分の目や耳に入った情報を全てそれとして認知するわけでなく，自分にとって必要なものとそうでないものを選別する機能を有している。そのためもあってなのか，正しい識別眼を持つ人でさえ，組織のなかで揉まれるうちに自身の良心や倫理観が歪められて思わず知らず不正に手を貸しているようなケースも見られる。

　ビジネス倫理学の領域において，理性的な人間は，「何が倫理的に正しく，何が正しくないのか」を識別したうえで，倫理最適解を導き出すことができると前提される。もし倫理的なジレンマ（Ethical Dilemma）に陥ったなら，倫理的な行動とそうでない行動の利害得失を比較衡量して，最善の選択肢を選び取るべきだとも説かれる。それはそうだとしても，実際的な局面においてどうであろうか……。

　人間は果たして倫理的に振る舞うことができるのか。ジレンマに直面しても，それと気づくことなく，ひらりとすり抜ける人もいる。良心を持つ企業

人であっても，職場内の集団力学や社内の人事制度に身を置くうちに，倫理波を受信するためのアンテナの感度が鈍ることもある。だとしたら，意図せぬ不正に企業人を駆り立てる要因は一体，何なのか。それは，人の心の作用だけでなく，当人を取り巻く環境にも潜んでいる。人間行動の不合理な側面に光を当てる現代の「行動ビジネス倫理学」は，意図せぬ不正を誘発する要因として，① 心理的要因と，② 環境的要因を挙げている。

### 4.2 心理的要因

**倫理的に振る舞おうとしても不正な行動に出る**　人間は，理性で判断するよりも，往々にして情緒や感情で反応するといわれる。また，「どう行動すべきか」ではなく，「どう行動したいのか」に基づいて意思決定を行う傾向も見られる。そのため，「倫理的に正しいかどうか」の判断と「企業業績にどんな影響を与えるのか」についての判断を取り違えて，何事も損得勘定から善し悪しを割り出すような人も出てくる。人は，自分の頭のなかで倫理的に正しい判断を下しても，倫理的に正しく行動できるとはかぎらない――「限定された倫理性」が意図せぬ不正を誘発する要因として指摘される。

**時間の経過とともに薄れる倫理観**　コンプライアンス研修は，職場の日常に埋没しがちな組織人の倫理観を喚起し，倫理のアンテナの受信品質の向上に効果を発揮することが期待される。研修の内容は，人間の理性に訴えかけるものが多く，「何がどう倫理的に問題か」「どう行動すべきか」が重要視される。ただ，研修の効果測定は困難で，職場に戻ってからもその効果が長く続くとの保証はない。企業人としての倫理の復元ポイントに戻って自身を再起動できたとしても，時間の経過とともに再び元の状態に戻るとさえいわれる。個人の倫理観が目の前の仕事や日々の生活に埋没し次第に消えて薄れていく現象を指して「倫理観のフェイディング」という。

**人は自分が期待するほど倫理的でない**　人は，自分の倫理性について，次のような「知覚偏向」（biased perception）を持っている。① 人は，未来の自分がとるであろう倫理的な行動に過度の期待を寄せ，過去の自分がとった倫理的な行動を過大に評価する傾向がある。② 人は，未来の自分が不正な手段に出る可能性を過少に見積もり，過去の自分が犯した不正を過小に評価する傾向があ

る。いずれの場合でも，自分以外の他人に対しては，逆の傾向が見られるという。このように，実質以上に自分を高く評価する人の心の作用を指して「倫理観の揺らぎ」(ethical mirage) という。

**不正を働く当の本人が自分のしていることに気づかない**　他人の目から見て明らかに不正な言動に出ているのに，当人がそのことに全く気づいていないことがある。当事者の良心に照らし合わせて「正しく」「不当でない」とされる発言や行動であっても，傍目には著しく不適切な内容を含んでいる場合もある。こうした確信犯的な不正とは別に，何の気なしに不当な手段で善意の相手を欺く人もいる。この種の人は，たとえ不正の事実が発覚しても，「何がどう不正なのか」「なぜ悪いのか」について無頓着でほとんど自覚していない。高邁な倫理観を持つ人や善意の徳を持つ人さえ，「自己欺瞞」に陥ると，自分が不正や悪事に手を染めているという感覚が鈍くなり，挙句の果てにはなんとも思わなくなるという。

### 4-3　環境的要因

**不正に手を出した方が当人のためになるような目標が設定されている**　売上至上主義の風潮が職場に蔓延すると，「職場における倫理」(Ethics in the Workplace) や社員のモチベーションが低下して，意図せぬ不正を誘発することがある。行き過ぎた成果主義が横行すると，他人を出し抜き，蹴落とし，陥れてでも目標達成しようと突っ走る人も出てくる。「熟慮に欠く目標設定」(Ill-Conceived Goals) は，意図せぬ不正を誘発する要因として指摘される。

**他人の不正を見ても素知らぬ顔した方が自分のためになる**　不正に手を染める同僚を見ても，あたかも自分は見ていなかったかのように振舞うことがある。なぜなら，要らぬ口を利くと却って自分が損をするからである。表沙汰にして事を荒立てれば，自分に火の粉が降りかかってくるかもしれない。正論を吐けば，同僚の目に「スタンドプレイに走っている」と映るかもしれない。「動機付けられた見落とし」(Motivated Blindness) と呼ばれる人間の心理現象は，見て見ぬ振りを決め込んで自己保身を図る態度が延いては相手の不正をエスカレートさせる要因となることを示唆している。

**誰もが嫌がる仕事を自分の代わりに請け負ってくれた人に融通を利かせる**　誰

もが手を下したくない汚い仕事を率先して請け負ってくれた人に対する評価はおのずと甘くなる。相手に借りを作れば，相手が関与した不正に対する許容範囲も広がり，多少のことには目をつむるようになる。「間接的であるがゆえの見落とし」(Indirect Blindness) と呼ばれる心理現象は，相手に借りを作ることが延いては相手方の不正に拍車を加える要因となることを示唆している。

**軽微な不正を周囲の誰も気に留めない**　不当な手段で善意の相手を欺いているのに，職場の誰もそのことに気づかないことがある。同僚の目に留まらないような些細な不正であっても，それを見逃しているうちに大胆巧妙化して取り返しのつかない事態に発展するケースもある。不正な手段に一度でも出ると，あたかも坂を転げ落ちていくかのように歯止めが利かなくなる様をたとえて「滑りやすい坂」(The Slippery Slope) という。

**結果さえ出せば，結果に至る過程で不正を働いても帳消しになる**　売上高や部署別の利益貢献度をことさらに強調すると，「終わり良ければすべて良し」「成果を出しているなら，多少のルール違反には目をつむる」といった風潮が生まれる。また，「売上の過大計上」や「費用の過少計上」などといった不当な手段で自分の業績を高く見せかけて過大な評価を得ようとする社員も出てくる。「結果の過大評価」は，意図せぬ不正を招く要因としてしばしば指摘される。

## 5.「良い仕事」イズム

　企業倫理の基盤となる制度の実効性を高めるためには，意図せぬ不正に走る人の背後要因を分析して，社内の倫理諸制度や評価制度を再設計することが求められる。問題は，「誰が何をどうやって仕掛けるのか」「どんな打ち手にするのか」である。

　三井物産「良い仕事」の事例は，社内で実際に起きた不正（違法行為）の根本原因分析を経て，既存のキャリアパスや人事評価制度を見直したことで知られる。改革の陣頭指揮を執った三井物産元代表取締役社長（任期：2002年10月〜2009年3月）檜田松瑩氏によれば，「良い仕事」とは，「社会に必要とされ，世の中で意味のある役割を担い，価値を生み出していく仕事」（日本

経済新聞電子版「(三井物産 檜田松瑩会長の経営者ブログ) 良い仕事とは」(2012年4月13日配信) なのだという。いわゆる檜田改革については，MBA (Master of Business Administration：経営管理学修士) 派遣で同社との縁も深いダートマス大学タック・ビジネス・スクールのケース教材「三井物産：DPF 問題」(Mitsui & Co.: The DPF Incident) や国内で刊行された雑誌にも掲載されている。

**社員の意識と職場の風通し**　三井物産が，社員一人ひとりの意識改革とそれを後押しする制度の整備に着手したのは，偽計業務妨害罪で同社元社員と子会社元役員が逮捕された「国後島ディーゼル発電施設をめぐる不正入札事件 (通称：国後事件)」を契機としてである (東京地判平成15年2月25日裁判所 HP 参照 (平成14年 (刑わ) 第2584号)) (LEX/DB 文献番号28085403)。

　疑惑発覚後の2010年10月に同社代表取締役社長に就任した檜田松瑩氏は，内部監査体制と内部通報制度の整備・強化を図るとともに，社内コミュニケーションを活性化して「風通しの良い社風」を取り戻すことに注力したといわれる。そのために，「社長車座集会」を定期的に開催し，経営トップと社員間の価値観の共有を目指したという。また，「三井物産の DNA」や「仕事に向かう社員の価値観と姿勢」を体系化して明示するために，「三井物産の経営理念 (MVV：Mission [企業使命]・Vision [目指す姿]・Values [価値観・行動指針])」も新たに策定している。

　新社長が旗振り役となって社員一人ひとりの意識改革を推し進めていた時期に，データねつ造の事実が社内調査で判明した。この「DPF (粒子状物質減少装置) 問題」で，同社元社員と子会社元役員が詐欺容疑で逮捕されている (東京地判平成17年10月26日裁判所 HP 参照 (平成17年 (刑わ) 第2809号)) (LEX/DB 文献番号28135403)。東京地方裁判所平成17年10月26日刑事第5部判決には，「良質な製品を開発，製造，販売するという技術者あるいは商社マンとしての誇りを忘れ，企業の利益や事業の成功を最優先に考えて……(以下略)」「商機を逃して利益を上げることができなくなり，ボーナスや昇進はもとより，ナノテク・ニューテク事業創出部存続自体も危うくなると考え……(以下略)」など，被告人らの動機や犯行に至る心理が記されている。

　立て続けに起こる問題の原因を探るため，檜田氏は，第三者の意見を求め

る諮問機関「DPF 問題委員会」を設置した。同委員会の答申内容の要点は以下のとおりである。①経営トップの努力とは裏腹に，コンプライアンス意識が現場の隅々にまで浸透していない。②「行動規範」で示された仕事と実際の仕事が懸け離れていた。③「成果第一主義」の風潮が社内に蔓延し，現場にコンプライアンスとのせめぎ合いがあった。④匿名での内部通報制度の社員への周知徹底が十分ではなかった（三井物産株式会社「（リリース）DPF 問題委員会答申内容（2月24日付け答申書全文）」https://www.mitsui.com/jp/ja/release/2005/__icsFiles/afieldfile/2010/12/21/050225xa.pdf，2005年2月25日配信，2016年9月15日アクセス）。

社内で起きた不正の背後要因を探ると，「成果第一主義」の名の下に短期・定量の成果を追い求めざるを得ない社員の姿が浮かび上がってきたという。言い換えるなら，成果主義に重心を置く評価制度の下で，結果重視の風潮が蔓延し，「三井物産の Values」の存在が軽んじられていたともいえる。このことを問題視した檜田氏は，社員の「良い仕事」（国外での表記は Yoi-Shigoto [the good work]）を後押ししていく仕掛けを次々と打ち出していく。

**良き伝道師の育成と人材還流**　「良い仕事」の駆動源（ドライビングフォース）となる経営企画部のスタッフには，ビジネスの最前線に立つ営業職を抜擢した。引き抜き人事でコーポレート（本社）の管理部門に吸い上げられた人の割合は，部門の要員全体の8割に達したともいわれる。

こうしたやり方を取った理由の第一は，現場感覚を持つ人が管理部門の目線で現場の「良い仕事」を後押しする仕組みや制度を提案するためである。理由の第二は，管理部門から発信されるメッセージが現場の営業職の腑に落ちて実行に移されるかどうかは，当該部門に就く人物の社内評に大きく依存するからである。倫理・法令遵守（コンプライアンス）の制度構築と情報発信の難しさはここからも読み取れる。

ビジネスの最前線で成果を出してきた人がコーポレートや管理部門の名で発信するメッセージは現場の営業職に説得力を持つ。しかし「朱に交われば赤くなる」と評されるように，場数を踏んだ人でさえ時間の経過とともにスタッフ部門（管理部門）の色に染まっていくという。そのため，現場から引き抜いた人材を再び元の職場に復帰させるというキャリアパスも整えたとしている。

コーポレートの感覚を体得した「良き伝道師」として、ビジネスの最前線で働く社員の意識に「良い仕事」を浸透していくためである。このようにして、管理部門と現場最前線の部門間で人材の配置転換を繰り返すことで、現場の営業職の要員に占めるコーポレートの経験者の割合を増やし、延いては現場の意識改革を図ったのである。

**人事制度の改定**　三井物産の社員の一部が正道から外れた要因として槍玉に挙げられたのは、結果を過度に重視した組織風土であった。商魂が良心に打ち勝つための条件が社内に揃っていたためもあって、「結果オーライ」の風潮が職場に蔓延し、社員に共有されていたはずの「三井物産のValues」もどこかに消え失せていたという。そこで、三井物産は、「経営理念の浸透」「人材の育成」「人材の適正な任用と配置」を掲げて、社内の人事制度を大幅に改定した。経営理念を具体的な行動と紐づけるために新たに導入された制度は、以下の特徴を持つ。

　第一に、管理職任用の条件に「三井物産のValues」を落とし込むため、各部門に運用を任していた管理職任用の決済をコーポレート部門の人事総務部部長に移行した。人事総務部・営業総括部・営業本部間で人事情報を共有し、全社的な視野に立って人材の適正な任用と配置を図るためである。

　第二に、「定量的・短期的な成果に繋がる行動」にウェイトを置く個人能力評価の基準に、「『良い仕事』をするために必要な能力」という要素を新たに組み入れた。具体的には、個人能力評価の基準として新たに策定・導入された「三井物産能力開発基準」の評価項目（「企画立案」「実行・推進」「総合力」「人材育成・指導」）に加えて、「Valuesの体現」を落とし込んだのである。月例給（能力給）に反映される個人能力評価の判定については、①期初の目標設定面接・期中の中間面接・期末のフィードバック面接で確認する体制と、②コーポレート部門の人事総務部が面接で定期的に確認する体制と、③階層別研修や昇格試験で確認する体制を整えた。理念体現型の行動を促すために、「社員一人ひとりがValuesを体現する」「Valuesに基づいて行動したかを振り返り、評価してもらう」体制を整備したのである。

　第三に、組織業績評価に占める定量評価の割合を大幅に引き下げた。従来は、定量評価が組織業績評価の全てを占めていた。しかし改定後は、組織業績

評価に占める定量評価の割合を20%に引き下げ，定性評価の割合を80%にまで引き上げた。部門が出した数字を相対的に評価して社内の各部門を競い合わせながら全社の収益を最大化していた制度に区切りをつけて，「部門の在り姿（＝部門が期初に立てた重要目標）をどのように具体化して実現したのか」を評価する絶対評価に比重を置く方向に舵を切ったのである。

**槍田改革の検証**　一連の改革は，「意図せぬ不正を誘発する環境的要因」にパッチを当て，倫理的な組織の構築に必要な人事評価制度を検討する上で示唆に富む。先に取り上げた5項目から成る環境的要因に対して講じられた打ち手は，以下のように整理できる。

・環境的要因（不正に手を出した方が当人のためになるような目標が設定されている）に対する打ち手：不当な手段で結果を出した人が過大な利益を得ないような評価の仕組みを構築する。かつて三井物産は，部門が出した数字を相対的に評価して各部門を競い合わせながら全社の収益を最大化していた。しかし槍田改革を経て，同社は「絶対評価」「定性項目の比重を高めた評価制度」の方向に舵を切った。評価の基準が「利益の量」から「利益の質」にシフトしたことで，社員の賞与に反映される個人業績評価の基準も「仕事の量」から「仕事の質」へと徐々に切り替えられたのである。

・環境的要因（他人の不正を見ても素知らぬ顔した方が自分のためになる）に対する打ち手：コーポレート（本社）の管理部門で「良き伝道師」を養成し現場展開する「人材還流」の仕組みを構築する。「良い仕事」の駆動源となる経営企画部とビジネスの最前線に立つ部門との間で人材の配置転換を繰り返すことで，現場の営業職の要員に占める経営企画部門の経験者の割合を増やし，現場の意識改革を図った。

・環境的要因（誰もが嫌がる仕事を自分の代わりに請け負ってくれた人に融通を利かせる）に対する打ち手：誰がどのような仕事を請け負ったのかを全社的に管理する仕組みを構築する。人事総務部・営業総括部・営業本部間で人事情報の共有化を深めながら，全社的な視野に立って人材の適正な任用と配置を図るため，各部門に運用を任せていた管理職任用の決済がコーポレート部門の人事総務部部長に移行した。

・環境的要因（軽微な不正を周囲の誰も気に留めない）に対する打ち手：軽微

な不正であっても，同僚の誰かが気づくような仕組みを構築する。新たに策定・導入された「三井物産能力開発基準」には，「Valuesの体現」という評価項目が加えられている。社員一人ひとりがValuesを体現しているかどうかについては，① 職場単位で定期的に実施される面接（期初の目標設定面接，期中の中間面接，期末のフィードバック面接），② 人事総務部が定期的に実施する面接，③ 階層別研修や昇格試験等で確認し，Valuesに基づいて行動したかを事あるごとに振り返り，評価してもらう体制を整備した。

・環境的要因（結果さえ出せば，結果に至る過程で不正を働いても帳消しになる）に対する打ち手：利益という結果ではなく，（結果に至る）プロセスを評価する制度を構築する。これまでの文脈から読み取れるように，槍田改革を経て，「社員が出した数字」ではなく「どのようにして数字を出したのか」を測定・評価するための指標が策定・導入されるなど，定量目標よりも定性目標の達成度に比重を置く。

## 6．おわりに

本章は，企業人の実際の行動にその照準を絞った「行動ビジネス倫理学」に光を当て，「なぜ善意の企業人が意図せずして不正に手を出すのか」「どのような措置を講じれば，意図せぬ不正を抑制できるのか」について検討した。意図せぬ不正に走る人の心理現象と心理プロセスに行動科学の視点からスポットライトを当てた研究とその成果は，組織における人間行動の現実や企業人のリアルな情況に肉薄した内容で，現実問題にも幅広く適用できる。

事例研究では，三井物産元代表取締役社長槍田氏が陣頭指揮を執ったとされる「良い仕事」について行動科学の視点を交えて検証した。「利益の量」よりも「利益の質」に比重を置く「良い仕事」イズムは，「仕事の量」よりも「仕事の質」に評価の軸を置く。ただそうはいっても，見方によっては，「世界的な資源高に支えられたからこそ，定性評価でやってこれたのだ」といった意見も出てくるのではないだろうか。確かに，槍田氏在任中も原油価格の高騰を背景に豊富な石油・天然ガス権益を抱える同社の業績は好調で，上場来高値を更

新していた（日経産業新聞「三井物産：なるか8年ぶり利益首位」2007年10月19日付）。定性目標の達成度に比重を置く人事評価制度も，総合商社の収益構造だからこそ可能なのであって，一般の事業会社からしてみれば「そんな悠長なことを言っていられない」のかもしれない。いまさらに指摘するまでもなく，仕事の成果を数字で報告すれば済むところを，わざわざ経営理念の文言と対照して相手に説明するのは手間がかかる。部下の報告を聞く上司が自社の経営理念に深くコミットしているとはかぎらない。評価の全体に占める定性項目の割合を引き上げれば，評価者が「身内びいき」に走り，被評価者の側も「過大申告」をする可能性が出てくる。企業倫理の基盤となる制度の実効性を確保することの難しさはここからも読み取れる。

【参考文献】

アリエリー，D.（2012）『ずる：嘘とごまかしの行動経済学』櫻井祐子訳，早川書房（Ariely, D., *The Honest Truth About Dishonesty: How We Lie to Everyone -Especially Ourselves-*. Harper Collins, 2012.）。

アリストテレス（2002）『ニコマコス倫理学』朴一功訳，京都大学学術出版会。

檜田松瑩（2007）「よい仕事とは」野中郁次郎・嶋口充輝・価値創造フォーラム21編『経営の美学：日本企業の新しい型と理を求めて』日本経済新聞社，85-92頁。

仲井隆（2005）「三井物産のナレッジマネジメントへの取り組みについて」『日本貿易会月報』第629号，日本貿易会，30-32頁。

ナッシュ，L. L.（1992）『アメリカの企業倫理：企業行動基準の再構築』小林俊治・山口善昭訳，日本生産性本部（Nash, L. L. (1990), *Good Intentions Aside: A Manager's Guide to Resolving Ethical Problems*, Harvard Business School.）。

野中郁次郎・遠山亮子・平田透（2010）「リーダーシップ：三井物産」野中郁次郎・遠山亮子・平田透著『流れを経営する：持続的イノベーション企業の動態理論』東洋経済新報社，331-348頁。

ベイザーマン，M. H. & テンブランセル，A. E.（2011）「「意図せぬ悪事」の科学：なぜ，ビジネスの論理と倫理を切り離してしまうのか」『ダイヤモンド・ハーバード・ビジネス・レビュー』第36巻第7号，60-72頁（Bazerman, M. H. and Tenbrunsel, A. E., "Ethical breakdowns: good people often let bad things happen.why?," *Harvard Business Review*, Vol. 89, No. 4, 2011, pp. 59-65.）。

ベイザーマン，M. H. & テンブランセル，A. E.（2013）『倫理の死角：なぜ人と企業は判断を誤るのか』池村千秋訳，NTT出版（Bazerman, M. H. and Tenbrunsel, A. E., *Blind Spots: Why We Fail to Do What's Right and What to Do about It*, Princeton University, 2011.）。

水村典弘（2013）「企業行動倫理と企業倫理イニシアティブ：なぜ人は意図せずして非倫理的行動に出るのか」『日本経営倫理学会誌』第20号，3-15頁．

湊秀郎・瀧口斉（2009）「(特集：仕事の質を高める人事評価) 三井物産：社員一人ひとりの「良い仕事」を支援する人事評価制度の改定」『人事実務』第1059号，産労総合研究所，32-35頁。

湊秀郎（2009）「これからの人事戦略（インタビュー）三井物産：人が最も重要な経営資源。会社の理念に即した人事制度の構築を日々進める」『労政時報』第3756号，労務行政研究所，8-14頁。

山本隆彦(2008)「企業における CSR への取組み：三井物産」大久保和孝他著『会社員のための CSR 経営』第一法規，192-211 頁．
労務行政研究所編集部（2004）「（組織活性化事例）三井物産：社長と社員が自社の将来について語り合う「社長車座集会」を開始」『労政時報』第 3631 号，労務行政研究所，36-44 頁．
労務行政研究所編集部（2006）「（特集：話題の人事制度改革を追う）三井物産：入社後 9 年間を育成期間とする新資格制度を導入，経営理念を反映し能力評価を刷新」『労政時報』第 3686 号，労務行政研究所，21-34 頁．
Baumhart, R. C. (1968), *Honest Profit: How Businessman Say about Ethics in Business*, Holt, Rinehart and Winston.
Kouchakia, M. and Ginob, F. (2016), "Memories of unethical actions become obfuscated over time," *PNAS*, Vol. 113, No. 22. (URL：http://www.pnas.org/cgi/doi/10.1073/pnas.1523586113, 2016 年 9 月 15 日アクセス)
Messick, D. M. and Tenbrunsel, A. E. (eds.) (1996), *Code of Conduct: Behavioral Research into Business Ethics*, Russell Sage.
Nonaka, Ikujiro, Toyama, Ryoko and Peltokorpi, Vesa (2011), "The distributed and dynamic dimensions of human capital," Burton-Jones, Alan and Spender, J-C. (ed), *The Oxford Handbook of Human Capital*, Oxford University Press, pp. 459-476.
Piff, P. K., Stancatoa, D. M., Côtéb, S., Mendoza-Dentona, R. and Keltnera, D. (2012), "Higher social class predicts increased unethical behavior," *PNAS*, Vol. 109, No. 11. (URL：http://www.pnas.org/content/109/11/4086, 2016 年 9 月 15 日アクセス)
Tuck School of Business at Dartmouth -Center for International Business-, "CASE (7-0001) (7-0002) Mitsui & Co.: The DPF Incident."
Wicks, A. C., Freeman, R. E., Werhane, P. H. and Martin, K. E. (2010), *Business Ethics: A Managerial Approach*, Prentice Hall Pearson.

【さらに学びたい人のために】
Abend, G. (2014), *The Moral Background: An Inquiry into the History of Business Ethics*, Princeton.
Baumhart, R. (1968), *An Honest Profit: What Businessmen Say About Ethics in Business*, Henry Holt & Company.
Cremer, D. D. and Tenbrunsel, A. E. (2011), *Behavioral Business Ethics: Shaping an Emerging Field*, Routledge.
Goodpaster, K. E. (2006), *Conscience and Corporate Culture*, Wiley.
フェファー，J.＆サットン，R. I. (2014)『なぜ，わかっていても実行できないのか』日本経済新聞社 (Pfeffer, J. and Sutton, R. I. (2000), *The Knowing-Doing Gap: How Smart Companies Turn Knowledge into Action*, Harvard Business School.)．
フェファー，J. (2016)『悪いヤツほど出世する』日本経済新聞出版社 (Pfeffer, J. (2015), *Leadership BS: Fixing Workpaces and Careers One Truth at a Time*, Fletcher.)．

# 第13章
# CSV（共通価値創造の戦略）の検証と DWDG 仮説

## 1．はじめに

　CSR（Corporate Social Responsibility；企業の社会的責任）の概念が我が国で広く知られるようになったのは，経済同友会が 2003 年 3 月に「（第 15 回企業白書）『市場の進化』と社会的責任」を発表してからだといわれる。

　世にいう「CSR 元年」から 10 年以上が経ち，上場会社の多くは CSR 報告書やサステナビリティ・レポートを作成・公表し，「CSR 経営」「持続可能な経営」といった手法も確立している。また，「GRI ガイドライン（第 4 版）」（以下，GRI-G4 ガイドライン）や IIRC（国際統合報告評議会）「国際統合報告〈IR〉フレームワーク」が 2013 年に相次いで公表され，CSR の重点課題（マテリアリティ）に照準を合わせた「マテリアリティ・アセスメント」や，企業報告における財務情報と非財務情報を一本化して開示する「統合報告」（Integrated Reporting）の動きも広がっている。

　本章は，CSR の領域に新風を吹き込んだとされる CSV（Creating Shared Value；共通価値創造の戦略）の全容を明らかにしたうえで，CSV の先進事例として知られる総合食品飲料企業ネスレ（Nestlé S.A.［以下，ネスレ本社］）の取組実態と，キリングループの CSV 活動について事例研究を行う。では，なぜネスレの取組が先駆的なのだといえるのか。先ず以て，ネスレ本社が CSV のコンセプトを打ち出したのは 2006 年であり，ポーターとクラマーの論文「共通価値の創造」（Creating Shared Value）が「ハーバード・ビジネス・レビュー（英語版）」（2011 年 1–2 月号）に掲載される 5 年前のことであ

る。次いで，同社がビジネス化を推進する3領域──「栄養問題」「農業・地域開発」「水資源」──に「サステナビリティ」「コンプライアンス」を加えた計5項目の重要課題（Material Issues）についての具体的で定量的な目標値（＝必達目標［コミットメント］）と行動計画を策定し，全体的な進捗状況と計画の達成状況を集計し社外に公表する体制を構築しているからである。各KPI（Key Performance Indicators；重要業績評価指標）の実績値の測定方法や信頼性に疑問の余地はあるものの，「社会にとっての価値」（Value for Society）を可視化したケースは少ない。同様に，キリンホールディングス株式会社（以下，キリンHD）については，以下の通りである。第一に，キリングループは「社会をよくして，企業（キリン）も強くなる」を掲げ，CSVを冠した組織を日本で初めて立ち上げている。先に挙げたポーターとクラマーの論文の翻訳が「ダイヤモンド・ハーバード・ビジネス・レビュー」（2011年6月号）に掲載されてから相当の時間が経っていたものの，社内に「CSV本部」を設置した事実は業界新聞でも広く報じられた。第二に，キリンCSVは，Shared Value Initiative（SVI）主催の「共通価値（SV）リーダーシップ・サミット2014」（2014年5月13-14日開催）の場で日本におけるCSVの先進的な事例として紹介され，国際的な認知度も高まってきている。

## 2．可視化・定量化

　企業はなぜCSRに取り組むのか。かつては，外部からの圧力を受けてやむなく取り組まざるを得ないといった声も聞かれた。また，善意に根差した善行であるとする見方も根強い。なぜなら，CSR活動は「慈善」や「フィランソロピー」（利他的な奉仕活動）の一形態であって，「そうするのが良い」「そうすべきである」といった正義のニュアンスを伴うからである。その一方で，企業業績との間に正の相関を期待するケースは「戦略的CSR」（Strategic CSR）と呼ばれる。そのどちらも「社会・公共のために」（Good for Society）を志向しているものの，「善いこと（正しいこと）をする」（Do Good）に重心を置くCSRは「ヒューマニタリアニズム」（人道主義）の色合いが濃く，費用

対効果の計算と距離を置く。それに対して、「善いことをして業績を上げる」(Do Well by Doing Good) を指向したタイプは、CSR活動の延長線上に企業価値・株主価値の向上を見据えている。

　日本企業に関しても、CSRの重要課題についてのKPIを設定しPDCAサイクルに乗せる時代となっている。たとえば、三菱ケミカルが2010年12月に打ち出した「KAITEKI指標」(翌年3月にMOS指標と名称変更) は、「Sustainability (環境・資源) 指標」「Health (健康) 指標」「Comfort (快適) 指標」から構成され、各事業が生み出すKAITEKI価値を指数化している。近年に至っては、GRI-G4ガイドラインや「統合報告」の普及・浸透とともに、CSRの重点課題を抽出・特定し、当該課題の解決に繋がる打ち手を導出して実行に移す動き──「マテリアリティ・アセスメント」の傾向が加速度的に進んでいる。

　GRI-G4ガイドラインが謳う「マテリアリティ・アセスメント」は、「サステナビリティにおけるCSRの重要課題の評価と特定」とも訳される。このアセスメントは、当事企業にとって重要度が高い項目をX軸に、ステークホルダーにとって重要度が高い項目をY軸に置くマトリクスにCSRの重要課題 (マティアリティ) をプロットするものである。具体的には、(STEP1) 重点課題の洗い出しとリストアップ、(STEP2) 重点課題の優先順位付け、(STEP3) 重点課題の内容と順位付けが妥当か否かの検証 (バリデーション)、(STEP4) レビュー──といった段階を踏む (参照：Global Reporting Initiative, "G4 Sustainability Reporting Guidelines: Implementation Manual," URL：https://www.globalreporting.org/resourcelibrary/GRIG4-Part2-Implementation-Manual.pdf、2016年9月15日アクセス)。

　CSR活動の効果測定が企業人の関心事となっていた時期に、ポーターとクラマーが「共通価値の創造」と題した論文を発表して話題になった。とかく「慈善 (フィランソロピー)」「(人として) 正しいことをする」といった言葉で体をかわしがちなテーマに対して、ビジネス・スクールに籍を置く彼らは、社会課題解決度を測る各種指標や「社会課題を解決して業績にどのように反映させるのか」を測定・モニタリングするための手法 (ツール) を持ち込んだのである。その一方で、フランスの左派系の日刊紙「リベラシオン (Libération)」

(ウェブ版) に「グリーンウォッシュの次はソーシャルウォッシュなのか」といった批判的な記事が寄せられるなど，算盤勘定を取り込んだ CSV は論議の対象ともなっている。

## 3．好いとこ取りした戦略：CSV

「共有価値創造の戦略」とも訳される CSV は，CSR の一歩先を行くコンセプトとしてポーターとクラマー（2011）の論文「共通価値の創造」（邦訳題名：共通価値の戦略）で提唱された。しかし正確には，ネスレ本社内の広報部門（Public Affairs［以下，広報（PA）］）が 2006 年 3 月に発行した小冊子「ネスレが中南米で実践している企業の社会的責任（CSR）のコンセプト」（全 68 頁）の方が先行している。また，CSV のコンセプトは，企業活動が社会に与える負荷（social impact）に新たなイノベーションと事業機会を見出した「戦略的 CSR」の延長線上に位置し，必ずしも新規のアイデアではない。

CSV は，「社会にとっての価値」と「企業にとっての価値」（Value for Business）の共通部分にその照準を定める。前者は，企業がその事業拠点を置く地域に固有の社会課題が解決し，現地で生活を営む人々にとって良い状態が確立・維持することを意味する。後者については，「収益性・労働生産性の向上」「コスト削減」「業務の効率化」といった項目が示される。CSV をモデル化したポーターとクレイマーによれば，競合他社の機先を制して攻勢に出るためには，①「製品と市場を見直す」，②「バリューチェーンの生産性を再定義する」，③「現地にクラスターを開発し稼働させる」──が有効だという。

CSV は当事者双方にとっての正の価値を促進し，負の価値の抑制を図ることを目的としている。言い換えるなら，相手国・地域で生活を営む人々と当事企業の双方に最大限の便益や恩恵を与えながら，関係者全員の被る負荷や損失（損害）を最小限に留めることに主眼を置く。いうなれば "Win-Win"（両得）の戦略で，双方の当事者が便益や恩恵を受ける領域に照準を絞った「好いとこ取り」の打ち手だといえる。しかし抽象度が高く，リアリティーに欠ける。

CSV のコンセプトを実現可能なレベルにまで下方展開（ブレイクダウン）

した SV 戦略（Shared Value Strategy）は，以下 4 段階を踏む．
 (1) ビジョンの策定：目指すべき将来の像を明確にして CSV の駆動力にする．
 (2) 戦略の策定：① 企業の戦略目標に合致した社会課題を特定する．
  ② 社会課題解決の目標値を設定する．
  ③ 社会の抱える課題の解決度を測る KPI を策定する．
 (3) 現場展開：SV 戦略を現場オペレーションに落とし込んで効果的に展開する．
 (4) パフォーマンス測定：社会課題をどれだけ解決できたのかを定量的に把握し，KPI の達成状況を開示する．

　SV 戦略は，「社会課題を解決して業績にどう反映させるのか」を重視する．CSV の普及・促進を目的として設立された FSG（Foundation Strategy Group）と SVI（Share Value Initiative）といったコンサルティングファームはこれまでに社会課題解決型の先進的な事業（イニシアティブ）を経営戦略に組み込んで現場展開するためのノウハウやパフォーマンス測定の手法（ツール）を公表してきている．なぜそうまでして指標化にこだわるのか．先ず以て，CSV/SV 戦略が巡り巡って企業のため，延いては株主のためになるための定量的な予測を示すためである．つまり，CSV/SV 戦略は，一見して相反するように見える「社会にとっての価値」と「企業にとっての価値」が合致する部分を示し，社会課題解決に基軸を据えた戦略が自社の収益力強化とコスト削減効果を生み，巡り巡って「企業価値向上」「株主価値の最大化」につながることを可視化しているのである．

## 4．ネスレ CSV：共通価値創造の戦略

### 4-1　SCM の強化と GLOBE プロジェクト

　ネスレ（Nestlé S.A.）は，2016 年 6 月に創業 150 周年を迎えた．スイス・ヴェヴェイに本社を置く現在のネスレ（スイス証券取引所上場）は，世界各地の国や地域（189）で事業展開し，従業員数約 33 万 5000 人を擁する世界最大規模の総合食品飲料企業である（2016 年 9 月 15 日現在）．

**SCMの強化と社会課題解決**　ネスレ本社がCSVを前面に出したのは，ピーター・ブラベック氏（当時取締役会議長兼CEO）が「「栄養」「健康」「ウエルネス」のリーディング・カンパニー」を謳った2006年以降だとされる。確かにそうなのだが，それ以前からネスレ各社はグループ全体のサプライ・チェーン・マネジメント（SCM）を強化するため，原材料調達源とその周辺域の社会課題解決に取り組んでいた。代表的な事例として知られるのは，1930年代のブラジルで商品化された「ネスカフェ」や，1961年に操業を開始したモガ（インド・パンジャブ州）における農村開発の事例（モガの事例）である。

　インスタントコーヒーの代表的なブランドとして知られる「ネスカフェ」は，コーヒー豆の販路拡大とコーヒー農家の安定収入を図るために開発された。また，農業・地域開発の成功事例として知られるモガの事例は，文字通りゼロの状態から現在のバリューチェーンを構築した。すなわち，1961年のモガでは，180人の酪農家が約3kLの生乳を集めていたに過ぎなかったという。しかしネスレ関係者の酪農指導や技術支援を経て状況は大きく変わった。具体的には，生乳の取扱量が37万5000トンまで伸びるとともに，現地サプライヤー（147社）が8万6371人の雇用を生み出し，インド国内で消費される牛乳の約10.5％を生産する規模まで成長したという。現在のネスレが取り組む「ネスカフェ・プラン」や「カカオ・プラン」も同様のプロセスを踏んでいる。

　これまでの記述から読み取れるように，ポーターとクラマー（2011）が提唱したCSVのコンセプトとフレームワークは，ネスレとその傘下企業の「ビジネス（商売）のやり方」を単純化したモデルに過ぎない。こうしたCSVのコンセプトをネスレ本社が広報（PA）を通じて対外的に明示するようになったのは，同社の取締役会議長兼CEOにブラベック氏が就任した2005年以降のことである。

**グループ内組織再編「GLOBEプロジェクト」**　ネスレ本社が2003年に署名していた「国連グローバルコンパクト」（UN Global Compact）に準拠した全社的な監査プログラム（＝CAREプログラム）の導入が2005年に完了した。その翌年には，彼が主導した総額約30億スイスフラン（約2800億円［当時の平均レート：93.023円］）と2100名の人員を投じたグループ内組織再編プロジェクト「GLOBEプロジェクト（正式名称：Global Business Excellence

Project)」(2000年3月～2006年末) が完了し,「巨大タンカー」から「補給部隊を共有する柔軟性の高い艦隊」への変身を遂げ, グループ各社のデータや情報を一元的に管理するシステム (＝GLOBE マネジメント情報システム) を構築したといわれる。

IFRS (International Financial Reporting Standards；国際会計基準) を1989年に導入していた同社は,「GLOBE プロジェクト」を経て, バリューチェーンの各工程に関わるデータや情報を一元的に管理できるようになった。地域別・事業別・商品別の売上高や損益だけでなく, 予算実績差異分析や予想される最終的な損益とその確率までも計測できるようになったのである。

併せて, 研究開発部門を再編し, 4拠点・28カ所 (研究開発人員：5000人) とするとともに, 臨床的根拠に基づく基礎研究を行うための研究機関 NIHS (Nestlé Institute of Health Sciences；ネスレ健康科学研究所) を核とした技術プラットフォームを構築した。先進的な技術革新チャネルを持つことで, ネスレは,「先進的な植物育種」「植物バイオテクノロジーや栽培管理手法の開発」「植物 DNA のクローニング」などを手掛け, 高品質な原材料確保を可能にしたといわれる。

以上の段階を踏んで, ネスレは「「栄養」「健康」「ウエルネス」のリーディング・カンパニー」への転身を図ったとされる。次いで, 2006年には, ブラベック氏 (当時取締役会議長兼 CEO) がポーターとクラマーに依頼して調査した結果をまとめた小冊子「ネスレが中南米で実践している企業の社会的責任の概念」を刊行し, CSV の全容が初めて明らかにされた。

それから現在に至るまでの間には以下のような動きがあった。

2006年　国連が提唱する MDGs (ミレニアム開発目標) の目標 (Goal 1～8) とネスレグループの活動を紐づける。

2007年　ネスレ CSV の重点領域として「栄養問題」「農業・地域開発」「水資源」が選定される。

2008年　CSV を軸に編集された報告書「ネスレ共通価値創造レポート」の第1号が発行される。

2009年　CSV を前面に打ち出すとともに, CSV のコンセプトを具現化した企業を表彰する制度「ネスレ CSV 賞」や, 政府・市民社会・民間

セクター(企業)が連携して開発課題に取り組むためのフォーラム「ネスレCSVグローバル・フォーラム」を立ち上げる。

## 4-2 ネスレ本社の体制

**内部統治(internal governance)** ネスレ本社は,「CSV諮問委員会(Creating Shared Value Council)」(年1回開催)を設置し,世界各地の国や地域で展開するCSVイニシアティブを統括している。同委員会の議長には,ネスレ本社の広報(PA)部門のトップで,IIRCの評議員も務める人物を据えている。委員会のメンバー12名のうち,1名は同社取締役を兼任している。その他11名については,「企業の社会的責任」「戦略」「サステナビリティ」「栄養学」「水問題」「農村開発」に関し高度な専門性を有する社外の有識者や学識経験者が名を連ね,CSVを体系化したポーターもその一人である。社外のエキスパートが多数派を占める委員会は,専門的な知見に基づくアドバイスをネスレ本社経営陣に提供する外部専門家グループ(external advisory group)で,広報(PA)部門のトップ(1名)と社内取締役(1名)を除く委員全員には固定報酬が支払われていない。

**パフォーマンス測定** ネスレ本社は,2020年を目標に計39項目から成る「必達目標」(内訳:健康栄養分野[15項目],農業・地域開発分野[4項目],水資源分野[5項目],環境・サステナビリティ分野[7項目],従業員・人権・コンプライアンス分野[8項目])を掲げている。同社は,各分野・項目の内容を定義するとともに,定量的な指標も明示している。また,GRI-G4ガイドライン対照表と併せて,各項目についてのKPIを設定し,年度ごとの達成状況をウェブサイトや冊子形態の報告書(Nestlé in Society: Creating Shared Value Report)等で開示してきている。

グループ全体で優先的に取り組むべき課題(material issues)については,ネスレ本社が「重点課題マトリクス」を作成している。図13-1で示すように,ネスレグループ全体の経営に与える影響が極めて大きく,かつステークホルダーの関心度も極めて高い課題に対して,同社は具体的な打ち手を立てる。参考までに,2016年について,同社は,「栄養の過剰・過少摂取」と「水資源の管理」を最重要課題として提示している。ただし,一連の「マテリア

図13-1 ネスレ本社の重要課題マトリクス

| ステークホルダーにとっての関心度 | (極めて重大) | ネスレの経営に与える影響度は中程度だがステークホルダーの関心度は極めて高い | ネスレの経営に与える影響度が高くステークホルダーの関心度も極めて高い | ネスレの経営に与える影響度が極めて高くステークホルダーの関心度も極めて高い |
|---|---|---|---|---|
| | (重大) | ネスレの経営に与える影響度は中程度だがステークホルダーの関心度は高い | ネスレの経営に与える影響度が高くステークホルダーの関心度も高い | ネスレの経営に与える影響度が極めて高くステークホルダーの関心度も高い |
| | (中程度) | ネスレの経営に与える影響度は中程度でステークホルダーの関心度も中程度に留まる | ネスレの経営に与える影響度は高いがステークホルダーの関心度は中程度に留まる | ネスレの経営に与える影響度が極めて高いがステークホルダーの関心度は中程度に留まる |
| | | (中程度) | (重大) | (極めて重大) |

（ネスレの経営に与える影響の程度）

出典：Nestlé Global, Nestlé Materiality Matrix（URL：http://www.nestle.com/csv/what-is-csv/materiality, 2016年9月15日アクセス）を基に筆者が作成した。

リティ・アセスメント」については，同社と傘下のグループ各社を取り巻く社会・経済環境の変化に合わせて見直す必要があるため，一定期間経過後に更新される。また，世界各地の国や地域の実情に応じて重点課題の重要度も異なるため，ネスレ本社が作成したマトリクスに現地法人がアレンジを加えて独自に「マテリアリティ・アセスメント」を実施している。

**株主価値** ネスレCSVは，関係者の誰もが認めるCSVのフロントランナーで，業種業態の別を問わずベンチマーキングの対象となっている。しかし，「社会にとっての価値」を定量的に把握することは困難で，各KPIの妥当性を検証することも容易でない。にもかかわらず，なぜ「社会にとっての価値」を指標化するのであろうか。理由の第一として，ネスレ本社が推し進めるCSVイニシアティブ／SV戦略が巡り巡って企業のため，延いては株主のためになるための定量的な予測を示すためである。言い換えれば，グループ全体の必達目標と関連付けられた社会課題の解決に向けて取り組むことで，同社傘下の法人（※ジョイントベンチャーを除く）が事業拠点を置く国や地域で生活を営

む人々にとって有益であるだけでなく，ネスレの株主にとっても有用性が高く，当事者双方が望む結果を共に得られることを可視化するためである。理由の第二として，社会課題解決型の事業の多くが企業の慈善活動（フィランソロピー）の一環として行われてきているからである。関係者の意図や動機はさておき，慈善目的の支出が最終損益や株価に与える影響とその根拠を明確に示すことはできない。この一見相反するように見える2つの命題に対して，CSV/SV戦略は，「社会にとっての価値」と「企業にとっての価値」が合致する部分を示し，社会課題解決に基軸を据えた戦略が巡り巡って自社の収益力強化とコスト削減効果を生み，延いては「企業価値向上」「株主価値の最大化」につながることを巧みに論証してみせたのである。

## 5．キリングループ：社会と共有できる価値の創造

**One Action Two Value（社会をよくして，企業［キリン］も強くなる）** キリングループのCSVは，キリンHDの長期経営構想「キリン・グループ・ビジョン2021」（2012年10月策定）の下で2013年1月に発足したCSV本部（キリン株式会社内）を基軸として推進している（図13-2）。CSV本部の下部組織には，「コーポレートコミュニケーション部」「ブランド戦略部」「CSV推進部」が配置され，「CSVの視点に立つブランドを基軸とした経営」を前面に出している。グループCSV委員会については，グループ全体のCSV活動を所管するとともに，社長諮問機関として機能している。

　キリングループは，「社会をよくして，企業（キリン）も強くなる」というメッセージを社内外に発信し，「社会にとっての価値」と「企業にとっての価値」を両立できる事業や取り組みを"One Action Two Value"と呼ぶ。また，CSV活動とそれ以外とを区別するためにキリン社内のCSV本部が作成した「CSVプロジェクト・シート」によれば，「社会にとっての価値」に重点を置く活動は社会貢献の色合いが濃く，また「企業にとっての価値」に重点を置く活動は競争戦略の枠組みを抜け出ていないとされる。

　"CSV"に「社会と共有できる価値の創造」という訳を充てる同グループ

図13-2　キリングループのCSV推進体制

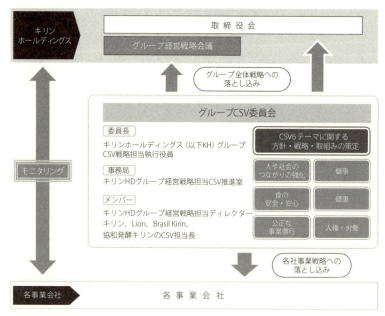

出典：キリンホールディングス株式会社「CSVの推進体制」（URL：http://www.kirinholdings.co.jp/csv/sustainability/promotion_csv.html, 2016年9月15日アクセス）を基に筆者が作成した。

は，CSV活動の6つのテーマ――「人や社会のつながりの強化」「健康の増進」「環境への取り組み」「食の安全・安心」「人権・労働」「公正な事業慣行」――を掲げ，グループ各社の事業活動を通じて社会課題の解決に取り組むとしている。たとえば，「健康の増進」として，キリンは，自社で独自に開発した特許技術「プリン体カット製法」（発明の名称：発酵麦芽飲料の製造方法，藤野舜一・佐久間修三［麒麟麦酒株式会社醸造研究所内］，公開特許，［公開番号］特開2003-169658，［登録番号］特許3730935，2003年6月17日）を用いた機能系ビールの新製品を相次いで発表してきている。また，生活習慣病予防やアルコール関連問題（Alcohol Related Problem：ARP）にもスポットライトを当て，「健康日本21」や「ハンドルキーパー運動」と連携した活動を行っている。

**キリンCSV：製品と市場を見直す**　キリンビールが2009年4月に発売したノ

ンアルコール・ビールテイスト飲料（アルコール度数0.00%）「キリンフリー」は，キリングループのCSVの象徴としてしばしば取り上げられる。「キリンフリー」のコンセプトは飲酒運転による交通事故発生件数（図13-3）が社会問題化していた2007年に企画され，当初は「エビデンスマーケティング商品」「CSR的な社会貢献型商品」として上市された。ちなみに，エビデンスマーケティング商品第1弾は，同社独自の特許技術「プリン体カット製法」（正式名称：発酵麦芽飲料の製造方法）を用いた機能系ビール「淡麗W」（2009年2月10日発売）である。ここで，エビデンスマーケティングとは，「エビデンス（証拠）に基づくマーケティング」を意味し，「商品を通じて，わかりやすい根拠・裏づけのある価値（＝安心感につながる事実）をお客様に提案するマーケティング手法」（引用：キリン株式会社「（ニュースリリース2009年）「キリンフリー」を新発売：社会的要請に応えた"世界初，アルコール0.00%"のノンアルコール・ビールテイスト飲料を提案」2009年1月9日，URL：http://

図13-3 飲酒運転事故発生件数等の推移

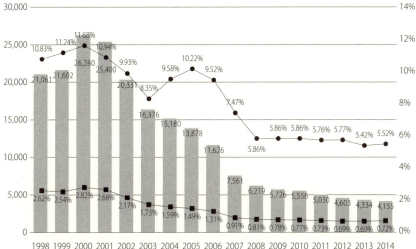

出典：警視庁交通局「交通事故発生状況」「平成26年中の交通死亡事故の特徴及び道路交通法違反取締り状況について」に基づき，筆者が作成した。

www.kirin.co.jp/company/news/2009/0109e_01.html，2016年9月15日アクセス）を意味する。

　酒類販売業でありながら，非アルコール飲料を発明した経緯について，特許庁の公報（発明の名称：アルコール感が付与された非アルコール飲料およびその製造方法，［発明者］樋浦竹彦・太田雄人・岡田義宗・鬼頭英明［いずれも麒麟麦酒株式会社内］，公開特許，［公開番号］特開2012-016308，［特許番号］5670107，［公開日］2012年1月26日）には，次のように記載されている。

　「近年の健康志向の高まりの中でアルコール摂取量を自己管理する消費者が増加している。また，飲酒運転に対する罰則の強化など道路交通法の改正により，自動車等の運転に従事する者のアルコール摂取に対する関心が高まっている。このような中で，清涼飲料でありながらアルコール感のある飲料への需要が一段と高まっている」。

　「キリンフリー」以前にも，ノンアルコールビールの製造方法に関する発明が行われ，日本国内外で複数の特許が出願されていた。また，酒税法の分類上，アルコール分が1％未満の飲料は「酒類」でなく「ノンアルコール」として取り扱われるため，アルコール含量1％未満の「低アルコール飲料」も販売されてきている。しかしそのどちらも醗酵・熟成（後醗酵）の工程で麦汁に由来するオフフレーバー（麦汁臭）が顕在化し，好ましくない香味の特徴を有するという問題が残されていた。この点に着目した，キリンビールR&D本部・酒類技術研究所の研究員らは，「発酵によらずオフフレーバーが低減され，かつホップ香気成分を保持したアルコールゼロのビール様麦芽飲料」の製造方法を発明し特許を取得した。具体的には，非アルコール飲料に辛味付与成分（カプサイシン類［トウガラシの辛味成分］）と苦味付与成分（ナリンゲニン類［柑橘果実中に含まれる苦味成分］など）とを組み合わせて添加し，非アルコール飲料にアルコール感を付与したのである。

　アルコール0.00％の「キリンフリー」は，飲酒運転や飲酒事故といった日本社会の抱える課題に対して同社の革新的な技術でアプローチした点と，「ノンアルコール飲料市場」（図13-4）という新たな市場を創出した点で，CSVの先進事例だとされる。「キリンフリー」を含むノンアルコール飲料製品群は酒税法上の酒類に該当しないため，酒類に求められる高率・高額な酒税負担もな

第 13 章　CSV（共通価値創造の戦略）の検証と DWDG 仮説　*211*

図 13-4　ノンアルコール飲料市場の推移（単位：千 kL）

出典：サントリー株式会社「（ニュースリリース）ノンアルコール飲料に関する消費者飲用実態調査──サントリーノンアルコール飲料レポート 2016──」2016 年 6 月 28 日（URL：http://www.suntory.co.jp/news/article/12681.html, 2016 年 9 月 15 日アクセス）を参考として，筆者が作成した。

図 13-5　酒類製成数量の推移（単位：千 kL）

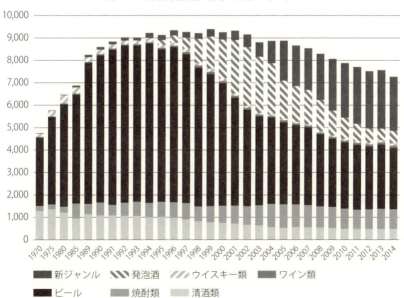

出典：国税庁課税部酒税課「酒類製成数量の推移」（2016 年 3 月 28 日発表）に基づき，筆者が作成した。

く，利益率も高い水準にあると推定できる。また，ノンアルコール飲料の最盛期を記録した2013年時点の出荷量（24万5400kL）は同年度の酒類精成数量全体の約3％と推計される（図13-5）。

**キリンCSV：バリューチェーンの生産性を再定義する**　企業活動が社会に与える負荷を軽減するとともに，企業の収益力強化とコスト削減効果を得ることが目的である。キリンについては，グループ各社が製造・販売する商品群の川上から川下に至るバリューチェーン（図13-6）の各工程で環境・社会負荷軽減に取り組んできているとしている。

図13-6　バリューチェーン

**原材料調達**　キリン調達部がグループ全体のCSR調達を統括・推進している。具体的には，「キリングループ調達基本方針」にもとづく「キリングループ・サプライヤーCSRガイドライン」を策定し，2011年から運用している。キリンビバレッジ「スリランカ・フレンドシップ・プロジェクト」（2007年〜）では，紅茶製品の原料となる資源の保全を図るため，紅茶葉の産地であるスリランカの農園を対象として，「レインフォレスト・アライアンス認証取得支援」「キリンライブラリー設立」といった生産者支援を行っている。

**購買物流**　酒類・飲料の原料や資材をグループ内の別の事業所やサプライヤーから輸送・搬入する際に，先に示したCSR調達のガイドラインが適用される。

**製造**　グループ各社の工場で使用する水・燃料・電力等の使用量削減やリサイクル率向上に取り組むとともに，酒類・飲料製造時の副産物・廃棄物の有効利用や高付加価値素材の開発に取り組んでいる。また，包装容器の開発に特化した「パッケージング技術研究所」をキリンビール横浜工場・テクノビレッジ内に設立し，酒類・飲料の容器や包装資材の改良・開発にも取り組んでいる。こ

れまでにキリングループ各社は「炭酸飲料向けワンウェイびんの開発」「ビール大びん・中びんの軽量化」「缶蓋の縮径化」「2Lペットボトルの軽量化」「包装資材の軽量化」を実現し，製造工程と物流工程で排出される二酸化炭素（$CO_2$）排出削減を推進してきている。

**出荷物流**　物流部門と営業部門が共同で TCR（Total Cost Reform；全社的なコスト削減実現プロジェクト）活動を実施し，「パレット単位の受注」「大型車両での配送による車両効率の向上」「時間指定配送の分散化によるトラック回転率の向上」といった成果を出している。また，環境負荷低減と業務効率化を図るため，モーダルシフトを推進するとともに，アサヒビール（2011年8月〜）とサッポロビール（2015年4月〜）と協業して「小口配送の共同化」と「空き容器の共同回収」を国内一部地域で実施している。

**マーケティング・販売**　キリンビールは2005年1月に三段階建値制を廃止し，ビール・発泡酒・新ジャンルに「オープン価格制度」と「自主ガイドライン」を導入している。和洋酒類やチューハイ類についても，同様の価格制度とガイドラインを2007年1月から適用している。このようにして，公正な取引環境づくりを推進したことで，リベート（売上割戻：販売奨励金，販売助成金，協賛金など）を多用した営業活動や常態的な値引き販売につながる販売促進費は大幅に減少したとされる。また，アルコール0.00％を謳う商品が「妊娠・授乳期の飲酒」「未成年者の飲酒」などといった新たな社会問題を生んだため，酒類の広告審査委員会の定める「酒類の広告・宣伝及び酒類容器の表示に関する自主基準」の内容を一部改定し，社内基準や社内に設置された倫理委員会の方針も改定した。

**キリンCSV：現地にクラスターを開発し稼働させる**　東日本大震災後にキリングループ各社が編成した「復興応援 キリン絆プロジェクト」（2011年7月〜2014年6月）の一環として，「農産物のブランド育成」「養殖業の復興」「ワインの原料ブドウ産地に対する支援」を行っている。具体的には，「気仙沼茶豆のブランド育成」「東北復興・農業トレーニングセンタープロジェクト」「遠野パドロンプロジェクト」や「椀子（マリコ）ヴィンヤード」などは，キリングループ各社の商品の原料となる農作物の確保や未来の農業従事者の確保を視野に入れている。また，CSVを体現する商品として，「氷結 福島産 梨〈限定

出荷〉」(製造工場:キリンビール取手・岡山工場),「47 都道府県の一番搾り」(製造工場:キリンビール北海道千歳・仙台・取手・横浜・名古屋・滋賀・神戸・岡山・福岡工場),「氷結 福島産 桃」(製造工場:キリンビール取手・岡山工場,キリンディスティラリー富士御殿場蒸溜所) を発売してきている。

## 6．CSV 事例の比較検討

**CSV の導入経緯**　両社とも,経営トップが主導して傘下のグループ各社に CSV の導入を図る点で共通している。また,グループ全体の組織再編プロジェクトや長期経営計画策定を契機に,「社会にとっての価値」と「企業にとっての価値」の共通部分に光を当てる点も似通っている。しかし CSV 導入の経緯についてはそれぞれ事情が異なる。

ネスレ本社が CSV を前面に出したのは,同社 CEO ブラベックが「「栄養」「健康」「ウエルネス」のリーディング・カンパニー」を謳った 2006 年以降である。しかし先に指摘したように,ネスレ本社とその傘下各社はグループ全体のサプライ・チェーン・マネジメントを強化するため,2006 年以前から原材料調達源とその周辺域の社会課題解決に取り組んでいた。こうしたネスレのビジネスモデルに "Creating Shared Value" というラベルを付したのは,ポーターとクラマーが関与した同社の小冊子「ネスレが中南米で実践している企業の社会的責任の概念」である。ここで,ネスレ本社が CSV を前面に出した理由については,「長期的な視点に立つ経営」が相手国・地域の社会課題解決に資するとともに,巡り巡って企業価値の向上をもたらし,延いては株主価値の向上につながることを明示するためだとしている。

キリングループの CSV については,キリン HD の長期経営構想「キリン・グループ・ビジョン 2021 (KV2021)」(2012 年 10 月策定) に基づく組織再編時に CSV 本部を設置し,「社会課題への取組みによる社会的価値の創造」と「企業の成長」(経済的価値) の両立を意図して CSV 活動を導入している。一説によれば,キリン HD 常務取締役・CSR 担当役員 (2010 年当時) だった磯崎功典氏 (現:代表取締役社長) がスイス・ダボスで開催された世界経済

フォーラム年次総会（通称：ダボス会議）に出席してCSVのコンセプトを知ったのがきっかけともいわれる。ポーターとクラマー（2011）の論文の翻訳が「ダイヤモンド・ハーバード・ビジネス・レビュー」に掲載されてから時間が経過していたものの，CSVを冠した組織を日本で初めて立ち上げた事実は新聞や雑誌等で広く報じられた。

**CSVの推進体制**　両社とも，グループ内のCSVイニシアティブやCSV活動を統括するための委員会を社内に設置し，年1回のペースで開催している。こうした委員会組織が実質的に経営トップの諮問機関として機能している点では同じだが，委員の社内外構成比はかなり異なる。

ネスレ本社内に設置されたCSV諮問委員会については，同社広報（PA）部門のトップを筆頭に，固定報酬が支払われる社内取締役（1名）と，固定報酬が支払われない社外のエキスパート（11名）で構成されている。その陣容と報酬体系から，ネスレ経営陣のアドバイザリーボードとして機能している。

キリングループのCSV活動を所管するグループCSV委員会については，キリンHDグループ執行役員（担当業務：CSV戦略，マーケティング戦略，ブランド戦略）を委員長に据え，その下に事務局（キリンHD経営戦略担当CSV推進室）を設置している。また同委員会メンバーにはグループ傘下企業のCSV担当長の名が並ぶ。純粋持株会社の役員やグループ傘下の部門長で構成された委員会は，主要事業会社や各部門の情報や課題を共有し，CSV6テーマに関する方針・戦略策定のための議論を行うとともに，各テーマの取り組み状況の報告や振り返りを行う。また，日本綜合飲料事業の事業管理を行うキリンに設置されたCSV本部のトップは，「CSV推進部長」「キリン絆プロジェクトリーダー」「キリンHD執行役員」「グループCSR担当ディレクター」を兼任している。

## 7．DWDG仮説

「善いことをして業績を上げる」という仮説（以下，DWDG仮説）は，いわゆる善行と企業業績との間に正の相関があることを前提している。本章で取り

上げたネスレ CSV やキリングループの CSV 活動についても，DWDG 仮説を用いて検証できるとされる。果たして本当にそうなのであろうか。

**善いことをする（Doing Good）**　「善いこと」とは，道徳的に正しく，社会・公共の福祉の増進に資する点で誰の目から見ても「よい」とされる行為についていう。

　ネスレ CSV は，傘下のグループ各社が事業を営む国や地域の経済開発や社会発展に資する事業にスポットライトを当てる。ネスレ本社がその重点領域として抽出した「栄養問題」「農業・地域開発」「水資源」は，かねてより国際社会が取り組むべき地球規模の課題だとして，国連 MDGs・SDGs や世界経済フォーラムのアジェンダとして取り上げられてきている。ネスレ本社が 2020 年を目処に掲げた 39 項目の必達目標も，世界各地の国や地域で深刻化・複雑化する重要な社会課題であって，現状を少しでも是正できれば，相手方に一定の便益や恩恵をもたらすとされる。ただその原因は複雑で，一朝一夕で解決できるものではない。また，ネスレ本社とその傘下の事業会社を取り巻く社会経済情勢の変化とともに，ネスレのステークホルダーが問題視する課題や，ネスレグループ各社が本腰を入れて取り組むべき重要課題も変化する。そのため，ネスレ本社は，マテリアリティ・アセスメントの内容を定期的に見直すとともに，必要に応じてマテリアリティ・マトリクスの構成を組み替えてきている。

　キリングループの CSV 活動も，グループ各社の事業活動を通じた社会課題解決を標榜している。キリン CSV を象徴するノンアルコール飲料「キリンフリー」は，飲酒運転や飲酒事故といった日本社会の抱える課題に対して同社の革新的な技術でアプローチするとともに，ノンアルコール飲料市場という新たな市場を創出した点で，日本における CSV の先進事例だといえる。同商品については，全日本交通安全協会や日本自動車連盟（JAF）などが推進する「ハンドルキーパー運動」と連携した販売促進活動を展開したことでも広く知られる。ちなみに，我が国における交通事故の経済的損失の額は約 6 兆 3340 億円（2011 年 3 月：内閣府調査）に達し，対 GDP（同年 470 兆 9370 億円）比は 1.3％と算定される。「交通事故発生件数に占める飲酒運転事故の割合」や「交通死亡事故件数に占める飲酒運転死亡事故の割合」は 2005 年から減少傾向に転じたものの，2008 年以降は横ばい状態が続いている。また，「復興支援　キ

リン絆プロジェクト」や，キリン CSV を体現するとされる「氷結 福島産 梨〈限定出荷〉」「47 都道府県の一番搾り」「氷結 福島産 桃」といった商品群についても，東日本大震災後の日本が抱える社会課題や地域振興に解決の筋道を示したとされる。

**業績を上げる（Doing Well）**　「食品業界の巨人」の異名を取るネスレ本社の営業利益率（買収・為替変動の影響を除く）は 15% 台をマークする。既存事業の売上や収益の拡大を示した「自律的成長（Organic Growth）」の平均値は前年度比 +5% 前後で，「実質内部成長率（Real Internal Growth）」も同 +3% 前後である（図 13-7）。また，同社は不採算事業や不要資産を断続的に売却するとともに，「既存事業の強化」「製品ポートフォリオの強化・拡大」を図るための M&A（合併・買収）を積極的に手掛けてきている。たとえば，ネスレは 2012 年 11 月 30 日に製薬業ファイザー（Pfizer）の幼児向け栄養補給食品事業を約 118 億 5000 万ドル（約 9600 億円［当時のレート：81.012 円］）で買収した。これにより，同部門の社員約 4500 名がネスレに異動し，アジア・新興市場におけるネスレの地位を大幅に向上させるといわれる。なお，ネスレ本社及びグループ傘下企業がこれまでに実施した M&A 件数の合計は 60 件（内

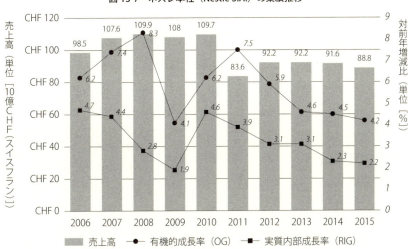

図 13-7　ネスレ本社（Nestlé S.A.）の業績推移

出典：Nestlé S.A. Financial Statements 等を参考として，筆者が作成した。

訳［以下，実施件数（実施年度［西暦］）］：1［16］，6［15］，6［14］，3［13］，4［12］，6［11］，4［10］，0［09］，0［08］，8［07］，5［06］，2［05］，0［04］，6［03］，6［02］，3［01］）である。

　ネスレ本社の増収増益の恩恵を被るのはいったい誰なのか。ネスレ本社が明言するように，第一義的には株主である（図13-8）。次いで，CEOを含むネスレ本社の経営陣（executive board）である。同社の役員報酬は業績連動型で，短期の業績連動賞与のすべて（または一部）が自社の株式で交付される。なお，ネスレ本社の役員報酬の額は，取締役会が提示する財務目標（例：実質内部成長率，自律的成長率，営業利益率，フリーキャッシュフローの目標値）と，同社の戦略ロードマップに沿って取締役会が設定する定量的・定性的な目標を基準として決定される。また同社は，株主還元策の1つとして，自己株式取得を定期的に実施してきている。たとえば，2014年8月25日に発表した自己株式取得は，取得期間（2014年9月3日～2015年12月4日），取得した株式の総数（1億1264万株），取得価額の総額（79億9978万7958.88スイスフラン［約1兆67億2800万円［当時のレート125.841円］）だとしてい

図13-8　ネスレ本社の株価と配当金の推移

出典：Nestlé S.A. Financial Statementsやスイス証券取引所（Six Swiss Exchange）で公表されているデータを参考として，筆者が作成した。Nestlé AGの株価の最高値と最安値については，年度ごとの1月1日から12月31日までの期間を対象としている。

る (Nestlé S.A., "Rachat d'actions propres en vue d'une réduction de capital Négoce sur la deuxième ligne de SIX Swiss Exchange SA," 25 août 2014)。それ以前については，①取得期間，②取得した株式の総数，③取得価額の総額（上限）の順に，(1) ① 2010 年 6 月～2011 年 9 月，② 1 億 8846 万 5000 株，③ 100 億スイスフラン，(2) ① 2009 年 8 月～2010 年 6 月，② 2 億 340 万株，③ 100 億スイスフラン，(3) ① 2007 年 8 月～2009 年 7 月，② 3 億 1406 万株，③ 150 億スイスフラン，(4) ① 2005 年 11 月～2006 年 10 月，② 7663 万 2000 株，③ 30 億スイスフラン，(5) ① 2005 年 7 月～10 月，② 2784 万 3000 株，③ 10 億スイスフラン——とされ，期間中に取得した株式の総数は 8 億 1040 万株で，取得価額の総額は 390 億スイスフラン（3 兆 6085 億 1000 万円 [各年度末のレートで算出]）に達する。

　その一方で，CSV 本部が設置されているキリン（キリン HD 内）は，日本綜合飲料事業の事業管理を行うことを目的として設立されている。図 13-9 を見てもわかるように，日本綜合飲料事業の純売上高は 2010 年から現在に至る

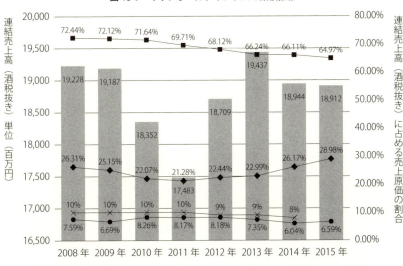

図 13-9　キリンホールディングスの業績推移

出典：キリンホールディングスが公表してきている財務データ等を基に筆者が作成した。

まで横ばい状態が続いている。また，海外綜合飲料事業については154％（対2010年通期）の伸び率を示しているものの，医薬・バイオケミカル事業については87％（対2010年通期）にとどまっている。次いで，株価推移に関しては，図13-10に示した通りである。また，図13-11を見てもわかるように，その差は誰の目にも明らかであろう。

図13-10　キリンホールディングスの株価推移

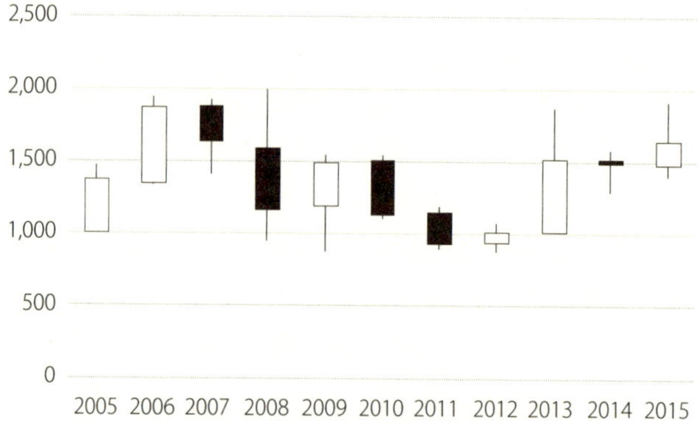

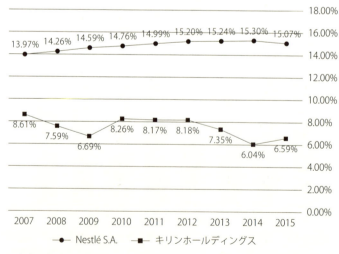

図13-11　営業利益率の比較

出典：ネスレ本社とキリンホールディングスが公表してきている財務データ等を基に筆者が作成した。

## 8．おわりに

「経済開発」「社会発展（例：生活・社会基盤の整備・構築，教育の改善・充実，保健医療の改善・充実）」をはじめとして，社会課題解決に資する事業に先進企業の新たな収益源とイノベーションの源泉を見出した戦略は"CSV（共通価値創造の戦略）"と呼ばれ，慈善に根差した社会貢献型のCSRに新風を吹き込んできている。

CSVの先進事例として知られるネスレCSVについては，社会課題解決に資する事業を全社戦略に取り込んで増収増益を実現してきているかのように論じられる。確かにネスレ本社は，社会課題解決の目標達成度合いを測るKPIを設定し，各項目の進捗状況を測定し社内外に公表する体制を整備している。また，同社の業績は好調で，DWDG仮説を裏付けているかのようにも見える。では，ネスレ本社は，社会課題解決に資する事業で業績を上げてきているのであろうか。だとすれば，「善いこと」と「業績向上」との間に正の相関が存在するのであろうか。それとも，無関係なのであろうか。あるいはまた，グループ全体の組織再編「GLOBEプロジェクト」を経て，グループ各社のデータや情報を一元的に管理するシステムを構築し，バリューチェーンの各工程に関わるデータや情報を一元的に管理できるようになったからなのか……。

このことは実は，キリングループのCSV活動や，キリンCSVを体現するとされる商品群についてもいえる。キリングループ各社では，BSC（Balanced Scorecard）を中心とした，KISMAP（Kirin Innovative & Strategic Management Action Program と呼ばれる戦略マネジメントシステム（SMS）を導入・展開してきている。ならば当然，「キリンフリー」をはじめとした一連のノンアルコール飲料が上市された事実と，飲酒運転や飲酒事故が減少または横ばい傾向で推移してきている事実との間に相関関係や因果関係があるとは言い切れない。飲酒に関わる事故の件数が減少傾向を示すようになったのは，「福岡飲酒運転三児死亡事故」（2006年8月25日）をきっかけとして飲酒運転撲滅の機運が高まったからであり，改正道路交通法（2007年6月改正・9月施

行）により，飲酒運転者への罰則が強化されるとともに，飲酒運転をした運転者の周辺者への罰則も新設されたからだとする見方が一般的だからである。またアルコール0.00％を前面に出した「清涼飲料」が新たな市場を創出したことは事実だとしても，最盛期を迎えた2013年時点の出荷量は245.4千kLである。この数値は，同年の発泡酒製成数量の約46％に達するものの，酒類製成数量全体（8110千kL）の3％に過ぎない。さらに言えば，個社単位での初期投資額をはじめとして，商品ごとの売上高や売上原価等が開示されていないため，ノンアルコール飲料の販売がビール各社の業績にどの程度貢献しているのかについても定かでない。

【参考文献】

ウォルザー，M.著／竹下興喜監訳／石井知・藤原朝子訳（2001）「苦しみのなかにある人を助けるのはチャリティか，責務か：人道主義における義務と思いやりについて」『フォーリン・アフェアーズ リポート』2011-No. 8, 5-16頁（Walzer, M. (2011), "On Humanitarianism: Is Helping Others Charity, or Duty, or Both?," *Foreign Affairs*, Vol. 90, No. 4, pp. 69-80）。

勝見明（2011）「（野中郁次郎の成功の本質）VOL. 54. キリンフリー」『Works』第105号，リクルートワークス研究所，56-61頁。

シュバルツ，F.著／石原薫訳（2016）『知られざる競争優位：ネスレはなぜCSVに挑戦するのか』ダイヤモンド社（Schwarz, F. (2010), *Creating Shared Value: Peter Brabeck-Letmathe and Nestle-A Portrait*, Stampfi Verlag）。

ダイヤモンド・ハーバード・ビジネス・レビュー編集部（2015）「（特集）CSV経営」『ダイヤモンド・ハーバード・ビジネス・レビュー』2015年1月号。

名和高司（2015）『CSV経営戦略：本業での高収益と，社会の課題を同時に解決する』東洋経済新報社。

ポーター賞運営委員会・一橋大学大学院国際企業戦略研究科（2011）「（授賞理由）キリンビール株式会社」「第10回ポーター賞受賞企業・事業」（URL：http://www.porterprize.org/pastwinner/data/winners2010.pdf，20，2016年9月15日アクセス）。

ポーター，M. E. & クラマー，M. R.著／沢崎冬日訳（2003）「競争優位のフィランソロピー」『ダイヤモンド・ハーバード・ビジネス・レビュー』ダイヤモンド社，96-100頁。(Porter, M. E. and Kramer, M. R. (2002), "The competitive advantage of corporate philanthropy," *Harvard Business Review*, Vol. 80, No. 11, pp. 57-78)。

ポーター，M. E. & クラマー，M. R.著／村井裕訳（2008）「競争優位のCSR戦略」『ダイヤモンド・ハーバード・ビジネス・レビュー』ダイヤモンド社，36-52頁（Porter, M. E. and Kramer, M. R. (2006), "Strategy and society: the link between competitive advantage and corporate social responsibility," *Harvard Business Review*, Vol. 84, No. 12, pp. 78-92）。

ポーター，M. E. & クラマー，M. R.著／編集部訳（2011）「共通価値の戦略：経済的価値と社会的価値を同時実現する」『ダイヤモンド・ハーバード・ビジネス・レビュー』ダイヤモンド社，8-31頁（Porter, M. E. and Kramer, M. R. (2011), "Creating shared value: how to reinvent capitalism and unleash a wave of innovation and growth," *Harvard Business Review*, Vol. 89, No. 1-2, pp. 62-77）。

水村典弘 (2016)「共通価値創造 (CSV) の戦略: 長期的な視野に立つ SV 戦略の倫理的課題」『日本経営倫理学会誌』第 23 号, 109-121 頁.
横田絵理・妹尾剛好 (2010)「戦略的マネジメントシステムの事例研究 (1): キリンビール株式会社のバランスト・スコアカード」『三田商学研究』第 53 巻第 2 号, 123-136 頁.
Biswas, A. K., Tortajada, C., Biswas-Tortajada, A., Joshi, Y. K., Gupta, A. (2016), *Creating Shared Value: Impacts of Nestlé in Moga, India*, Springer.
Bockstette, V. and Stamp, M. (2011), "Creating shared value: a how-to guide for the new corporate (r) evolution". (URL: https://sharedvalue.org/sites/default/files/resource-files/Shared_Value_Guide.pdf, 2016 年 9 月 15 日アクセス)
Clyde, P. and Karnani, A. (2015), "Improving private sector impact on poverty alleviation: a cost-based taxonomy," *California Management Review*, Vol. 57, No. 2, pp. 20-35.
Gancille, J-M. et Siarri, A. (2015), "Après le greenwashing, le socialwashing?," *Libération*, 9 Septembre 2015. (URL: http://www.liberation.fr/evenements-libe/2015/09/04/apres-le-greenwashing-le-socialwashing_1375044, 2016 年 9 月 15 日アクセス)
Gibson, C. F., Fonstad, N. O. and Westerman, G. (2010), "(IBM-MIT Sloan CISR Senior Executive Program: IT for New Business Value) IT and Business Change Leadership". (URL: ftp://public.dhe.ibm.com/la/documents/imc/la/pe/news/events/mit_2010/it_and_business_change_leadership.pdf, 2016 年 9 月 15 日アクセス)
Jensen, M. C. (2001), "Value maximization, stakeholder theory and the corporate objective function," *Journal of Applied Corporate Finance*, Vol. 14, No. 3, pp. 8-21.
Karnani, A. (2007), "Doing well by doing good: case study Fair and Lovely whitening cream," *Strategic Management Journal*, Vol. 28, pp. 1351-1357.
Karnani, A. (2011), "Doing well by doing good," *California Management Review*, Vol. 53, No. 2, Winter-2011, pp. 69-86.
Kramer, M. and Pfitzer, M. (2016), "The Ecosystem of Shared Value," *Harvard Business Review*.
Nestlé S.A. Public Affairs. (2006), "The Nestlé concept of corporate social responsibility as implemented in Latin America". (URL: https://sharedvalue.org/sites/default/files/resource-files/Nestle_Corporate_Social_Responsibility_in_Latin_America.pdf, 2016 年 9 月 15 日アクセス)
Porter, M. E., Hills, G., Pfitzer, M., Patscheke, S. and Hawkins, E. (2012), "Measuring shared value how to unlock value by linking social and business results". (URL: http://www.hbs.edu/faculty/Publication%20Files/Measuring_Shared_Value_57032487-9e5c-46a1-9bd8-90bd7f1f9cef.pdf, 2016 年 9 月 15 日アクセス)
Rangan, K., Chase, I. and Karim, S. (2015), "The truth about CSR," *Harvard Business Review*, Vol. 93, No. 1-2, pp. 40-49.
Tokyo Foundation, "A branding strategy for creating shared value: Kirin group". (URL: http://www.tokyofoundation.org/en/articles/2015/a-branding-strategy-for-creating-shared-value-kirin-group, 2016 年 9 月 15 日アクセス)

【さらに学びたい人のために】
イースタリー, W. 著／小浜裕久・織井啓介・冨田陽子訳 (2009)『傲慢な援助』東洋経済新報社 (Easterly, W. (2007), *The White Man's Burden: Why the West's Efforts to Aid the Rest Have Done So Much Ill and So Little Good*, Penguin)。
カーラン, D. & アペル, J. 著／清川幸美訳 (2013)『善意で貧困はなくせるのか?: 貧乏人の行動経済学』みすず書房 (Karlan, D. and Appel, J. (2012), *More Than Good Intentions: Improving*

*the Ways the World's Poor Borrow, Save, Farm, Learn, and Stay Healthy*, Plume)。

サックス, J. D. 著／鈴木主税・野中邦子訳 (2006)『貧困の終焉：2025年までに世界を変える』早川書房 (Sachs, J. D. (2012), *The End of Poverty: Economic Possibilities for Our Time*, Penguin)。

ラギー, J. G. 著／東澤靖訳 (2014)『正しいビジネス：世界が取り組む「多国籍企業と人権」の課題』岩波書店 (Ruggie, J. G. (2013), *Just Business: Multinational Corporations and Human Rights*, W. W. Norton & Company)。

Crane, A., Palazzo, G., Spence, L. J. and Matten, D. (2014), "Contesting the value of the shared value concept," *California Management Review*, Vol. 56, No. 2, pp. 130-153.

Urban, G. (ed.) (2014), *Corporations and Citizenship*, University of Pennsylvania Press.

*Column*

## 経営者としての良心と算盤勘定

　ビジネス系の英語雑誌を読んでいると，"Do Well by Doing Good" という一文を見ることがある。あなたなら，どう訳すのだろうか。"Do Well" は「うまくいく」「成功する」という意味で，"Doing Good" については，さしあたり「善いこと（正しいこと）をする」だとしておこう。先に示した一文は，「善いことをして，業績を上げる」と訳すことができる。

　では，「善いこと」とは何か。どうすれば，「正しいこと」をしたといえるのか。それはそれで深遠なテーマなのだが，ここでは別の点に目を向けてみたい。つまり，「善いことをする」と「企業業績」とを "by（…によって）" でつなぐことができるのか，についてである。

　倫理的に正しく，誰の目から見ても「よい」とされる行為に関しては，損得勘定抜きに考えるべきなのかもしれない。なぜなら，人として当然のことであって，「そうしないのは間違っている」と考えられているからである。いくら儲かるからといって，あこぎな商売や，「それはさすがにダメだろう」とされる選択肢を採択しないともいえる。たとえ法に抵触しなくても……である。

　その一方で，「善いこと」と「企業業績」との間にリンクを張って，双方の間に相関関係を見出そうとする立場もある。第 4 部で取り上げた「よい仕事」の事例や「CSV（共通価値創造の戦略）」のコンセプトがそれに当たる。ただ，世の中そう簡単にうまくはいかない。また，目論見通りに事が巧く運ぶともかぎらない。下手な算盤を弾けば，それが裏目に出て足をすくわれかねない。他社の先行事例をそっくりそのまま真似てみても，どういう結果が出るかは未知数だ。「善いことをすれば，業績が伸びる」とは誰も説いていないからである。

　「善いこと」と「企業業績」とは相互に関係し合っているのだろうか。相関がないといえば，確かにそうだともいえる。誰もが知るように，会社は私法人なのであって，経営権を持つ人であれば，見返りを期待せずに，無条件に「善いこと」を実行に移すことができる。しかしそうも言っていられない，差し迫った事情もある。株主・債権者・メインバンクとの関係上，「善いことをして確実にペイするのか否か」についての見通しを持つとともに，筋道を立てて説明することが求められるからである。では一体，どちらが正しいのか。いくつかの選択肢が考えられるものの，経営計画策定の前提となる現状分析がそうした問いを掘り下げて検討するうえで必要なヒントを与えてくれる。

# 第14章
# 「よい経営計画」と現状分析

## 1. はじめに

　経営計画はなぜ必要なのか。企業を取り巻く経営環境は日々変化しており，その速さや大きさは増してきている。企業がそれに対応するためには常に環境の変化を適確に捉え，分析し，企業の進むべき方向性を決めていかなければならない。
　言うは易く，実際のところ環境変化の重要性を認識し，それらを適確にとらえている企業は決して多いとはいえない。企業は「環境適応業」で，経営者は「意思決定業」であるといわれる。しかし，多くの企業がこれらの重要性を認識しながらも，この両方の業務を具体的に実行しているとは言い難い。このような状況においては，企業のトップが経営の方向性と具体的な施策をはっきりと示し，社員が一丸となってそれに取り組んでいくことが求められる。それにはまず，経営計画の策定が必要となる。本章での経営計画とは，中期経営計画や新規事業計画など，経営に関する戦略作りに関わる計画である。
　経済が右肩上がりの時代には，「何とかなる」という気持ちで運と勘に任せた経営をしても企業を維持していくことができた。しかし，世界情勢，技術革新，社会構造などをはじめとする環境変化がますます進展する時代には「何とかなる経営」では，何ともならないということを認識することが必要である。では，どのような経営をしていけばよいのだろうか。それは，一言でいうと「積み上げの経営」への転換である。積み上げの経営とは，すなわち経営計画を策定し，それを着実に実行することといえる。現実に多くの企業で中期経営計画や新規事業計画などの経営計画作成に取り組んでいることは周知の事実で

ある。

## 2．経営計画策定と経営意思決定

**経営戦略・経営計画と企業変革プロセス**　経営戦略についての定義を集約すると，およそ次のとおりとなる。「戦略とは，企業の基本的な長期目標を決定し，これらの目的を達成するために必要な行動を選択し，経営資源を割り当てること」。つまり，目標を決め，現状と目標との間にある差を埋めるために，会社の経営資源全部を有効に使いこなしていくということである。経営計画を策定するということは，すなわち経営戦略を策定することになる。

　しかし，経営戦略を策定することは難しく，経営戦略を作った気になっている，または経営戦略をわかった気になっている企業・経営者が少なくない。では，なぜ戦略を策定したけれどうまく機能しないのだろうか。戦略が機能しない理由は大きく2つ考えられる。1つは，策定した計画が形骸化している場合である。債権者等へ提出する必要性から，とりあえず数字を作ってまとめあげたりすることがある。具体性，実効性に乏しいため当然機能しない。重要なのはもう1つの，策定した戦略そのものが間違っている場合である。では，なぜ戦略を間違うのだろうか。経営計画とは，企業が維持（ゴーイングコンサーン）していくための変革プロセスといえる。実は，その変革には段階がある（図14-1）。変革をもたらす戦略を策定するには，その戦略にいたる入り口である「現状の捉え方・見方・視点」の変革がなければいけないということになる。つまり，実際に経営計画を策定する場合にどれだけ現状分析に重点をおくかが，戦略の内容を左右するといっても過言ではない。多くの企業は，この作業が十分でないために，せっかく作った戦略が間違ったものになってしまうのである。

　今日，環境の複雑性，不確実性が高まるなかで，経営者はそれぞれの選択肢がもたらす結果などを主観的にとらえて意思決定の材料とするとされてきている。しかし，実際の企業活動における意思決定は，経営トップ一人だけが行うわけではなく，組織に所属する様々な立場で行われているといえる。例えば，

図14-1　改革のプロセス

出典：安達幸裕・「戦略的経営計画の作り方 (1)」『よくわかるコンサルティング／視点』（三菱 UFJ ビジネススクエア SQUET），2008 年 10 月，2 頁。

　企業として新製品を発売するかどうか，新規市場へ参入するかどうかについて意思決定を行う場合などは，その意思決定の主体は「組織」と捉えることもできる。人間が一人で得られる情報には限界があり，組織における意思決定の中で，下から上への意思決定の積み重ねが的確に行われることが重要となってくるからである。そこで，現場からの情報の吸い上げが経営トップの意思決定の要諦になるという状況を考えれば，組織内のプロジェクト編成による情報収集と経営トップの情報収集を統合させ，経営トップが意思決定するのが最も良い方法といえることになる。現実的に複数の選択肢を考え出しながら，どの案を実行に移すべきか，または実行をやめるべきかを迷っている経営者は多い。改めていうまでもなく意思決定において重要なことは，意思決定の効率と有効性の向上である。そこで，経営計画策定の基になる情報の質やその収集の仕方によって意思決定は違ってくるのかという点について考えていく。

　なお，本章では経営者を経営トップとする。経営トップとは，社長やそれに準じた実質企業の経営トップとして携わっている者とし，集団やチームによる社員のボトムアップ的なプロジェクト型の問題解決分業体制を活用しながら最終的には経営トップが一人で決定していくという経営の現場でよく見かける事象を想定していく。

**経営意思決定に関する研究**　経営計画策定とは，計画策定の経営意思決定とも言える。そこで，意思決定の研究に関して少し触れることとする。意思決定に

関する研究は，規範的意思決定論と行動意思決定論との大きく2つの分野で行われてきた。前者は経済学やゲーム理論，統計学，工学などに見られるように，合理的な意思決定を数学的にモデル化し演繹的な議論を展開するアプローチであり，後者は人間の意思決定とはどのようなものかを実証，実験などによって帰納的に探ろうとするアプローチが中心である。意思決定研究の初期段階では，「規範論」に基づく理想的な意思決定論が展開されたが，その後現実を踏まえた方法を主とする「行動意思決定論」により，実験を通じた記述的方法での研究などが進められてきた。

　意思決定者に完全合理性を求める規範的意思決定論について，サイモン(1997)は，意思決定での完全な合理性を仮定する経済人のモデルに対し，むしろ限定的合理性を仮定する経営人のモデルを主張し，行動の可能性の範囲を限定している。また，職制の下から上への意思決定の積み重ねが的確に行われることの重要性に留意し，従来の組織論に欠けていた意思決定の分析に重点を置き，人間の合理性の制約を前提に組織的な意思決定による合理性向上のプロセスを説明した。サイモンは，経営者は合理的意思決定の環境整備が不可欠になると主張し，実際に行われるさまざまな意思決定プロセスのモデルとして意思決定の過程を，問題認識，代替案設計，選択の3つの段階に分類して捉えた。稲葉(2001)は，サイモン理論が日本の経営学の分野にどのように受け入れられ展開していったかを明らかにしながら，サイモン理論を基礎研究と位置づけ多様な分野での応用研究が期待されているとして，今後の意思決定研究の可能性を示唆している。印南(1997)は，規範的意思決定論の規範性を引き継ぎながら，これに実証的な根拠を明らかにし，意思決定プロセスそのものに関する実証研究を通じて「すぐれた意思決定」を実現する理論構築を目指している。一方で，アンゾフ(1965)は，企業全体の意思決定を戦略的意思決定，管理的意思決定，業務的意思決定の3つに分類しており，戦略的意思決定とは主に市場の選択やどの事業に参入するかなどについての経営者としての意思決定と捉えられる。経営トップの意思決定に焦点をあてた実証研究はあまり多くはない。本章では第4節で事例研究を検討していく。

**経営意思決定研究の方向性**　経営意思決定の研究成果の1つとして長瀬(1999, 2008)は，規範論の限界を踏まえながらも行動意思決定論の立場から，組織

的な意思決定の現象を実証的に分析し，実験経営学として発展させている。まず，会社としての組織の内部において組織の目標や業務などに関して組織構成員がおこなう意思決定を組織的意思決定として位置付けている。例えば，実際の新規事業開発などで多く見られるような社員個人やチームレベルでのアイディア創出活動から始まることなどがあてはまるであろう。そして，それらは最終的には個人の意思決定者として，経営トップの意思決定につながっていくことになる。本章では，あくまで経営トップの意思決定を中心に据えていくが，社員による新規事業開発チームとの関係性なども取り上げていく。

実際に今まで研究されてきたモデルや一般論は，それをそのまま個別の事例に適用することは難しい。あくまで経営に関する意思決定論も一般的なモデルのひとつであって，個別の状況の意思決定は，最終的には経営者自身の何らかの基準で判断していくことになるのは否めない。そもそも意思決定には多種多様な要素がふくまれており，そのすべてを明らかにすることは不可能ではあるが，既存の理論は，意思決定に関して数多くの命題を提示してきた。しかし，一方で必ずしも実証分析が伴ってはおらず，その数もまだまだ少ない。そこで，意思決定研究における実証研究は重要な意味を持つことになるはずである。

## 3．「よい経営計画」の策定

**経営実行と計画策定**　企業は，常に環境変化への対応を迫られている。経営者の判断・意思決定が遅れたりすれば，時として命取りになりかねない。すべての企業が経営の実行に日々真剣に取り組んでいる所以である。ここで「経営を実行する」という言葉を考えてみる。経営の実行には2段階あると考えられる。1つは，どのような施策にするのかという策定の段階であり，「計画策定の段階」である。もう1つは，計画されたものを具体的な行動に結び付ける「行動と浸透の段階」である。本章では経営の実行の前半に該当する計画策定のプロセスに注目する。長瀬（1999）は，戦略策定は意思決定の一種であるとし，戦略の意思決定活動の中心を計画の策定としている。そこで，本章では意

思決定活動を計画策定と置き換えて取り上げていく。

経営計画を構成する内容としては，経営ビジョン，基本戦略，部門戦略，市場戦略，人事・組織戦略，経営管理などがあり，経営に関する全体または部門の将来計画の総称と捉えられており，そもそも経営計画を策定すること自体が難しいものである。さらに前述のように計画を策定してもうまく機能しないこともある。そして，その大きな理由として，策定した計画そのものが間違っている場合を前述した。間違っているとは合理性に欠けるということである。本章では，この合理性を欠く間違いの理由とよい計画になるための改善策を計画策定における現状分析に見いだしていくこととする。

**経営計画策定と現状分析**　長瀬（1999）は，意思決定の基本モデルを，「認知科学等の分野で使用される標準的な問題解決の公式」として，①目標状態の定義，②現状の定義，③目標状態と現状の差の縮小，としている。そのモデルのうち現状の定義は，経営の実践の場では現状分析として取り組まれている。現状分析では，データベースがあるのか，何処・誰にあるのかなどの点で，意思決定者としての経営トップの状況，現場レベルのプロジェクトメンバーの役割がどうなっているのかが重要となる。

計画策定の前提となる現状分析における一般的な手法・作業の流れは，①ブレインストーミング（発想の拡散），②KJ法（集約法），③SWOT分析である。それらを踏まえて経営トップがより確実に変化をもたらすような意思決定に至るには，少なからず従来と異なる現状認識が求められることになる。そこで，KJ法とSWOT分析の間にもう一段工夫を加えてみることで経営トップの意思決定に起こる変化に注目する。

長瀬（2008）は，優れた意思決定とは何かを定義している。そして，意思決定の優劣を議論する際には，「結果の合理性」，「過程の合理性」という2つの基準が必要だとしている。前者は，企業の成果ないしは業績の良し悪しであり，後者は何らかの合理的な意思決定プロセスにかなった過程を踏んでいるか否かと説明している。本章では，「過程の合理性」としての現状分析の仕方に注目した。現状分析では，過去から現在にいたる自社や市場や競合等の状況について調べ，それに基づいて戦略を立てるという流れになっていく。つまり現状分析の仕方として，意思決定の裏付材料となる現状分析の情報次第で，意思

決定は促進されたり，従来とは違った内容の計画が策定される可能性がでてくることになるのである。

**現状分析と裏付情報**　有効な計画の作成は，現状をどのようにとらえていくかということから始まる。特に環境変化の動向が自社にもたらすチャンスやリスクを十分に洗い出すことが必要で，数ある環境変化のなかでも自社にとってチャンス（機会）になりうるものは何かという視点で，従来の考え方に縛られず，より柔軟な発想で分析することが肝要となる。また外部環境を前提に自社の能力を検討する必要もある。特に，他社との差別化・競争優位性をもたらす能力は何か，強みは何かを十分に見極めるプロセスが結果を左右することもある。思考のマンネリ化やかつての成功体験が，現在の自社の本当の強みは何かという極めてシンプルなことを考えること，または気づく妨げになっていないかなど，改めて全社的な視点から自社の良いところは何であるのかを原点に立ち返り見直すことが必要なのである。環境分析により問題点の整理を行うとともに，SWOT 分析を行うことが現状分析の最終工程となる。

　重要なことは，従来の延長上での又は従来と同じ現状認識からは，従来と同じような戦略しか生まれてこないということである。つまり，現状認識が変わればより効果的な戦略の策定・実行につながる可能性が高まるということになるのである。その過程で重要なのが各要素を SWOT に区分する根拠となる裏付情報である。

**現状分析のポイント**　現状分析には，外部環境分析と内部環境分析がある。外部環境は大きく2つにわけられる。1つは，政治・経済・法律・社会・技術などのマクロ環境といわれる大きな変化の動向である。例えば，人口の減少と高齢化はどの企業にも等しく予測される現象であるが，これをチャンスとして積極的に取り込んでいくのか否かは各企業の経営判断になってくる。そして，この時すでに変革づくりの第一歩がはじまっている。もう1つは，業界・市場の動向や競合の状況などのミクロ環境といわれる直接的に自社に影響を及ぼす要因の動向である。特に環境変化の動向が自社にもたらすチャンスやリスクを十分に洗い出すことが必要である。数ある環境変化のなかでも自社にとってチャンス（機会）になりうるものは何かという視点で，従来の考え方に縛られず，より柔軟な発想で分析することがポイントとなる。

ミクロ環境分析では，顧客は誰か，競合はどこかを明確にすることが重要になる。考えるべきは，少ない経営資源を，いかに投下すべき分野を選択してかつ集中し活かしていくかである。「選択と集中」とは簡単にいえば，会社の提供する製品・サービスとその製品・サービスの提供先（顧客）を思いきって絞り込む戦略をたてることである。しかし，この「絞り込む」ということが実際なかなかできない。つまり，特別扱いするものを選び出すことはわりとできるのに，それ以外の多数を「もう，やりません」と切り捨てることがなかなかできないのである。

　例えば，長年業界の老舗として存続している企業が，自社製品と競合製品との比較（自社製品・商品のポジショニング）や製品にどれだけ顧客ニーズを反映させているか等の検討が全く行われていないということが多々みかけられる。開発や製造部門は競合などをあまり考えず時流に乗った話題性のある商品群に関心が多く集まりがちである。また営業は自分が売りやすい製品を売りやすいところに販売し，営業マンの中での「顧客」とは最終消費者ではなく販売先の小売店となっているということも珍しくない。特に，現在顧客として考えているところや競合と考えているところが，果たして戦略を実行していく上で間違っていないのかということを徹底的に議論することがポイントになる。

　内部環境分析では，外部環境を前提に自社の能力を検討する。具体的には，人材，組織，ノウハウ，財務力，技術・開発力，生産力，情報・流通システムなど，環境変化に対応できる能力を持っているかを把握，分析する。特に，他社との差別化・競争優位性をもたらす能力は何か，強みは何かを十分に見極めていく。思考のマンネリ化やかつての成功体験にとらわれず，現在の自社の本当の強みは何かについて見直すことが必要である。

**問題整理とSWOT分析**　環境分析により問題点の整理を行うとともに，内部環境分析によって導かれた自社の強み（Strength）と弱み（Weakness），外部環境分析によって導かれた機会（Opportunity）と脅威（Threat）による分析を行う（図14-2）。一般的に，戦略策定の前提となる企業の内部環境と外部環境の組み合わせには次の4通りが考えられる。①強み→機会，②強み→脅威，③弱み→機会，④弱み→脅威の組み合わせである。言うまでもなく，まずは優先的に①を考え，次に②，③の可能性を模索して，④は思いきって切り

捨てていく。経営資源に限りがある企業では特に，①のみに経営資源を集中した戦略を構築していくことが極めて重要になる。

　SWOT分析をしていくと，それぞれのエリアに多くの項目があげられていくが，意外とどこにもあてはまらずとりあえず後で検討しようという項目が出てくる。実はこここそが現状分析の最大のポイントとなる。この現象を現状分析におけるグレーゾーンと仮に名付けるとする（図14-2）。この時の留意点は，どれにも当てはまらない項目をないがしろにせず徹底的に議論をし，会社として判断をするということである。外部環境を例にとれば，人口の減少と高齢化はどの企業にも等しく予測される現象であるが，これをチャンスとして積極的に取り込んでいくのか否かは各企業の経営判断になってくる。そして企業では，このプロセスに時間がかかっているか，経営トップが決めかねている現状が見られるのである。どこにも区分されないで誰もが判断しにくいところにこそ活路を見出すような機会が隠されていることが多い。また，弱みは見方を変えれば強みになってしまうことは意外とある。このときの議論の方法が重要である。今まで気づいていなかったことにどれだけ視点・焦点を当てられるかが戦略の良し悪しを決めるといって過言ではない。そして，必ずその根拠となる説得力のある裏付け情報が必要となる。

**現状分析の落とし穴と解決法**　印南（1997）は，人間の陥りやすい誤りをどれだけ意識的に避けて意思決定を行ったかが「すぐれた意思決定」の判断基準となるべきとして，過程の合理性を示唆している。長瀬（1999）は，トップ・マネジメントの意思決定はきわめて重要な研究対象であるが，これまでの研究の

**図14-2　現状分析のポイント**

・SWOT分析

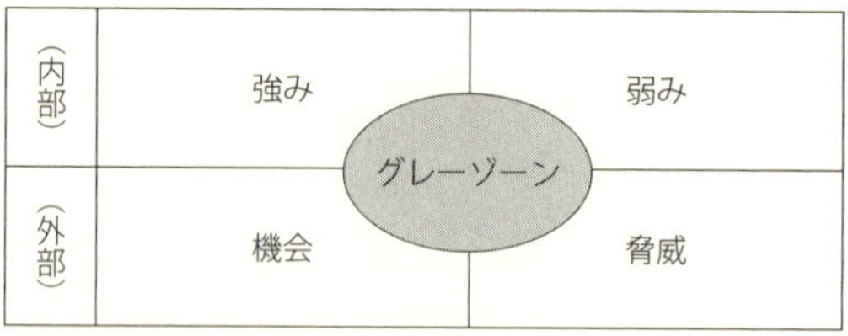

|  | 強み | 弱み |
|---|---|---|
| （内部） | | |
| （外部） | 機会 | 脅威 |

（中央にグレーゾーン）

出典：安達幸裕・「戦略的経営計画の作り方（2）」『よくわかるコンサルティング／視点』（三菱UFJビジネススクエア SQUET），2008年11月，2頁。

主流は，概念的な議論や事後的な事例研究などに偏りがちではなかったかとしながらも，経営トップの意思決定についての実験を通じて，「リスクの大きい選択肢を好むものはその成功確率を高く見積もる傾向があること」，「集団を代表して個人で決定を下すときはリスクの小さい選択肢を選ぶ傾向があること」などの示唆を得ている。いずれも経営意思決定におけるバイアスなどに関係するものである。

例えば市場への新規参入の場合では，経営トップにとってリスク回避のために参入を控えさせる方向のバイアスがある。経営トップが新規参入の意思決定をするためには，このバイアスを取り除くか縮小させる必要がある。なかでも，データの収集，分析，解釈に関するバイアスを意識することでその影響を減少させることは可能である。一方で，バイアスを取り除くための工夫をしたとしても，それ自体にもバイアスがあることになる可能性もある。いずれにしても，現状分析における情報収集段階での工夫により経営トップが持っているバイアスに変化を与えることで，意思決定に変化を起こさせることができる可能性がある。次節以降では，経営トップの意思決定が，現状分析の際の根拠になる裏付資料の内容（量と質）により左右されるという仮説のもと，事例を取り上げる。

## 4．現状分析の工夫事例

これまでの経営計画策定の流れを踏まえ，現状分析に関して工夫を行った事例を取り上げる。意思決定とは複数の選択肢のなかから1つを選ぶことであるとすると，個別企業の意思決定現場では，なかなかその選択が思うようにいかない状況を目にすることが少なくない。そこで，意思決定プロセスとしての現状分析が改善されたことにより計画が策定された事例を取り上げる。

**対象企業概要**　A社は，常用雇用従業者約600名のサービス業で，改善型労働集約的企業である。A社は派遣型事業を主としており，事務機器関連事業や公共・文教部門事業の現場作業・現場改善作業を中心として受託し，常用雇

用で対応している。A社の事業は，大きく2つの部門で成り立っている。創業時からのX事業が柱となっているが，市場の成熟化に伴い，今日の売り上げは横ばいで推移している。一方で，X事業の減少を補完すべく開始されたY事業は，10年以上の実績を積んだ結果，現在ではA社にとって2つ目の柱として存在感を示している。そのような状況の中で，A社の重要課題のひとつが，3つ目の柱となる新規事業の開発であった。

### 4-1　新規事業開発の取り組み

　A社の社長であるB氏は，数年前から第三，第四の柱となる事業の必要性を感じており，新規事業の模索をしていた。そこで，中間管理職を中心として新規事業開発に取り組むチームを編成するなどの仕組みづくりはしてきたが，なかなかその成果が出せないでいた。また，この数年の間では，ようやく新規事業案はでてくるようになったものの，なかなか経営トップ段階での意思決定が進まなかった。そして，その大きな理由として，事業案の前提となる問題意識の欠如，裏付資料の不足をあげていた。B氏によれば，いくつか事業案はでているが，なかなか最終決定までには至っていないとのことであった。新規事業の必要性は充分感じており力をいれてやってはいるが，成果がでてきていない。真剣に心配しているのは社長だけで，会社全体はまだまだ緊張感が足りない状況であると認識していた。そこでA社は改めて選抜された社員からなる新規事業開発プロジェクトを発足させた。

### 4-2　プロジェクトチーム（集団）の現状分析

　企業では，経営トップが判断するための具体案を，社員が部門やプロジェクトを通じて策定しているのが現状である。したがって，その段階での情報の種類が，経営トップの意思決定に大きく影響することになる。意思決定のプロセスとしての現状分析のあり方が，意思決定の質に関係するのである。

　当初A社の新規事業開発プロジェクトの現状分析も，一般的な意思決定の流れにそって行われた。まず，ブレインストーミングによりA社の内部環境と外部環境について検討していった。その後，内部環境については「強み(S)」と「弱み(W)」に，外部環境については「機会(O)」と「脅威(T)」

に分けていった。そして、そのなかから最も合理的な組み合わせ（最大の強みと最大の機会）を抽出するという方法をとった。しかし、プロジェクトという集団においての意思決定がなかなかうまくいかなかった。つまり、S, W, O, Tの判断が難しかったのである。A社でのこれまでの取組では、新規事業開発プロジェクトのメンバーに、経営トップが意思決定に必要な裏付情報が何かという意識が不足していた。そこで、資料により事実が裏付けられ、その事実はそもそも経営トップが潜在的に必要としていたような情報を収集することにした。

### 4-3 「裏付資料分類法」

プロジェクトチームは、SWOTの前提となる裏付資料の見直しを行うこととした。見直しについては、裏付情報の資料的価値に着目し、それらを分類した。資料的価値とは従来の認識に新たな気づきが加わるような変化を意味することとした。分類の方法は、参与観察者として参加していた筆者の経験則を土台として作成した。経営トップが意思決定するためには、マンネリ化した従来どおりの視点の延長上から出来上がってくるSWOTに対して、変化をもたらすことが必要となることを意図して考案したのである。まず事実情報の所有状況と認知状況の2つの項目を設定し、それぞれ、縦軸に「知っている」「知らない」、横軸に「ある」「ない」で2×2のマトリクスを作り、各情報をいずれかのセルにプロットする。この主語は経営トップである。あくまでプロジェクトのメンバーの段階で経営トップが必要とする情報の資料をいかに準備するかが目的である。ちなみに、セルの左上が①「知っていて、ある」情報、左下が②「知らないけど、ある」情報、右上が③「知っているけど、ない」情報で、右下が④「知らないし、ない」情報と位置付けられる。①は「既存情報の確認」、②は「既存情報の顕在化（表面化）」、③は「既存情報の可視化」、④は「新情報の発見」とした。

①の資料の例は、国が作成している少子高齢化を可視化した年齢別の人口構成のグラフなどが代表的である。少子高齢化は周知の事実であるし、その事実を表やグラフにしたものは、日頃目に触れる機会が多いものであり入手も簡単である。このような資料は改めて意思決定に大きく貢献はせず、強いて必要と

するならば確認程度である。②の資料の例は、ある現場の担当者だけが自分の仕事の都合上のみの必要性から作成していた資料などがあてはまる。会社からの要望とは関係なく担当レベルで顧客の満足度を調べていたものなどがいい例である。全社的なニーズが生じたときには、いち早くその事実を把握し共有化を図ることで意思決定に貢献できるものとなる。③の資料の例では、取引先における自社との取引の割合を可視化したものなどが考えられる。通常は自社における売り上げを取引先別に、その割合をグラフ化するなどして所有し、今後の課題を検討することが多い。しかし、取引先における自社の重要性となると意外と把握されておらず、知っているつもりであったり、そもそもその重要性を認識していないでやり過ごしていることが多い。また、前述の少子化の資料でも、少子化は脅威と捉えがちであるが、子供の教育の機会として改めて目をこらして資料を眺めてみると、子供一人当たりの学習費はむしろ増加していることに気付く。これらの資料は、現状の認識を転換するきっかけとなったりする可能性が高く、意思決定に大きく貢献する可能性が高い。④の資料は、積極的な活動の中から偶然出くわすような発見的な事実の可視化や資料を指す。資料の貴重性は高いが、その先進性も高いことが多く、意思決定への即効性は必ずしも高いとは言えない場合がある。改めてこの手法を「裏付資料分類法」と呼ぶこととした。

### 4-4 プロジェクトチーム（集団）の意思決定

次に、当初プロジェクトで集めた情報を裏付資料分類法の表に当てはめてみると、当初はほとんどが①の情報であった。そこで、経営トップにとって納得性のある、意思決定に必要な資料は何かを検討した結果、作業の難易度を考慮しながらも現状認識の変化に最も貢献する資料を③と決め、再度裏付情報の資料化に取り組んだ。

「③ 知っているけど、ない」という情報となったものを具体的にいくつかあげてみる。従来からA社の強みの1つに、ほとんどの社員が「社員のスキル・ノウハウ」をあげていた。しかし、あらためて「スキル・ノウハウ」を問うと、その答えは瞬時にしてあいまいなものとなり、あくまで知っているつもりのものであり、明白な根拠のあるものではなかった。そこで、1つの工夫とし

て全社員の有資格者を調べなおし,資格ごとに表にして可視化してみた。すると改めて,在籍する社員の所有するスキルに優位性があることが明らかとなった。それは,プロジェクトメンバーにとっても想像を超えるものとなると同時に,これまで以上に他社との競争優位性となる「社員の能力」を強みとして上げることができるようになった。そして,そのことが自社の新たな取り組みの方向へつながるという重要な役割を果たしていった。また,現取引先における自社への依存度が高いことを改めて調べなおしグラフ化してみた。それまでは,自社の売り上げにおける取引先別の割合については把握されていたが,取引先にとっての自社のシェアなどの位置づけや重要度については,長年にわたる重要取引先としての信頼関係を構築していることから,重要先として対応をしてはいたものの,どの程度重要かという具体的なものとしての把握がなされていなかった。そしてその内容把握の結果,新規取引先や新事業への取組の重要性や緊急性が一層鮮明になった。さらに,驚いたことに現取引先の現在の事業内容や将来への事業展開の可能性などについても,分析されておらず知っているつもりになっていた。具体的な事業内容を再度調査し直すと,今取引している事業のほかにも自社の強みを生かせる新たな事業につながるものが,意外にも身近なところから簡単に見出すことができた。以上のように,現状分析の工夫により,SWOTの各項目に対する認識がそれぞれ変化していった。そのことは,「S×O」「W×O」などの戦略へのオプションの内容と優先順位が変化もしくは明確化することを意味する。それまでのSWOTでは経営トップは納得していなかったために新たな事業展開の意思決定ができないでいたA社にとって,それは新規事業の決定に大きく貢献することとなった。また関係した社員には,それまではあまり意識していなかった感性の醸成が促進され,変化への取組の重要性を再認識するとともに,新たな市場の機会への意識をより強く持つ必要性が共有化された。

　フレームを使うことで,作業が集中・促進され,資料の合理化が進み,プロジェクトメンバーの資料作成の説得性,納得性が高まった。結果として,最終的な経営トップ向けの新規事業案における現状分析資料の約70%が③の資料という構成となったのである。プロジェクトメンバーのC氏によれば,裏付資料分類法によって,現状が今までと違って見えてきたと言う。また,各プロ

ジェクトメンバーが自信をもって現状を明確に言えるようになり，プロジェクトチームの提案にも説得力がでてきたと言っている。最終的には，経営トップの意思決定に大きく貢献したと認識している。

## 4-5　経営トップの意思決定

　A社の新規事業開発プロジェクトチームは，最終的に策定した事業計画案について，経営トップである社長をはじめとする役員にむけて提案発表をした。A社では，今までにも何度か新規事業案の提案発表はあったが，いずれも経営トップが新規事業への取組を承認するまでの意思決定はなされていなかった。B社長は，前述のようにその大きな理由として，裏付資料の不十分さをあげていた。それに対して，今回の新規事業プロジェクトの発表を聞いた後のB社長の認識は，今までとは異なったものとなった。プロジェクトメンバーの報告終了直後，B社長はその調査の質を評価し，その場で新規事業参入の意思決定をしたのだった。なかでも，裏付資料分類法による③の資料性を高く評価した。

　B社長は，従来の新規事業策定の取り組みでは，市場機会となる現象を裏付けるための自社視点で工夫された情報の資料化と，それを取り込んでいけることにつながる自社の強みを改めて棚卸することによって可能となる裏付情報の資料化が不足していると感じていた。そして，そのことが新規事業の最終決定に繋がっていなかった最大の理由であったと指摘している。そこで社長の要望に答える形でそれらを意識した活動をとった今回のプロジェクトでは，従来の新規事業計画策定の現状分析の取組と違って，経営トップとしての社長判断にとって必要であり，かつ欲しいと思われる資料が多くあったとしている。そしてその多くは，ともすると知っていると思っていたものが，実は微妙に事実認識が間違っていたものや，何となく認識していたものが明確になったというようなものであったと言う。とくに，それまでは従来とほぼ同じ現状認識を前提としていたものが，改めて具体的な資料として作成され可視化されたことで，むしろ知らなかったものを資料として手に取った時よりも変化への印象が強かったようである。身近にありながら気づかずにいた物や事が，実は大いに役に立つと思ったとき，その後の実効性を鑑みても有効性が高いと認識すること

は納得できる。結果として，現状の認識（SWOT）が変わり，報告を聞きながらすぐにでも実行しようと決定していたのだと語っている。

もちろん，裏付のデータが変わったことにより，現状認識であるSWOTだけでなく，そのことで新規事業への優先順位や事業内容そのものが変わったことは言うまでもない。経営トップによる新規事業の取組への意思決定プロセスの入口にあたる現状分析の項目が変わることで，SWOTに変化が起こり，その組合せから選択される選択肢（施策のオプション）が変わっていくことになったのである。

## 5．おわりに

現状分析は，計画そのものということではない。一般的には新規事業計画についても，収支計画，人員・組織計画，設備計画，資金計画などの一連の必要項目を盛り込みながら，全体的に計画としてまとめていくものであり，現状分析は計画のプロセスの一部である。しかし，A社の事例では，裏付け資料が変更されたことにより，SWOTが変わり，選択すべき項目とその優先順位が変わり，計画策定としての戦略実行が変化したのである。

少なくとも本事例では，経営トップの認識に，現状分析前の認識情報や所有する根拠において，意思決定するためには十分ではないという仮説があった場合に，それ以上のもの，すなわち経営トップにとってより質の高い情報となる可能性があるのが，「③ 知っているけど，ない」という，情報であることが分かったと言うことはできた。プロジェクトチーム側の認識と経営トップの双方に，手法についての合意形成がなされることが必要になることも確認できた。これまでの思い込みやマンネリ化によるバイアスなどをいかに取り除き，経営トップが意思決定をするための，経営トップと新規事業のプロジェクトチームとのコミュニケーションツールになっていたことも指摘できる。

本章における事例では，意思決定プロセスでの現状分析段階における工夫として，裏付資料分類法を使用した場合の，集団と経営トップの意思決定の変化にともなう計画策定が確認できた。経営者である経営トップの意思決定にとっ

て，現状分析段階でどれだけ効果的な情報を集めることができるかが，決定促進の一要因となる。効果的な情報となるものの多くは，一見共有化していると思われているが実際には共有していると思い込んでいるものなどであった。そこで，裏付情報の資料性に注目し，現状分析においてその重要性を認識すると，現状分析に新規性をもたらすことができると確認できた。とくに事例においては，集団と経営トップのいずれにとっても，意思決定の促進がみられた。集団の意思決定については，トップが資料として何を必要としているのかを推測し，かつそれを意識して資料作成を行うことが決定するための促進要因となり，経営トップにとっては集団が作成した資料による気づきがもたらされることが直接，自身の意思決定の促進に影響を与えた。

以上から，資料の新規性（気づき）をもたらす一手法としての現状分析における「裏付資料分類法」が，経営トップの意思決定に対して少なからず寄与しているといえる。経営トップにとって，裏付資料としての現物があるかないか，その裏付資料の内容を知っているか知らないかの2つの項目を組み合わせることによる方法を使うことで，現状確認の確実性・新規性が高まり，経営トップの意思決定促進に貢献するものとなった。なお，本章では，あくまで意思決定プロセスの一部としての現状分析に限定して考察し，1つの事例を取り上げたにすぎない。また，裏付資料情報による分類法が唯一無二のものではないことはもちろんであり，今後の課題である。

【参考文献】

安達幸裕（2016）「経営トップの意思決定プロセスと現状分析：裏付情報分析方法に関する視点から」『経済科学論究』第13号，83-92頁。

稲葉元吉（2001）「サイモン理論とその日本的展開」『成城大學經濟研究』第155号，39-54頁。

印南一路（1997）『すぐれた意思決定：判断と選択の心理学』中央公論社。

川喜田二郎（1970）『続・発想法』中央公論社。

サイモン，H. A.（2009）『新版 経営行動―経営組織における意思決定過程の研究―』二村敏子・桑田耕太郎・高尾義明・西脇暢子・高柳美香共訳，ダイヤモンド社。

佐藤郁哉（2002）『フィールドワーク』有斐閣。

清水勝彦（2008）『経営意思決定の原点』日経BP社。

DIAMONDハーバード・ビジネス・レビュー編集部（2007）『意思決定のサイエンス』ダイヤモンド社。

長岡克行（2012）「意思決定とは何をどうすることか？」『東京経大学会誌』第276巻，65-77頁。

長瀬勝彦（2008）『意思決定のマネジメント』東洋経済新報社。

長瀬勝彦（1999）『意思決定のストラテジー：実験経営学の構築に向けて』中央経済社。

保坂昌克（1991）「経営者の意思決定と情報について」『日本経営診断学会年報』Vol. 23, 151-162 頁。
三菱 UFJ リサーチ＆コンサルティング（株）『戦略的経営計画の作り方（1）～（4）』
米山喜久治（2014）「「野外科学の研究方法論」から「発想の技法」へ」『経済学研究』第 64 巻第 1 号，91-117 頁。

【さらに学びたい人のために】
伊丹敬之（1984）『新・経営戦略の論理』日本経済新聞社。
清成忠男（1998）『企業家とは何か』東洋経済新報社。
法政大学産業情報センター・宇田川勝編（1999）『ケースブック 日本の企業家活動』文眞堂。
三品和広（2004）『戦略不全の論理』東洋経済新報社。
森川英正（1996）『トップ・マネジメントの経営史』有斐閣。

# 理論＆用語解説

## 【理論】
### ビジネス倫理

「企業人としての倫理」に照準を絞った体系的な研究は，1960年代の米国で生まれた。その嚆矢と呼べる人物が，バウムハートである。彼の著書『まっとうな利益：企業人はビジネスにおける倫理について何を語るのか』（1968年）を手にとってみると，一方で法令に従いながらも，他方で「会社のため」「社員のため」との名目で自分の良心に背く仕事に手を染めて苦悩するエグゼクティブ（経営幹部）の姿が浮かび上がってくる。当時の米国では，ホワイトカラーの犯罪が新聞紙面を賑わせ，世間の耳目を集めていた。折も折，政治家への多額の不正献金や他国を巻き込む疑獄事件の全容が白日の下に晒され，企業のCEO（最高経営責任者）への信頼は地に落ちていた。こうした時代思潮のなかで，企業行動を規律して正しく導くための制度——公的規制・自主規制・企業倫理の整備が急ピッチで進んだ。この三位一体の規律付けのメカニズムについては，かねてより「法の外面性，道徳の内面性」と言われるように，その性格付けが異なる。すなわち，世論の動向や行政の意向を汲んで定立される法規制や，業界団体内の合意形成を踏まえて定められる自主ルールの類は，違反者に対する強力な制裁措置を併せ持って相手方（＝企業）に作用する。それに対して，企業倫理は，企業とその構成員各人の内発的で主体的な遵守を期待している（参照：Baumhart, R. (1968), *An Honest Profit: What Businessmen Say About Ethics in Business*, Henry Holt & Company.; Karnani, A. (2007), "Doing well by doing good: case study Fair and Lovely whitening cream," *Strategic Management Journal*, Vol. 28, pp. 1351-1357.; 水村典弘, (2016)「経営における正しい選択とビジネス倫理の視座」経営学史学会編『経営学の批判力と構想力』文眞堂，24頁）。

## 【用語】
### 倫理的なジレンマ

倫理的なジレンマ（ethical dilemma）とは，「彼方立てれば此方が立たぬ，双方立てれば身が立たぬ」といった進退両難の情況で，「選択肢(a)は倫理的でなく，それに代わる選択肢(b)も倫理的でない」「選択肢(a)・(b)の他に選択の余地はない」「どっちに転んでも，倫理的でない」という形で定式化される。倫理的なジレンマに陥ったら，以下に例示したテストで思考を巡らせ，「どう行動すべきか」を決するべきだとされる。①ニューヨーク・タイムズ・テスト（＝自分のとった言動が翌朝の朝刊一面トップに掲載されても，自分と家族の体面は汚されないか），②世間体テスト（＝自分の言動が表沙汰になっても，自分の面目を保つことができるか），③置換テスト（＝相手に与えた不利益が我が身に降りかかっても受け止められるか），④一般化テスト（＝自分の言動を他のだれかがとっても問題ないか）——それぞれの問いに対して「はい」と答えられる選択肢が倫理最適解だとされる。しかし，どれか1つでも自分の心に引っかかるようであれば，思い止まるべきだという（参照：Wicks, A. C., Freeman, R. E., Werhane, P. H. and Martin, K. E. (2010), *Business Ethics: A Managerial Approach*, Prentice Hall Pearson, p. 16.）。

## あとがき

　本書は，毎年，ゼミの学生がインゼミという合同勉強会を行っている4人の教員によって企画されたものである。このインゼミは，2003年に立教大学の鈴木秀一ゼミと明治大学の出見世信之ゼミとの間で始まり，その後，埼玉大学の水村典弘ゼミ，上智大学の細萱宣子ゼミが加わり，現在の形になっている。このインゼミは，それぞれのゼミの学生が自分たちの学びを活かしたアプローチで日本企業の経営の実際を調べ検証し，資料にまとめて発表して，他のゼミの学生と質疑応答をする形で行われている。それぞれのゼミは，単に経営に関する理論を紹介するのではなく，事例分析や実証分析などにより，実際の企業や組織に関する考察を行っている。このインゼミには，卒業生や大学院生に加え，学生のインタビュー調査などに協力してくれた企業の方なども参加することもあり，参加した学生は，普段の教室の授業で学ぶことができないことを学んでいる。

　私たちゼミを担当する教員は，こうした学生の活動に刺激され，それぞれの専門分野を活かしながら，共同研究を行えないかと考えたことが本書の企画の始まりである。私たちの専門分野は，戦略と組織，人材マネジメント，経営哲学，CSRと多岐にわたるので，それぞれの専門からのアプローチを活かすことにより，より包括的な研究になるからである。また，私たち教員の世代は，1980年代に『ジャパンアズ・ナンバーワン』や『エクセレント・カンパニー』などの著書において，日本企業や日本型経営が高く評価され，JITやKAIZENなどが海外においても導入されたことを知っているが，今の学生は，こうした事実を知らない。私たちのゼミの学生は，身近な存在として日本企業を対象として研究を行っているが，私たち教員の世代は，世界的に最もすぐれた企業であるから日本企業を対象に研究を行っていたのである。

　また，1990年代以降,「アジル・コンペティション」「ROE経営」「キャッシュフロー経営」「クリエーティブ・アカウンティング」「ケイパビリティ」

# あとがき

「コア・コンピタンス」「コンプライアンス」「ダウンサイジング」「バリュー・チェーン」「バランス・スコアカード」など，様々な経営用語が話題となり，この10年あまりの間において，ゼミの学生によって取り上げられることもあったが，今でも経営の理論と実践において用いられているものは必ずしも多くはない。そこで，本書は，何年にもわたって，評価され応用されうる経営の理論を探求した。特に，日本企業が高く評価された時代を知らない世代の読者に向け，10年後も読まれ続けられるような書籍として出版することを企画することになったのである。

したがって，本書の対象となる読者は，現役の学生ばかりでなく，1990年代以降，大学を卒業し経営の現場にいる者や日本企業について研究している者を想定している。彼らは，日本企業のグローバル化を経験し，経営の現場でグローバリズムに伴う問題に直面している世代である。本書は，そうした問題について，「企業組織とイノベーション」「人的資源管理」「よい会社の探求」「現代のビジネスと価値」の各視点から取り上げ，これから直面することになるポストグローバリズムへの展開を意識している。本書の執筆者には，グローバル化が進展する以前から変わることのない，「よい企業にするためにマネジメントで大切にしたいこと」があるのではないかという共通の認識がある。それぞれの専門分野から，「経営とは何か」，「企業とは何のためにあるのか」という基本的な問題を問い，経営の原点に立ち返って考察することにより，本書は，長く評価され応用される経営の理論になると考えている。本書のこうした試みの評価については，読者に委ねたい。

厳しい出版事情の中，快く本書の出版を引き受けてくださった，前野隆様，前野眞司様，山崎勝徳様をはじめとする文眞堂の皆様に心より御礼申し上げる。

編者を代表して

出見世 信之

## 事項索引

【数字・アルファベット】

4つのC　48
BRDIS　31
BSC　221
CI (Corporate Identity)　136
CSR　147, 198
　　——活動の効果測定　200
　　——調達　212
　　——的な社会貢献型商品　209
CSV (Creating Shared Value；共通価値創造の戦略)　198
　　——イニシアティブ　205
　　——の先進事例　210
　　——プロジェクト・シート　207
DPF (粒子状物質減少装置) 問題　191
DWDG 仮説　215
FSG (Foundation Strategy Group)　202
GRI ガイドライン　198
HRM　115
IFRS (International Financial Reporting Standards；国際会計基準)　204
ITRS　30
Industrial R&D Investment Scoreboard　34
KAITEKI 指標　200
KPI　116, 199
M&A (Merger & Acquisitions)　29, 115, 156, 217
MDGs (ミレニアム開発目標)　204
M字型カーブ　101
NIH (not invented here) virus　30
NIH (Not Invented Here) シンドローム　15
NSH (not sold here) virus　30
Nature　32
OJT　87

PARC モデル　127
ROE　138
ROI　138, 146
SDGs　216
SVI (Share Value Initiative)　202
SV 戦略　202
SWOT　239, 241
　　——分析　231-234
TOB　163
WSTS　33

【ア行】

アクラシア　182
アップル　10, 19
アバナシー＆アッターバック・モデル　15
アライアンス　115
粗付加価値額　41
アルコール関連問題　208
暗黙知　15
委員会制　14
育児休業法　102
意思決定業　226
意思決定の基本モデル　231
意思決定プロセス　229
一億総活躍社会　97
意図せぬ不正　182
イノベーション　28, 138, 143
インクルーシブネス　123
インターナショナル型　119
インターナル・マーケティング　59, 63, 65
薄い市場　6
裏付情報　232, 237-238
　　——の資料性　242
裏付資料分類法　238, 240
売上割戻　213

*247*

エージェンシー理論　156, 180
エビデンスマーケティング商品　209
エルピーダメモリ社　21
エンゲージメント　139, 144
エンパワーメント　145
エンロン　161
オーケストレーション　6
オープン・イノベーション　28

【カ行】

外国人留学生　109
会社人間　85
会社法　164
　　　——改正　167
階層制（hierarchy）　12, 14
外部環境分析　232
外部専門家グループ　205
格差是正　44
確信犯　189
格付け　88
可視化　240
過大申告　196
価値基準（values）　20, 22
価値創造　139
過程の合理性　231, 234
株式会社制度　154
株式持ち合い　155
株主価値　206
株主還元　218
株主代表訴訟　163
株主利益の最大化　137
神の見えざる手（the invisible hand）　13
環境適応業　226
間接的であるがゆえの見落とし　190
機械的官僚制（the machine bureaucracy）　13, 18
機関投資家　158-159
企業価値　207
企業グローバリズム　126
企業市民　149, 176
企業集団　155, 158
企業人としての倫理　182
企業存続確率　46
企業の社会的責任　91

企業文化　145
企業理念　122
企業倫理　136
基礎研究　32
汚い仕事　185
機能的価値　70
機能的ドメイン　8
規模の経済（economy of scale）　12
キャリア　80
休暇　99
業績連動賞与　218
競争優位性　239
キリンCSV　208
キリングループ　207
金融商品取引法　164
国後島ディーゼル発電施設をめぐる不正入札事件　191
グリーンウォッシュ　201
クローズド・イノベーション　29
グローバル化　81
グローバル型　118
グローバル人事制度　125
グローバル・スタンダード（de facto standard）　5
経営計画　226
経営資源（resources）　20, 22
経営者支配　158
経営哲学　136, 141
経営と所有が一致　47
経営トップの意思決定　228, 230, 235, 240
経済同友会　147, 152, 159, 165, 167
経団連　159, 162, 172
系列融資　155
結果の過大評価　184, 190
結果良ければすべて良し　184
研究開発費　31
健康日本21　208
現状分析　227, 231, 234-235, 239, 241
限定合理性　11, 137
限定された倫理性　185, 188
限定的合理性　229
限定倫理性　137
コア・コンピタンス　51
工程イノベーション　10, 16

事項索引 　249

公的規制　150
行動意思決定論　229
行動科学　182
行動心理学　187
行動ビジネス倫理　183
顧客満足　58-59
顧客ロイヤリティ　58-60
国際人的資源管理　107
国際統合報告〈IR〉フレームワーク　198
国連グローバルコンパクト　203
コーポレート・アイデンティティ　143
コーポレート・ガバナンス　147
　　——・コード　166
コモディティ化　61, 70
雇用管理　83
雇用伸長率　46
雇用政策　97
雇用調整　87
雇用ポートフォリオ論　78
コンピテンシー　94
コンピュータ・エレクトロニクス産業　32
コンプライアンス　152
　　——とのせめぎ合い　192

【サ行】

最小滞留年数　89
最善慣行規範　159
最大滞留年数　89
サイモン理論　229
在留資格　108
サステナブル　149
査定　89
サービス・プロフィット・チェーン　58-60, 63
サービス・マーケティング　54, 58
サプライ・チェーン・マネジメント（SCM）　203
サーベンス・オクスリー法　161
資格　88
自己欺瞞　183, 189
市場スキャニング　8
次世代育成支援対策推進法　102
持続的イノベーション　18
実験経営学　230

実質内部成長率　217
老舗中小企業　45
資本効率　46
社会責任報告書　173
社会的弱者　44
社外取締役　151, 158-163, 168
　　——の導入　157
社長車座集会　191
社内公募制　94
従業者数　41
就業ビザ　108
終身雇用　85, 155-156
集中度　33
重点課題マトリクス　205
熟慮に欠く目標　189
酒類の広告審査委員会　213
昇格　86
少子高齢化　96
上場会社ガバナンス委員会　164
昇進遅滞　90
情緒的価値　70
商法改正　163
情報の資料化　240
職能資格制度　88
職場での不正　186
職務給制度　88
女性活躍推進法　102
女性管理職比率　103
所定外労働時間　99
所定労働時間　99
初任配属　86
ジョブ（職務）型　84
所有と経営が一体化　43
自律的成長　217
資料の新規性　242
ジレンマ　38
新規事業開発　236
人材育成　87
人材還流　194
人事考課　89
新卒一括採用　86
人的資源管理　77, 115
スチュワードシップ・コード　162, 166
ステークホルダー　48, 52, 78, 137-140, 142,

148, 152, 164, 166
——論 180
滑りやすい坂 190
スリランカ・フレンドシップ・プロジェクト 212
成果主義 93, 192
正規従業員 96
成長性 46
製品イノベーション 10, 16
世界経済フォーラム年次総会 214
説明責任 145, 180
専業化 29
選択と集中 233
全要素生産性 46
戦略的CSR 199
総実労働時間 99
組織開発 111
組織社会化 108
組織的意思決定 230
組織デザイン 114
組織風土 193
組織文化 96
組織ルーティン 24
ソーシャルウォッシュ 201

【夕行】

ダイナミック・ケイパビリティ戦略論 6
ダイナミック・マネジリアル・ケイパビリティ 7
ダイバーシティ 123, 171, 174-175
——・マネジメント 173-174
大量生産のエートス 15
多国籍企業 114
——の類型 118
脱コモディティ化 62, 69
多能工化 63, 64
ダボス会議 215
多様で活力ある中小企業の育成・発展 44
男女雇用機会均等法 102
知覚偏向 188
チーム制 14
中央労働委員会 78
中小企業基本法 43
——は全面的に改正され 44

中小企業政策に関する基本理念 44
中小企業庁 44
中小企業の企業数 41
中小企業のシェア 42
中小企業の主な役割 42
中小企業の定義 43
中小企業の特性 43
長期安定雇用 76
長時間労働 106
長所 47
調整（coordination）能力 12
積み上げの経営 226
ディスクロージャー 147, 152, 162
定性評価 194
デューデリジェンス 115
動機付けられた見落とし 189
東京証券取引所 160, 164-165, 170
——グループ 166
統合規範 159
統合報告 198
統合命題 140
トランスナショナル型 119
取引コスト 3
トレードオフの関係 138

【ナ行】

内部環境分析 233
内部統制 152, 161, 164
なでしこ銘柄 175
二重構造の変質 44
二重構造論 44
日米構造協議 157-158
日本型雇用システム 83
日本経済団体連合会（経団連） 78
日本取引所グループ 166-167
ニューヨーク証券取引所 151, 157
認知バイアス 186
ネスカフェ 203
ネスレ（Nestlé S.A.） 202
——本社の重要課題マトリクス 206
年功序列 155
——給制度 156
ノンアルコール飲料市場 210

## 【ハ行】

バイアス 235
廃業率が開業率を上回る状況 42
配置転換 86
破壊的イノベーション 8, 18
パートタイム労働者 100
バリューチェーン 201, 212
半導体産業 32
半導体市場 32
ハンドルキーパー運動 208
ビジネス倫理学 184
ビジョン 57, 61-62, 70
非正規従業員 98
ヒューマニタリアニズム 199
標準化 28
ファブレス企業 29
ファミリーとビジネスの相克 48
ファミリービジネス 45
フィランソロピー 199
付加価値 41
物理的ドメイン 8
不本意な時間外労働 105
フラット化 2, 4-6, 23
プログラム化された意思決定 10
プロセス（processes） 20, 22
プロダクトアウト 9
分権化 29
分離の誤謬 140-141, 180
変革プロセス 227
ベンチマーキング 206
報酬管理 83
法定労働時間 99
ポスト・グローバリゼーション 114
ホンダ 10

## 【マ行】

マクロ 77
マーケットイン 9
マーケティング近視眼 8
マスターブランド戦略 67
マテリアリティ・アセスメント 198
マミートラック 103
マルチナショナル型 119

身内びいき 196
見える手（the visible hand） 13
ミクロ 77
三井財閥 154
三井物産 190
　　──能力開発基準 193
ミッション 57, 61, 70
ムーアの法則 30
無限定性 84
メインバンク 155, 158
メゾ 77
メンター制度 176
メンバーシップ型 84
目標管理制度 93

## 【ヤ・ユ・ヨ】

役員報酬 218
役割給 94
有給休暇 99
ユニクロ 11
善いことをして業績を上げる 215
良い仕事 190
要員計画 86

## 【ラ行】

利益率 46
リスク要因 47
利他の精神 50
リベート 213
リベラシオン（Libération） 200
両立支援策 102
リレーションシップ・マーケティング 60, 65
倫理観のフェイディング 183, 188
倫理観の揺らぎ 189
倫理綱領 172
倫理最適解 187
倫理的なジレンマ 187
倫理の失敗 185
倫理・法令遵守（コンプライアンス） 192
ルネサス 38
連合 78
労使関係管理 83
労働基準法 99
労働時間 97

労働時間の上限規制　98

【ワ】

わが国経済のダイナミズムの源泉　44, 52

ワークライフバランス　175
　——のあり方　175
ワールドコム　161

# 人名索引

【ア行】

青木昌彦　156
アベグレン　155
アリストテレス　182
アンゾフ　228
伊丹敬之　156
ウィリアムソン　3-4
ウォーターマン　142
エプスタイン　137
奥村宏　155

【カ行】

加護野忠男　141, 156
カールガード　145
カンター　142
キャドバリー　151
キャロル　148
クラーク　156
クラマー　198-199, 201, 215
クリステンセン　2, 18, 22
ゴシャール　118
コース　3
コリンズ　142

【サ行】

サイモン　10, 137, 228
シソーディア　143

シャイン　80
セン　141

【タ行】

チャンドラー　11

【ハ行】

ハート　3
バートレット　118
ピーターズ　142
フォード　138
フリードマン，トーマス　2, 4-5, 23
フリードマン，ミルトン　137, 149
フリーマン　138-139, 147, 180
ベイザーマン　137, 185-187
ボーゲル　150, 156
ポーター　198-199, 201, 215
ポラス　142

【マ行】

マクミラン　2
マースデン　78
マッキー　143

【ラ行】

レヴィット，セオドア　8
ロバーツ　127

## 【執筆者紹介】

**編著者**（執筆順）

**鈴木　秀一**　　第1部編集責任者，第1章執筆担当
立教大学経営学部教授。経営学博士
『入門経営組織』（新世社，2002年，改訂版：2010年）；『企業組織とグローバル化』（編著，世界思想社，2006年）；『善き経営：GBIの理論と実践』（立教大学経営学部編・編集担当，丸善雄松堂，2016年）他，論文著書多数

**細萱　伸子**　　第2部編集責任者，第5・6・7章執筆担当
上智大学経済学部経営学科准教授
『トランスナショナリズム』（バートベック著，共訳書）；『人的資源管理／経営法務（経営学検定公式テキスト）』（人的資源管理担当改定責任者）他，論文著書多数

**出見世信之**　　第3部編集責任者，第9・10・11章執筆担当
明治大学商学部教授，商学部長。博士（商学）
『企業統治問題の経営学的研究』（文眞堂，1997年）；『企業倫理入門』（同文舘出版，2004年）他，論文著書多数

**水村　典弘**　　第4部編集責任者，第12・13章執筆担当
埼玉大学大学院人文社会科学研究科経済系准教授。博士（商学）
『現代企業とステークホルダー』（文眞堂，2004年）；『ビジネスと倫理』（文眞堂，2008年）他，論文著書多数

**著者**（執筆順）

**林　　征治**　　第2章執筆担当
博士（経営管理学）立教大学大学院ビジネスデザイン研究科在籍（大手精密機械メーカー在職）
「標準化と企業の理論に関する試論—T. Veblen と R. Langlois のコントラスト—」『立教DBAジャーナル』第6号，53-73頁

**筒井　　徹**　　第3章執筆担当
一般財団法人商工総合研究所

**河田　浩昭**　　第4章執筆担当
首都大学東京大学院都市環境科学研究科博士後期課程。大手テーマパークにてマーケティング部署勤務

**杉山　　章**　　第8章執筆担当
立教大学大学院経営学研究科博士後期課程。自動車メーカー在職：MBA
「産業クラスターによる都市経済発展モデルの考察—フランス：リオン産業クラスターの事例から—」『立教ビジネスデザイン研究』第12号，45-58頁

**安達　幸裕**　　第14章執筆担当
銀行系シンクタンク部長

### 経営のルネサンス
——グローバリズムからポストグローバリズムへ——

| 2017年4月20日　第1版第1刷発行 | | 検印省略 |
|---|---|---|

| 編著者 | 鈴　木　秀　一 |
| --- | --- |
| | 細　萱　伸　子 |
| | 出　見　世　信　之 |
| | 水　村　典　弘 |
| 発行者 | 前　野　　　隆 |
| 発行所 | 株式会社　文　眞　堂 |

東京都新宿区早稲田鶴巻町533
電　話　03（3202）8480
FAX　03（3203）2638
http://www.bunshin-do.co.jp/
〒162-0041　振替00120-2-96437

印刷・モリモト印刷／製本・イマキ製本所
©2017
定価はカバー裏に表示してあります
ISBN978-4-8309-4938-8　C3034